CHARLAS DE CAFÉ - 1

45 profesionales hablan sobre el futuro de la Arqueología

EL FUTURO DE LA ARQUEOLOGÍA EN ESPAÑA

Jaime Almansa Sánchez (Ed.)

Valentín Álvarez Martínez
Agustín Azkarate Garai-Olaun
Gonzalo Aranda Jiménez
Rafael Azuar Ruiz
David Barreiro Martínez
Cinta S. Bellmunt
Rebeca Blanco-Rotea
Alicia Castillo Mena
Juan Carlos Castro Carrera
Felipe Criado Boado
Beatriz Comendador Rey
Gonzalo Compañy
Rosa Domínguez Alonso
José Antonio Estévez Morales
Riccardo Frigoli
Soledad Gil García
Alfredo González Ruibal
Pablo Guerra García
Sonia Gutiérrez Lloret
Clara Hernando Álvarez
David Javaloyas Molina
Pilar López García
Olalla López Costas
Sandra Lozano Rubio
Beatriz Marín Aguilera
Carlos Marín Suárez
Alba Masclans Latorre
Roberto Ontañón Peredo
Eva Parga Dans
Saúl Pérez-Juana del Casal
Francisco Ramos Martínez
Carme Rissech Badalló
Carmen Rodríguez Santana
Ignacio Rodríguez Temiño
M. Carmen Rojo Ariza
Jorge Rolland Calvo
Arturo Ruiz Rodríguez
María Ruiz del Árbol Moro
Margarita Sánchez Romero
Jesús Sesma Sesma
Ramón Ten Carné
Antonio Valera
Eva Zarco Martínez
Salomé Zuringa Fernández-Toribio

Todos los derechos reservados. El contenido de esta obra está protegido por Ley. Queda totalmente prohibida cualquier forma de reproducción de la misma, sin consentimiento expreso del editor. Si necesita fotocopiar o escanear algún fragmento de esta obra diríjase al Editor www.jasarqueologia.es

Primera Edición, octubre de 2011

© De la edición:
JAS Arqueología S.L.U.
Plaza de Arteijo 8, T-2
28029 - Madrid
www.jasarqueologia.es
Editor: Jaime Almansa Sánchez
Correctores: David Andrés Castillo y Raquel Bullón Acebes

© De los textos:
Los autores

© De la imágen de portada:
Jaime Almansa Sánchez

ISBN: 978-84-938146-8-7 (papel) / 978-84-938146-9-4 (electrónica)

Depósito Legal: M-43512-2011

Imprime: Gráficas Juma
Calle de los Montes de Toledo
28830 - San Fernando de Henares

Impreso y hecho en España - Printed and made in Spain

EL FUTURO DE LA
ARQUEOLOGÍA EN ESPAÑA

Jaime Almansa Sánchez (Ed.)

A Juan Vicent,

que aunque no ha podido participar en el libro, es también en parte suyo. Nuestras charlas sin café en los jardines del MAN no han caído en saco roto.

ÍNDICE

0. Introducción — i

1. Agotados de esperar el Futuro. — 1
Valentín Álvarez Martínez

2. Por una arqueología no tan "excelente". — 7
Agustín Azkarate Garai-Olaun

3. Presente y futuro de la Arqueología en Andalucía. — 13
Gonzalo Aranda Jiménez

4. Arqueología, Museos y Ciudadanos. — 21
Rafael Azuar Ruiz

5. El futuro... ¿de qué? — 25
David Barreiro Martínez

6. Estudiar el pasado para mejorar el futuro. — 31
Cinta S. Bellmunt

7. Pensando en arqueología. — 35
Rebeca Blanco-Rotea

8. Café con Alicia. — 41
Alicia Castillo Mena

9. Sociedad, cultura... arqueología. — 49
Juan Carlos Castro Carrera

10. El futuro de la arqueología española. — 55
Felipe Criado Boado

11. El pasado como paradigma. — 61
Beatriz Comendador Rey

12. A nuestro alrededor: presencias, ausencias, puntos de partida. — 67
Gonzalo Compañy

13. De aquellos barros, estos lodos. — 73
Rosa María Domínguez Alonso

14. La gestión del patrimonio arqueológico urbano: Prácticas de funambulismo. — 79
José Antonio Estévez Morales

15. La última excavación.   85
Riccardo Frigoli

16. Crisis dentro de la crisis.   93
María Soledad Gil García

17. El desastre académico de la arqueología.   99
Alfredo González Ruibal

18. De cómo empezamos trabajando como arqueólogos y terminamos en una floristería.   105
Pablo Guerra García

19. La arqueología ensimismada.   111
Sonia Gutiérrez Lloret

20. ¿Me lo preguntas de nuevo? Hacia una arqueología de futuro.   119
Clara Hernando Álvarez

21. Para el pueblo, pero sin el pueblo. La arqueología mallorquina del s. XXI.   125
David Javaloyas Molina

22. La arqueología española en el marco de los proyectos europeos.   131
Pilar López García

23. Interdiscipli...qué??   135
Olalla López Costas

24. "Mamá, quiero ser artista... digo, investigadora"   141
Sandra Lozano Rubio

25. La Arqueología hoy: Entre la academia y la profesionalización.   145
Beatriz Marín Aguilera

26. Diario de campo.   151
Carlos Marín Suárez

27. Arqueología, Recortes y Precariedad en Catalunya.   157
Alba Masclans Latorre

28. Arqueología en el mundo real.   163
Roberto Ontañón Peredo

29. La genealogía del cambio arqueológico.   171
Eva Parga Dans

30. Charla de café, ¿o mejor de cicuta?   177
Ignacio Saúl Pérez-Juana del Casal

31. ¿Y ahora qué? La arqueología que nos espera.   181
Francisco Ramos Martínez

32. La Antropología Física en el contexto arqueológico.   185
Carme Rissech Badalló

33. El futuro es un ejercicio de equilibrio.   191
Carmen Gloria Rodríguez Santana

34. Arqueología con futuro.   197
Ignacio Rodríguez Temiño

35. "¿Cómo quieres que conozcamos, si no nos lo   203
explicas?" La didáctica y el futuro de la arqueología.
M. Carmen Rojo Ariza

36. De los sistemas expertos a prácticas democráticas en   209
arqueología.
Jorge Rolland Calvo

37. De la heterotopía al lugar común del conocimiento.   217
Arturo Ruiz Rodríguez

38. Sobre la Arqueología como Ciencia Social y su utilidad   223
presente y futura.
María Ruiz del Árbol Moro

39. Planificando las políticas públicas sobre patrimonio   227
arqueológico en Andalucía.
Margarita Sánchez Romero

40. El futuro de la arqueología navarra.   233
Jesús Sesma Sesma

41. El futuro pasa por una arqueología sostenible.   239
Ramón Ten Carné

42. Quatro questões à "Arqueologia Espanhola".   243
Antonio Carlos Valera

43. Excavar en tiempos revueltos.   249
Eva Zarco Martínez

44. Del romanticismo del pincel a la flor de la patata: Hacia   255
una arqueología socializada.
Salomé Zurinaga Fernández-Toribio

45. Analizando el futuro de la arqueología española.   263
Jaime Almansa Sánchez

Recursos para seguir profundizando   289

El debate continúa en:

http://elfuturodelaarqueologia.blogspot.com/

*Nota:

Se notará que este libro no es un texto sobre Arqueología al uso, puede que ni siquiera un ensayo. Para algunos puristas estará más cerca de la literatura que de la ciencia y pensarán que la ausencia de referencias y parafernalias le restará valor. Nada más lejos. Nos encontramos ante el valor de la experiencia y la experiencia de la vida. Cada uno de los participantes en esta Charla aporta una visión personal y sincera de situaciones que vivimos a diario y hacen de la arqueología lo que es, para bien y para mal. Para todo aquel que quiera documentarse con otros recursos, la bibliografía adjunta al final y el blog que hará las veces de continuación del libro, podrán ser de gran ayuda.

Este libro debe leerse con la mente abierta o con todos los prejuicios que queramos, pero con la seguridad de que, a pesar de las críticas que se vierten en él, nos encontramos ante una oportunidad única de reflexión y de cambio que debemos aprovechar.

El refranero español está lleno de sentencias muy ciertas.

'A buen entendedor, pocas palabras bastan' – Por eso tenemos textos cortos y directos.

'Quien se pica, ajos come' – Si alguien se siente aludido, que no se lo tome a mal, por algo será. De todos modos, ninguno estamos libres de pecado.

'Reunión de pastores, ovejas muertas' – Ahora nos reunimos a charlar y reflexionar, pero no olvidemos que es necesario actuar con urgencia.

INTRODUCCIÓN 0

Si la portada del libro ha cumplido con su cometido, al ver la imagen se habrá preguntado qué narices es eso. Después de unos segundos y asumiendo que al sostener este libro entre las manos usted tiene un cierto interés y conocimiento en la materia, se habrá dado cuenta de que se trata de un yacimiento arqueológico.

Si con la portada del libro he conseguido mi cometido, entonces la curiosidad se habrá apoderado de usted y no podrá esperar a terminar de leer esta carta para seguir adelante. ¿Es ese el futuro de la Arqueología? ¿Pinos en yacimientos abandonados? Sinceramente, espero que no. Sin embargo, sí quería evocar un sentimiento de indignación ante hechos que supuestamente nos preocupan.

No voy a negar que la situación actual de la Arqueología y del Patrimonio Arqueológico en nuestro país es, cuanto menos, precaria. Algunos de los textos de este volumen van a ir en ese camino, poniendo de manifiesto situaciones que a ninguno nos gustan pero de las que participamos. A pesar de todo, el objetivo no es terminar de leer y empezar a llorar, sino hacerse eco de las propuestas y las ideas que subyacen en esos mismos textos y reaccionar ante las adversidades. La Arqueología que se practica en España comienza a posicionarse al nivel de los mejores proyectos internacionales y los recursos y posibilidades de la profesión han mejorado mucho en los últimos años. El "aislacionismo" teórico que nos caracterizó hace no tanto tiempo, ha quedado en el olvido con el progresivo protagonismo que nuestros profesionales cobran año tras año. Y es ahí, en la profesionalización de la Arqueología, donde radica el quid de la cuestión.

En ocasiones se ha llamado Arqueología profesional a esa que se practicaba desde la empresa. Sin embargo, debemos entender la profesión como colectivo desde todas sus vertientes. En el presente volumen participan profesionales de empresas, pero también investigadores de diferentes centros, gestores, estudiantes, conservadores, divulgadores... profesionales de la Arqueología en definitiva. Y es que, aunque no todos participemos de todas las partes del proceso, sí formamos parte de un sistema que necesita estar bien engranado para funcionar.

Sin ánimo de revelar los detalles del libro, de entre todos los participantes se pueden extraer un buen conjunto de problemas, soluciones e ideas que no se circunscriben al ámbito de quien escribe, sino que nos afectan a todos.

Si el libro cumple con su cometido, cuando usted termine de leerlo algo habrá cambiado. No sé si sentirá rabia, indignación, alegría, conformidad o indiferencia. En cualquier caso creo que se quedará con ganas de continuar con una reflexión y una discusión que le animo a emprender. Por eso, a través del blog anunciado al dorso, espero que participe con nuevas ideas, con viejas propuestas o simplemente con algún comentario que enriquezca este debate.

Porque puede que ahora que todo está en crisis sea el momento para reflexionar. Porque crisis significa cambio.

Porque otra Arqueología es posible.

Jaime Almansa Sánchez
El Cabaco, julio 2011

VALENTÍN ÁLVAREZ MARTÍNEZ   1

Agotados de esperar el Futuro
Una opinión sobre el futuro de la Arqueología Profesional en Asturias

Resulta pertinente comenzar este trabajo justificando el porqué de este título. "Agotados de Esperar el Fin" es el nombre de uno de los discos de la banda de rock Ilegales y con esa frase se sintetiza, en buena medida, el sentir general de buena parte de los profesionales de la Arqueología que desarrollan su trabajo en Asturias. De igual modo, es oportuno recordar que la salida al mercado discográfico de este álbum es coincidente en términos temporales con la aprobación de la *Ley de Patrimonio Histórico Español* (16/1985), punto de partida de la institucionalización moderna de esta disciplina y su patrimonio en el Estado Español. Sobre este ordenamiento legal se cimentaron las esperanzas de jóvenes alumnos y profesores que abarrotaban las universidades españolas anhelando poder realizar una actividad que, hasta aquellos momentos, había estado reservada sólo a unos pocos elegidos. Es ahí cuando nace una nueva realidad desconocida hasta entonces en el país: el surgimiento de la arqueología profesional, con un personal dedicado a exhumar yacimientos y estudiar sus materiales para propiciar la liberación de suelo, ante la demanda de zonas urbanizables y la creación de nuevas infraestructuras.

Opinar sobre el futuro a corto-medio plazo de la Arqueología en una región como Asturias, obliga a tener en cuenta una serie de cuestiones que por falta de espacio simplemente se esbozarán.

Es el Principado de Asturias un territorio donde el desarrollo de cualquier tipo de actividad económica se encuentra muy limitado debido a sus propios condicionantes de orden geográfico (orográfico y demográfico) y socioeconómico. Más si cabe, si nos centramos en una profesión tan singular como la que nos atañe, pues en ella se requiere aunar cualidades tan dispares como son una actividad física exigente y una cualificación intelectual. Es por ello que resulta una dedicación poco común dentro del panorama laboral asturiano.

Si los primeros momentos de la Arqueología, dentro del espectro laboral en Asturias, se producen tras la promulgación de la ya mencionada ley nacional, su desarrollo definitivo será a partir de la *Ley de Patrimonio Cultural del Principado de Asturias* (1/2001). Serán estas dos disposiciones legales las que instauren esta práctica, abriendo a un número notable de arqueólogos las puertas de una nueva actividad profesional multidenominada: *Arqueología de Gestión, de Urgencia o Comercial...*

Hoy el perfil profesional y la situación laboral del medio centenar de profesionales que desempeñan esta tarea en la región, se caracteriza principalmente por dos cuestiones que conviene recalcar: salvo alguna excepción, la formación teórica y práctica de este colectivo se encuentra vinculada a la Licenciatura de Historia, en sus distintos planes de estudio, impartida desde la Universidad de Oviedo. Así la falta de una formación específica en Arqueología ha obligado a la autoformación, generándose con ello un marco teórico y práctico heterogéneo, que si bien en un primer momento enriquece la instrucción del arqueólogo, *a posteriori* presenta ciertas dudas sobre su idoneidad como modelo eficiente para la creación de profesionales. De igual modo, la figura laboral que prevalece, pese a que existen un reducido grupo de pequeñas empresas, es la del empleado por cuenta propia (autónomo). Por ello, el mejor calificativo que se le puede aplicar a esta práctica es el de "precariedad", pues las distintas formas de contratación eventual, y los contratos por obra como principales referentes, no permiten fijar un mercado laboral estable para esta Comunidad.

En definitiva, en la actualidad este tipo de Arqueología se encuentra profundamente determinada por una serie de problemas que se pueden dividir en dos vertientes. La primera, la coyuntural, está intrínsecamente ligada a los problemas derivados de la crisis económica en la que nos encontramos inmersos. Sin duda alguna, los efectos del retroceso en el último trienio en la construcción de infraestructuras y edificaciones ha retraído la demanda de los principales servicios que ofertan los arqueólogos. De la misma manera, el agotamiento de las arcas públicas ha frenado a los principales promotores a la hora de iniciar o mantener proyectos arqueológicos. En segundo lugar, y ya de una forma que podemos definir como estructural, la arqueología asturiana arrastra desde su origen una serie de trabas que le impiden su pleno desarrollo. Si la promulgación de la ley regional de patrimonio en 2001 supuso el pilar fundamental para la práctica profesional en la región, en la actualidad esta parece superada, haciéndose necesario ampliar el patrimonio a reconocer y por tanto, a proteger (véase el Patrimonio de la Guerra Civil). De la misma manera, se debe atender de una forma clara a las nuevas prácticas dañinas que actúan sobre el patrimonio. Un déficit notorio en este sentido es la falta de una limitación precisa, más allá de la alusión en el artículo 108 de dicha ley, para los detectores de metales. Por todo ello, sería oportuno ampliar, reformar y sobre todo desarrollar nuestro ordenamiento legal dando cabida a un reglamento que ordene y organice la actividad arqueológica en el Principado de Asturias. Así, tanto el profesional como la propia administración, tendrían un marco de actuación sobre el que proceder y al que atenerse.

Desgraciadamente, a los ojos de una buena parte de la sociedad esta actividad se encuentra más ligada a un pasatiempo que a una verdadera ocupación laboral. Este punto de vista manifiesta un problema fundamental que no es otro que la falta de visibilidad de la profesión. En buena medida, esto parte de la ausencia de mecanismos académicos o curriculares que solucionen definitivamente los problemas ligados a la capacitación profesional. De igual modo, y de cara a la habilitación por parte de la administración regional competente, se echa en falta en este sentido una normativa precisa, pues los actuales criterios son poco conocidos y se muestran opacos. Ante la ausencia en la región, antes y ahora, de una formación específica que cualifique laboralmente a los estudiantes para el desempeño de esta práctica, resultaría primordial conseguir un modelo formativo acorde a sus necesidades que instruya, respalde al titulado ante sus clientes y la sociedad y, finalmente, permita la continuidad de la profesión. Este modelo académico tendría que basarse en unos conceptos teóricos y prácticos diseñados para una realidad laboral muy alejada de los actuales temarios universitarios.

Resulta una paradoja que con las generaciones más cualificadas y el considerable volumen de actuaciones arqueológicas que se realizan anualmente en Asturias, la publicación de los resultados de dichos trabajos sea claramente deficiente. Esto no solo atañe al incumplimiento del deber con el resto de la comunidad investigadora, sino que principalmente está quebrando el compromiso ético que se estableció con la sociedad al nacer esta profesión, pues, en definitiva, al no difundir nuestro trabajo se le niega la opción de conocer el pasado, situación esta que se escenificaría de una manera precisa en la total desconexión que existe entre las comunidades locales y los arqueólogos que actúan en su entorno.

Existen varias cuestiones que explican este déficit. La falta de publicaciones regionales o encuentros entre investigadores que estimulen la salida de los trabajos científicos, y la apatía o el cansancio de los más veteranos hacia las actuales formas de investigación o hacia sus mecanismos de divulgación (como muchos creen, excesivamente dependientes de los intereses de los arqueólogos del mundo académico). Aunque, sin duda alguna, el principal exponente de esta problemática es el propio sistema de trabajo que está instaurado en la arqueología de gestión que, al estar inmersa en las prácticas competitivas propias del libre mercado, no permite destinar suficiente tiempo para ahondar en el conocimiento de los materiales y las estructuras recuperadas. Por ello el arqueólogo se conforma con realizar un primer trabajo de documentación, clasificación y análisis, sin entrar en consideraciones de mayor envergadura. Es la propia administración la que tendría en su mano la mejora de esta situación, instando a que se integre en el informe de resultados un artículo destinado a la publicación que difunda el trabajo realizado. Esto obligará a los arqueólogos a incorporar en sus presupuestos iniciales el coste de esta labor, por lo que el tiempo destinado a realizar la misma será siempre remunerado.

Por último, es necesario apuntar una última característica que ha marcado y marca, particularmente, el desarrollo de la arqueología asturiana y que subyace detrás de buena parte de los problemas ya enumerados. Esta está ligada a la cohabitación que existe entre las cuestiones de índole laboral y los problemas personales que hay entre un buen número de arqueólogos. La coexistencia de varias generaciones que se han formado académica y arqueológicamente juntas ha traído consigo enfrentamientos personales, perpetuados en las posteriores relaciones laborales. Estas "rencillas" se han convertido en una situación enquistada donde una serie de redes clientelares, que alcanzan todas las esferas (profesionales, académicas y administrativas) se han jurado odio eterno. El ambiente de confrontación permanente es el causante de la inexistencia de plataformas profesionales o investigadoras en la región; e igualmente, es la clave que explica porque no surgen grupos de trabajo y asociaciones estables que necesitarían, cuando menos, del apoyo inicial de todo el colectivo.

En conclusión, el devenir próximo de la arqueología profesional en Asturias no se presenta muy halagüeño, ya que su evolución en un ambiente de inestabilidad y recesión económica augura un panorama laboral marcado por la precariedad e inseguridad laboral, económica, social e intelectual. Tal es así que la arqueología, como se concibe hoy, tiene un escaso futuro.

Los principales retos que se presentan para superar esta situación se basan fundamentalmente en la toma de conciencia por parte de los arqueólogos, de su papel como colectivo con unos intereses comunes, y por lo tanto, sería imprescindible para el logro de este objetivo primordial la búsqueda de acuerdos que favorezcan sus pretensiones como grupo. Así mismo, es obligatorio superar, de una vez por todas, la visión que vende, enmascarando una realidad plagada de miserias laborales y personales, la arqueología como *way of life* y concebirla como una práctica laboral a título lucrativo que se desarrolla de forma habitual, donde el arqueólogo es un técnico más que desempeña un cometido específico a cambio de una remuneración económica, sin que esto traiga consigo ningún tipo de reticencias sobre el verdadero compromiso que existe entre estos y el patrimonio cultural. Para ello, es necesario que el mundo universitario y la propia administración conozcan y valoren verdaderamente la situación laboral en la que se desenvuelven los arqueólogos y que apoyen esta profesión.

Como último apunte, se debe manifestar que, si bien en los últimos años la labor que ha desempeñado la *Arqueología de Gestión* ha sido fundamental para conocer la Historia de Asturias, principalmente en la Época Antigua y el Medievo, sus problemas, ya mencionados, le han restado gran parte de eficacia y no han permitido su total desarrollo. Por lo tanto, es primordial que todo el sector (profesionales, administración y academia) conozca, comprenda y asuma la realidad, y se busquen soluciones consensuadas para reconducir el presente y encarar con ciertas garantías el futuro.

BIO

Valentín Álvarez Martínez es licenciado en Historia por la Universidad de Oviedo, institución donde actualmente trabaja, como becario predoctoral del Programa Severo Ochoa del Principado de Asturias, en su tesis sobre el fenómeno megalítico en Asturias. Con anterioridad ha adquirido una notable experiencia en trabajos arqueológicos de campo en el ámbito investigador, donde destacan sus participaciones en excavaciones de yacimientos Neolíticos y de la Edad del Bronce en Jordania, en poblados de la Edad del Hierro asturianos y en contextos de la Prehistoria Reciente de zonas montañosas cantábricas como el macizo de El Aramo. Del mismo modo, ha trabajado en la Arqueología comercial desde el año 2005 en la realización de seguimientos, excavaciones e informes vinculados con el patrimonio cultural asturiano.

AGUSTÍN AZKARATE GARAI-OLAUN

Por una arqueología no tan "excelente"

El elenco de participantes en esta obra colectiva sobre la arqueología y su futuro es suficientemente representativo como para que esté garantizada una rica pluralidad de puntos de vista. Para evitar posibles reiteraciones huiré de reflexiones genéricas, centrando estas líneas en mi experiencia particular y en aspectos muy puntuales del mundo relacionado con la arqueología. Lo haré de manera coloquial, poniendo el foco en aquellos puntos que *en este momento* más me interesan y me preocupan. Obviamente me cuidaré mucho de dar consejos y, sobre todo, de decir qué es y qué no es importante.

Lo que me interesa hoy en día es muy diferente a lo que me interesó hace años. Hubo una época de juventud en la que estuve convencido de que cuando un país no tenía documentos escritos su pasado se encontraba en la arqueología. Así lo había dicho Colin Renfrew y no era cuestión de poner en duda las sabias opiniones de los maestros. Por aquel entonces me consideraba además una persona especialmente afortunada porque, puestos a elegir en Europa occidental un país que paradigmatizase mejor que ningún otro la escasez de fuentes escritas, pocos candidatos podrían competir con el País Vasco, proverbialmente huérfano de documentos escritos hasta fechas avanzadas del medievo. Acabé convencido de que el futuro de la investigación histórica estaba en manos de los arqueólogos, especialmente cuando se ocupaba de determinados periodos.

Así transcurrieron algunos años, llenos de afanes y oportunidades para quienes teníamos el privilegio de usufructuar casi en exclusiva el predio de las investigaciones arqueológicas, en un contexto académico poco habituado a debates críticos de carácter epistemológico y nada preocupado por otras cuestiones que no fueran los intereses curriculares de uno mismo. De aquellos años no rescataría hoy demasiadas cosas, aunque algunas me persigan obsesivamente, obligándome como a Sísifo a seguir empujándolas ladera arriba con poca convicción y mucho esfuerzo: confieso que, en estos momentos, me cuesta comprender qué relevancia pueda tener que las aldeas altomedievales fueran primero y las iglesias parroquiales después, o viceversa. Parafraseando a I. Hacking me he preguntado algunas veces si estas cosas (u otras similares que salpican la mayoría de nuestros *curricula* universitarios) importan de verdad, especialmente cuando veo que tales debates agotan su influjo social en el reducido ámbito de los lectores a los que van destinados o, lo que aún es peor, cuando compruebo que en realidad sólo existen porque determinados círculos científicos de poder *han decidido que son relevantes* y no porque lo sean realmente.

Pero llegaron los ochenta trayendo consigo circunstancias conocidas de todos y muchas oportunidades para quienes quisieron aprovecharlas. No todo el mundo quiso hacerlo, obviamente, pero en adelante iba a resultar más difícil seguir con las inercias habituales, mirando para otro lado, como si nada nuevo estuviera sucediendo.

Durante aquella década, coincidiendo con la transferencia de las competencias exclusivas en materia de "Patrimonio histórico, artístico, monumental, arqueológico y científico" a las nacientes Comunidades Autónomas, se produjo una cadena de cambios trascendentales en la conceptualización y gestión del patrimonio, especialmente del patrimonio construido. La ampliación de los ámbitos de tutela y la nueva percepción de una herencia, que siendo memoria era también recurso, multiplicó los elementos a proteger, pero incrementó en la misma proporción los problemas de gestión de una nueva realidad en la que siempre sobró hipocresía social y faltaron preparación, recursos y especialmente el compromiso de una Academia que, en gran medida, siguió ensimismada en su proverbial onanismo. No olvidemos, además, que todo aquello vino a coincidir con un desarrollismo salvaje y una actividad inmobiliaria fuera de todo control que, además de provocar la gran crisis cuyas consecuencias padeceremos a lo largo de toda la segunda década del siglo XXI, supuso la desaparición irreversible de un porcentaje incalculable de nuestro patrimonio, especialmente en contextos urbanos. Volveré más adelante sobre este último punto.

Fue la percepción de este profundo cambio la que, tanto a mí como a mis compañeros de nuestro grupo de investigación, nos llevó a reconsiderar lo que veníamos haciendo hasta entonces, a reaccionar ante una universidad autista, dominada todavía por la "concepción heredada" a la hora de evaluar la excelencia de la ciencia y abrazar finalmente una actitud más activa y comprometida, convencidos de que el conocimiento resulta realmente de la acción. Como he dicho en algún otro lugar, si tuviera que elegir un modelo teórico para explicar las claves que han sustentado nuestra praxis arqueológica durante los dos últimos decenios, optaría sin dudas por el "modo 2" de producción del conocimiento en su última versión (*Mode 2 revisited*) que nos invita a organizar nuestra agenda de investigación no solamente en función de los intereses curriculares al uso, sino en función también de las necesidades de lo que se ha definido como el "contexto de aplicación" de la propia actividad investigadora; y optaría también por las perspectivas CTS (en su rama más activista) que vienen proponiendo la necesidad de un nuevo proceso científico sustentado en la reivindicación de la ética y de la justicia por encima de los valores puramente epistémicos, en la responsabilidad social de la ciencia, y, especialmente, en la defensa de nuevos modelos de participación pública orientados a la democratización de la construcción tecnocientífica.

Por esas mismas fechas -fines de los ochenta- y emulando la experiencia italiana, comenzó a gestarse en España un universo de experiencias diversas que con el tiempo ha venido a conocerse como "arqueología de la arquitectura". Recientemente me he referido ella definiéndola como "un campo de juego abierto a cuantos les interesa el espacio construido como herencia de pasado, pero también como recurso para el futuro, como depósito de memorias históricas, archivos estratigráficos, como elenco de técnicas constructivas, compendio de dimensiones simbólicas y significantes, reflejo de conflictos y vivencias sociales, en definitiva, como topografía de las complejas 'constelaciones cotidianas' de la sociedad". Como se ve, la arqueología de la arquitectura conforma un campo de acción inmejorable para hacer frente -desde su propia condición mestiza y transdisciplinar- a una realidad compleja y multidimensional ante la que la universidad humboldtiana y su estilo "tylorista" difícilmente responderán con la pertinencia necesaria.

En este sentido, uno de los planteamientos actuales más convincentes, desde mi punto de vista, es precisamente aquel que aconseja el abandono de la compartimentación de los saberes y su substitución por una visión en términos de "proyectos de conocimiento", en los que los investigadores seamos capaces de afrontar una cuestión no desde el interior de nuestras respectivas disciplinas, sino poniendo las especificidades instrumentales de cada una de ellas al servicio de unos objetivos previamente consensuados. Es importante, en consecuencia, que no caigamos en estériles disputas disciplinares. La arqueología de la arquitectura no es predio exclusivo de los arqueólogos: no lo fue en origen y no lo es actualmente ni lo será en años venideros. Como he apuntado en otro lugar, son precisamente su aparente "promiscuidad" epistemológica (o, quizá mejor, su "pluralismo" epistemológico), su capacidad de adaptación y de metamorfosis, su carácter mestizo, su vocación por hábitats y hábitos de frontera y sus posibilidades para responder con coherencia a nuevos retos axiológicos los argumentos principales que sabrán garantizar su futuro.

Y terminaré esta reflexión mencionando dos puntos que me parecen especialmente preocupantes. Como he apuntado en otro lugar, una de las mayores amenazas que se ciernen sobre nuestro patrimonio se concreta en los ámbitos urbanos, allá precisamente donde la presión inmobiliaria es más salvaje y donde se están cometiendo las mayores tropelías. El diagnóstico es ya conocido y apunta a la tiranía del "fachadismo" y la destrucción sistemática de tipologías constructivas, a la insuficiente preparación de algunos profesionales que participan en actividades restauradores sólo circunstancialmente y al predominio de criterios utilitaristas y formales que olvidan que el patrimonio construido posee valores históricos y documentales que deben también ser respetados y protegidos. Resultando dolorosa la pérdida irreversible de la memoria, lo es doblemente por la proliferación paradójica de arquitecturas pseudohistoricistas y "réplicas" que salpican muchas de nuestras ciudades. Creo que la arqueología académica no está suficientemente implicada en este contexto de aplicación que considero verdaderamente relevante. Y, cuando lo está, lo hace desde las premisas teóricas de la "arqueología de la ciudad" y con el propósito de "historiar la ciudad", expresiones ambas de connotaciones teleológicas objetivadoras propias del conocimiento científico moderno. Por fortuna, existe gente para quien el objetivo de la ciencia en nuestra época no es tanto *conocer* el mundo como *transformarlo*.

Y aquí viene la segunda de mis preocupaciones, que tiene que ver, parafraseando a Javier Echeverría, con los "señores del conocimiento", con el sistema de apropiación de capital científico que han instaurado y que decide "la elección de los objetos, la solución de los problemas y la evaluación de las soluciones" (P. Bourdieu) ¿Qué arqueólogos asumirán, con todas sus consecuencias, la multidimensionalidad de un proyecto ejecutado en un contexto urbano? ¿Cuántos se atreverán a diluir su ego o a enturbiar su *currículum* en un proyecto transdisciplinar y colectivo, corriendo el riesgo de no alcanzar la excelencia por salirse de las pautas marcadas por los distribuidores del prestigio científico? Evidentemente los habrá, pero pagarán caras las consecuencias en un contexto general que potencia el elitismo y acarrea una imparable subalternización de los agentes sociales que, participando, en la construcción del conocimiento, quedarán, sin embargo, fuera del disfrute de sus beneficios... a no ser que se acabe con el *Ancien Régime* mediante un nuevo asalto al palacio de invierno.

BIO

Agustín Azkarate Garai-Olaun dirige en la actualidad el GPAC, Grupo de Investigación en Patrimonio Construido (UPV/EHU) y el Centro de Investigación en Ciencias del Patrimonio "Fundación ZAIN Fundazioa".

arqueologiadelaarquitectura.com

GONZALO ARANDA JIMÉNEZ 3

Presente y futuro de la Arqueología en Andalucía

Reflexionar sobre el futuro de la arqueología requiere el análisis, aunque sea de forma breve, de la encrucijada en la que actualmente se encuentra nuestra disciplina, sometida a una realidad en permanente cambio. Hace tan solo un par de décadas hubiera sido casi inimaginable que la arqueología se convirtiera en una profesión con la proyección laboral que ha tenido en estos últimos años, gracias al exponencial desarrollo de la denominada arqueología de gestión, empresarial o comercial. Esta situación incluso ha suscitado el interés de disciplinas afines a la arqueología por acceder a este mercado laboral. Al menos en Andalucía, desde ámbitos relacionados con áreas de conocimiento bastante diversas, que van desde el Patrimonio Histórico-Artístico a las Ciencias de la Tierra, se ha reivindicado activamente, aunque sin éxito, su participación en las normativas y reglamentos que ordenan la actividad arqueológica.

La situación actual de la arqueología en Andalucía obviamente comparte con otros territorios del estado español toda una serie de elementos comparables que sin duda permiten una reflexión común como la que nos propone Jaime Almansa. No obstante, la transferencia a mediados de los años 80 de las competencias en materia de patrimonio a las Comunidades Autónomas ha creado trayectorias divergentes con particularidades propias. Veamos cuáles son algunos de estos elementos comunes y específicos. Como en el resto de las Comunidades, los actores principales que intervienen en el patrimonio arqueológico son, por una parte, la administración autonómica encargada de la tutela en sus diferentes acciones de conservación, investigación, protección, difusión etc.; por otra las empresas, cooperativas o profesionales autónomos y finalmente los centros de investigación, especialmente las universidades.

La administración autonómica andaluza ha conseguido crear en sus 25 años de historia un complejo organigrama de organismos e instituciones relacionados con la tutela de los bienes arqueológicos y, lo que probablemente sea más relevante, en la actualidad cuenta con unos recursos humanos altamente cualificados, aunque probablemente insuficientes. La preocupación por la tutela de los bienes patrimoniales ha estado siempre presente en la agenda política de la administración andaluza. Especialmente en su primera etapa los éxitos del denominado "modelo andaluz de arqueología" han sido reconocidos tanto a nivel nacional como internacional. Asimismo, las políticas de protección y conservación han seguido siendo un referente para otras instituciones autonómicas. A partir de la segunda mitad de los años 90 la capacidad de liderazgo mostrada por la administración en la tutela de los bienes arqueológicos ha sufrido un estancamiento, cuando no un retroceso. No obstante, la importancia de los bienes culturales ha continuado siendo un activo importante en la acción política andaluza. En este sentido, y a pesar del duro momento de ajuste que viven las diferentes administraciones públicas, Andalucía ha mantenido una estructura administrativa de gestión patrimonial independiente de otros ámbitos de la vida pública.

El cambio probablemente más importante que se ha producido en estas dos últimas décadas ha sido la irrupción de la denominada *arqueología empresarial* o *comercial*. En Andalucía este fenómeno ha tenido una especial relevancia. Según un reciente estudio de Eva Parga-Dans, en el año 2008 Andalucía era la comunidad con mayor número de empresas de arqueología, 45, seguida de Cataluña y Madrid con 44 y 38, respectivamente, de un total de 273 empresas para todo el territorio nacional. Dentro del territorio andaluz, las provincias occidentales especialmente Sevilla, Málaga y Córdoba son las que concentran el mayor número de empresas, frente a Granada y Almería que ocupan el extremo opuesto. A esta importante actividad empresarial hay que sumar a los profesionales autónomos, sector para el que por el momento no existe ningún tipo de aproximación, pero cuya incidencia en la arqueología comercial parece ser igualmente relevante.

La importancia del mercado laboral, y su impacto socioeconómico, puede ser igualmente valorada a partir del volumen intervenciones arqueológicas realizadas en Andalucía. En el periodo 2005-2010 la Dirección General de Bienes Culturales de la Consejería de Cultura de la Junta de Andalucía autorizó 5312 actividades arqueológicas, lo que supone una media cercana a las 900 intervenciones anuales (ver Tabla). Si de las 5312 intervenciones exceptuamos las 121 correspondientes a la categoría de Proyectos de Investigación, habitualmente desarrolladas por centros de investigación, especialmente universidades, nos quedan 5191 autorizaciones arqueológicas que formarían el volumen de trabajo realizado por los profesionales de la arqueología comercial en Andalucía. Resulta interesante que en el caso andaluz, y a diferencia de lo que sucede en otros ámbitos peninsulares, la incidencia de la crisis económica iniciada en 2007 ha sido bastante tardía. Sólo en 2010 se ha producido un descenso significativo en el número de autorizaciones. Si cruzamos la información de la actividad empresarial y el volumen de actividades arqueológicas realizadas en los últimos años, se obtiene la imagen de un importante mercado laboral que reúne a un colectivo de profesionales de varios cientos de arqueólogos y arqueólogas.

Año	Preventivas	Puntuales	Urgentes	Proyectos de Investigación	Impacto Ambiental	Total
2005	622	106	28	21		777
2006	706	98	15	29		848
2007	887	83	21	21		1012
2008	871	70	21	15		977
2009	855	67	9	17		949
2010	643	56	13	18	20	750
Total	4584	480	107	121	20	5312

Tabla: *Actividades arqueológicas autorizadas en Andalucía entre los años 2005 y 2010 (Fuente: DGBBCC de la Junta de Andalucía)*

Por su parte, los centros de investigación en Andalucía están compuestos básicamente por las universidades. Probablemente sean las instituciones que menos han evolucionado en los últimos años. En la actualidad existen 9 universidades en Andalucía, una por cada provincia, a excepción de Sevilla con dos, la centenaria Universidad de Sevilla y la de reciente creación Universidad Pablo de Olavide. El colectivo de investigadores/as permanentes (Arqueología Prehistórica, Clásica y Medieval) asciende a unos 93 profesionales, a los que hay que sumar varias decenas entre investigadores/as predoctorales, postdoctorales, contratados en diferentes modalidades, etc[1].

Se trata de un exiguo colectivo con un claro desequilibrio territorial a favor de las universidades de Granada y Sevilla que concentran a más de la mitad de los arqueólogos/as. Desde la consolidación del sistema universitario andaluz a finales de los 80 y principios de los 90, las raquíticas plantillas de profesionales a duras penas han conseguido mantenerse sin que los programas de reincorporación de doctores, tanto nacionales (Ramón y Cajal y más recientemente Juan de la Cierva) como autonómicos (Programa de Reincorporación de Doctores a Centros de Investigación y Universidades de Andalucía), hayan conseguido variar sensiblemente esta situación.

Como acertadamente ha planteado Gonzalo Ruiz Zapatero, la situación de parálisis vivida en las últimas décadas en la promoción a los cuerpos docentes e investigadores universitarios ha provocado un empobrecimiento en la creatividad, empuje y estímulo crítico que aportarían las nuevas generaciones de arqueólogos/as. Además, las universidades han pasado en menos de 3 décadas de ser prácticamente los únicos agentes en la arqueología andaluza a una posición ciertamente compleja en donde otros ámbitos arqueológicos han conseguido un fuerte protagonismo. Esta nueva situación ha generado un cierto desconcierto y en algunas ocasiones no pocos recelos e incomprensiones.

Quizás sea este momento de dura crisis el más adecuado para reflexionar sobre el futuro de la arqueología andaluza a partir de un sosegado análisis de su realidad actual. En mi opinión, hay un elemento central en el que prácticamente coinciden todos los agentes implicados: la arqueología o pasa por la investigación o difícilmente es sostenible. La arqueología comercial ha generado un enorme volumen de documentación que apenas si se ha transformado en conocimiento más allá de los informes, en la mayoría de las ocasiones

---

[1] Información obtenida de las páginas webs de las 9 universidades andaluzas.

muy escuetos, publicados en los Anuarios Arqueológicos de Andalucía tal y como obliga la legislación vigente. Las empresas y arqueólogos autónomos han estado más preocupados por la viabilidad económica de su actividad profesional que por generar conocimiento histórico. Los centros de investigación tampoco se libran de este grave problema, ya que en no pocas ocasiones la documentación arqueológica conseguida en intensas campañas de excavaciones y prospecciones permanece inédita.

La realidad actual en mi opinión es peliaguda. Solo pensar en la potencial información histórica generada en las 5312 actividades arqueológicas realizadas en el periodo 2005-10 causa autentico vértigo. No obstante, creo que es posible construir un nuevo modelo en la gestión de los bienes arqueológicos a partir de una toma de conciencia de esta realidad y de la implicación activa de los actores implicados.

A la administración autonómica le corresponde un papel central en la construcción del futuro. Creo necesaria la recuperación de la capacidad de liderazgo mostrada en tiempos pasados. La nueva realidad requiere de una administración que actúe como eje vertebrador de nuevas políticas, encaminadas a construir una arqueología basada en el conocimiento que permita transferir a la sociedad de forma adecuada los valores culturales de nuestro patrimonio. Un aspecto que considero importante de esta acción política debería consistir en crear puentes por los que fluya la información, la crítica, la colaboración, los problemas, las dificultades o los aciertos, rompiendo la barrera del aislamiento, cuando no de incomprensión, que actualmente existe entre los diferentes agentes de la arqueología andaluza. La reflexión común y sincera creo que es la clave del futuro.

A las empresas de arqueología les queda un prometedor futuro aunque el *boom* inmobiliario y la posterior crisis económica probablemente marquen un punto de inflexión en su reciente historia. De hecho, en los últimos años algunas empresas andaluzas han comenzado a diversificar sus actividades ofreciendo servicios de valorización y difusión, conservación, formación, etc. El reto más importante probablemente consista en compatibilizar la viabilidad económica con la generación de conocimientos históricos, el fomento de la investigación aplicada y la innovación. En este sentido, apenas si se han explorado las posibilidades de financiación que ofrecen tanto la Unión Europea como el Ministerio de Ciencia e Innovación a través de programas como el denominado Torres Quevedo para la contratación de doctores. Quizás uno de los obstáculos fundamentales para avanzar en este objetivo proceda de la estructura de las empresas de arqueología, caracterizada por su reducido tamaño y por la precariedad laboral. Cambios relevantes en la estructura y modelo productivo, apertura a la colaboración con otras instituciones y aprovechamiento de las líneas de financiación disponibles probablemente sean algunos de los más relevantes desafíos de la arqueología comercial.

A los centros de investigación y especialmente a las universidades les corresponde un proceso de autocrítica. La velocidad a la que se han producido los cambios quizás haya cogido a contrapié a estas centenarias instituciones. Probablemente la ausencia de renovación o ampliación de las plantillas de investigadores/as de estas últimas décadas tampoco haya contribuido a una mejor adaptación. Las universidades deben resituarse en el nuevo y complejo panorama de la arqueología andaluza haciendo valer una de sus principales características: su capacidad tanto para la innovación teórica y metodológica como para someter al juicio crítico de la comunidad científica internacional los avances, tanto en los procedimientos de trabajo como en la construcción de nuevos conocimientos históricos. Los primeros pasos ya han comenzado a darse, aunque limitados a la adaptación de los planes de estudio mediante másteres con clara orientación profesional. En mi opinión, una de las actuaciones más urgentes pasa por un profundo cambio en la forma y en las estructuras de la investigación arqueológica universitaria para adaptarse a la nueva realidad de la disciplina. La reflexión, colectiva y crítica, de nuevo se convierte en una exigencia ineludible.

Finalmente, en estos últimos años han emergido nuevos actores en el complejo y cambiante panorama de la arqueología andaluza. Se trata de importantes movimientos cívicos en defensa, promoción y divulgación del patrimonio arqueológico, un fenómeno que en otros ámbitos europeos posee una considerable tradición pero que en Andalucía es novedoso. Este es el caso de la Mesa Ciudadana en defensa del Paisaje Protegido y del yacimiento de Valencina de la Concepción-Castilleja de Guzmán en Sevilla o de la Asociación Amigos de los Íberos de Jaén, dos movimientos ciudadanos muy activos con notables éxitos en la defensa y difusión de los bienes patrimoniales. La creciente conciencia ciudadana, que estos dos casos perfectamente ejemplifican, proyecta sobre el futuro un reto de incalculable valor, consistente en no defraudar las expectativas de una sociedad que comienza a demandar de forma activa y beligerante la protección, conocimiento, uso y disfrute de su pasado.

BIO

Gonzalo Aranda Jiménez es Profesor Titular de Universidad en el Departamento de Prehistoria y Arqueología de la Universidad de Granada. Ha desarrollado diversas estancias de investigación en universidades extranjeras especialmente en Reino Unido. Sus líneas de investigación están relacionadas con el proceso de aparición y desarrollo de las sociedades jerarquizadas en la Prehistoria Reciente del sur de la Península Ibérica. De forma específica sus trabajos se han centrado en el estudio de las relaciones de identidad social a partir de la investigación de las prácticas rituales de consumo de alimentos y bebidas, de las formas de organización social de la producción y de la aparición y regulación de diferentes tipos conflictos interpersonales que impliquen el uso de la violencia. Actualmente dirige el grupo de investigación "GEA. Cultura material e identidad social en la Prehistoria Reciente del sur de la Península Ibérica" de la UGR. Asimismo es el investigador principal del proyecto de investigación del Plan Nacional I+D+i del Ministerio de Ciencia e Innovación titulado "El contexto social de consumo de alimentos y bebidas en las sociedades de la Prehistoria Reciente del sur peninsular". Forma parte del Consejo Editorial de la revista "Menga. Revista de Prehistoria de Andalucía" en calidad de editor científico.

RAFAEL AZUAR RUIZ 4

Arqueología, Museos y Ciudadanos

Jaime Almansa nos ha dado la oportunidad de expresar nuestros planteamientos, mejor nuestros presentimientos, sobre el futuro de la Arqueología, o nuestros deseos sobre la "Arqueología Imaginada", y no sólo desde la utopía, sino sobre todo desde la distopía generada por la frustración a la que nos está llevando la crisis actual.

Aunque soy arqueólogo, mi experiencia como director y responsable de los proyectos de creación del MARQ, Museo Arqueológico de Alicante (que obtuvo el premio al Museo de Europa 2004) y del Museo Nacional de Arqueología Subacuática ARQUA, así como ex presidente de ICOM-España, me ha permitido en estos años participar en la dinámica expansiva experimentada por la arqueología y los museos, al albor de los años de la bonanza económica fruto del "desarrollismo urbanístico" y de la "burbuja inmobiliaria".

Esta condición de actante, y toda vez relegado de mis responsabilidades, me ha dado la oportunidad de reflexionar sobre estos aspectos, cuyas conclusiones he recogido en un libro sobre los museos y la arqueología desarrollada en estos años de Democracia, y cómo se han visto afectadas por la crisis. De su contenido he extraído algunos puntos del análisis, diagnóstico y propuestas para encarar el futuro.

Con la llegada de la Democracia y el desarrollo del Estado Autonómico hemos asistido a la desarticulación del antiguo modelo centralista, de concepción nacional, del Patrimonio Arqueológico Español y a la construcción de uno nuevo, de concepción ciertamente restrictiva, reducido a los límites del ámbito territorial autonómico y de una gestión totalmente centralizada, a imitación del Estado, ejercida desde las distintas dependencias de la Administración Autonómica y atomizada en un sin fin de museos dispersos, creados y gestionados según los criterios y los meros intereses municipales.

El crecimiento generalizado del número de museos en España durante estos treinta años de Democracia, en el caso de los museos Arqueológicos, posee unos rasgos específicos. Así, en su primera fase, se constata que su crecimiento continuado posee una geografía, a la vista de los datos estadísticos, claramente mediterránea y concentrada en las Comunidades de Valencia, Murcia y Andalucía, las cuales presentan los índices más altos de la península y en línea con los países de la Europa mediterránea. Con la llegada del siglo XXI, asistimos a una nueva fase, fruto de las inmensas ayudas al desarrollo recibidas por nuestro ingreso en la Unión Europea que, a través de programas europeos como LEADER, FEDER o PRO, permitieron a muchos de los municipios de interior el aplicar programas de desarrollo sostenible a partir de sus recursos patrimoniales, creando museos de Arqueología, de Etnología y Centros de Interpretación o Aulas Arqueológicas como equipamientos básicos destinados a generar o impulsar un turismo cultural en sus municipios y comarcas.

Esta sinergia entre el desarrollo de nuestros museos de Arqueología con la dinámica de los países de la cuenca europea del mediterráneo, adquiere en España matices específicos propios de nuestro "singular" desarrollo económico. Así, sin una planificación institucional y como resultado de una aleatoria política municipal, se ha ido construyendo un "modelo" en el que la arqueología y sus museos se han convertido en los ejes de una política de turismo cultural, como vía de desarrollo sostenible de las poblaciones de interior. A estos rasgos de "mediterraneidad" y de turismo cultural sostenible de interior, hay que añadir el de la apuesta "urbana" por convertir a nuestras más importantes ciudades costeras, en centros o destinos turísticos de primera calidad, aprovechando sus recursos arqueológicos y apostando decididamente por la creación de museos. Sin embargo, en esta primera década del siglo XXI, España se ha caracterizado por tener unos museos de bajo nivel de equipamientos y escaso número de técnicos. Confiemos en que la crisis ponga freno a esta deriva de los museos en España, impregnada por la cultura de los grandes gastos, no en equipamientos estables sino en eventos y ambiciosas exposiciones temporales y pasajeras. Política de *"dumping"* a la española que ha permitido que nuestros museos funcionen con los índices más bajos de personal de los países de Europa, con el menor número de especialistas y con el "orgullo" de ser el país que en el capítulo de recursos humanos invierte menos de la mitad de la media Europea.

Aún así, las cifras estadísticas de los museos Arqueológicos y de Sitio refuerzan sus gráficas divergentes: los museos de Sitio en claro crecimiento, dentro de su comportamiento por encima de la media de visitantes y, por el contrario, los museos Arqueológicos, como oferta tradicional, con altos índices en el número de museos, pero con uno de los índices de visitantes más bajos. Estos datos nos deben hacer reflexionar en cuanto al futuro de los museos arqueológicos o de arqueología, pues su nicho de visitantes se ha estancado, quizás por saturación y, por tanto, se hace necesario el reorientar su oferta hacia nuevas formas de musealizar el Patrimonio Arqueológico más acordes con el interés del público y la realidad actual. Es por lo que hacen falta políticas y programas culturales, de las administraciones, más coordinadas y encaminadas al reequilibrio geográfico y temático de los museos, acorde con el interés de los ciudadanos. En este sentido, y siendo la Arqueología y sus museos los depositarios de la identidad y la memoria histórica, han de comprometerse a respetar el Patrimonio Cultural de los diversos pueblos.

Programas, políticas, compromisos que pasan, ineludiblemente, por la profundización en la democratización de nuestros museos, basada en una mayor participación ciudadana, facilitada por las mejoras en su Accesibilidad y Usabilidad, a través del uso de las nuevas tecnologías de la Información y de la Comunicación en los museos, y en el compromiso de nuestros museos por una gestión medioambiental, ecológica, y de gasto sostenible. Democracia que, a la vez, exige una arqueología más cercana a la sociedad, lo que nos obliga a todos los arqueólogos, - y en estos tiempos de ralentización de la actividad profesional, por efectos de la crisis inducida por la "burbuja inmobiliaria"-, a que dediquemos los años venideros a investigar, estudiar y difundir los resultados de nuestras excavaciones con el fin de devolver a la sociedad, y a los ciudadanos, el fruto de aquellos años que disfrutamos del privilegio de intervenir en el Patrimonio Arqueológico.

Es momento de planificar, reorientar, rentabilizar y racionalizar los recursos, con criterios de sostenibilidad de un patrimonio, el arqueológico, que es limitado y ha sido víctima, en estos años, de una Arqueología de Salvamento o de mera documentación, totalmente agresiva y voraz, desarrollada al ritmo del mero interés inmobiliario y especulativo. Con este fin, debemos dirigir nuestros esfuerzos hacia una "Arqueología preventiva, de investigación, de conservación y puesta en valor", fruto de la planificación y en equilibrio con un desarrollo no meramente destructivo, si no dirigido a recuperar nuestra memoria, en la que la Arqueología y sus Museos sean el palimpsesto sobre el que se asientan nuestras raíces identitarias como colectividad, dentro de esta sociedad que conformamos la "aldea global".

BIO

Rafael Azuar Ruiz (Alicante, 1956) es doctor especializado en Arqueología Medieval e islámica y conservador del Museo Arqueológico de Alicante, del que fue director (1995-2005) y responsable del proyecto de creación del actual MARQ, que obtuvo el premio Museo de Europa 2004. Ha sido director del Museo Nacional de Arqueología Subacuática. ARQUA, en Cartagena (2006-2010) y coordinador técnico de la Comisión Científica de seguimiento del Plan Nacional de Protección del Patrimonio Cultural Subacuático Español. Ha sido presidente del comité nacional del Consejo Internacional de Museos (ICOM-España) (2008-2011) y miembro de la junta de la Asociación Profesional de Museólogos de España (APME) (2002-2010).

Como arqueólogo es autor de los siguientes libros: "Denia Islámica. Arqueología y poblamiento"(1989), "El Castillo del Río (Aspe, Alicante). Arqueología de un asentamiento andalusí y la transición al feudalismo (siglos XII-XIII)", (Alicante, 1994); "La rábita califal de Guardamar del Segura (Alicante). Cerámica, fauna, malacofauna y epigrafía" (Alicante, 1989); "Fouilles de la Rábita de Guardamar I: El ribât califal. Excavaciones e investigaciones (1984-1992)" (Madrid, 2004).

DAVID BARREIRO MARTÍNEZ 5

El futuro... ¿de qué?

Si algo sabemos a estas alturas es que nada tiene sentido fuera de su contexto. Este contexto define la condición real, el significado y el sentido de cualquier porción de realidad que queramos interpretar. Y también sabemos que una porción de realidad dada es susceptible de ser analizada a partir de los distintos elementos que la componen.

Si queremos preguntarnos por el futuro de la arqueología, tendremos que empezar por aproximarnos a la arqueología en tanto porción de realidad que puede ser analizada y, después, interpretar su contexto, sus condiciones de acción y existencia.

Sabemos que no hay una arqueología, sino varias arqueologías. Y no nos referimos a los distintos paradigmas teóricos que se han sucedido, ni a las diversas metodologías, ni a sus aplicaciones a distintos registros. Ni siquiera a las intenciones que subyacen detrás de cada investigación, actuación de arqueología preventiva o de puesta en valor... nos referimos a la diversidad sociológica de la disciplina.

Hay arqueólogos (de aquí en adelante usaremos el polémico plural que intenta ser neutro) en las universidades, combinando la docencia con sus investigaciones. También los hay en otras instituciones de investigación, casi plenamente dedicados, igualmente, a su investigación. Entre estos y aquellos hay funcionarios, contratados de corta y larga duración, y becarios.

Además, hay arqueólogos en las distintas administraciones. En este ámbito las dedicaciones también son distintas: hay quien trabaja en museos y hay quien trabaja en la gestión administrativa del patrimonio, y lo hace en ayuntamientos, en diputaciones, en comunidades autónomas o en la administración del Estado. Normalmente, son funcionarios, pero también los hay contratados.

Y hay un tercer grupo, que crece desde hace años, de arqueólogos que trabajan por cuenta propia, bien sea como pequeños empresarios, como autónomos, o como técnicos que venden, o intentan vender, su fuerza de trabajo.

Como se trata de preguntarnos por el futuro de la arqueología, y no de los arqueólogos, hay que tener en cuenta un cuarto elemento: aquellos agentes sociales, no profesionales, que participan activamente *en* y *de* la arqueología.

Ahora que tenemos una visión, muy superficial, de quiénes formamos parte de esa cosa llamada "arqueología", es el momento de acercarnos a los contextos en que desarrollamos nuestra actividad.

Por una parte, los arqueólogos (todos) trabajamos con el Patrimonio. Aunque este concepto sea susceptible de análisis genealógicos y críticos, ésa es la realidad. Y el Patrimonio es uno de los ejes, y muy importante, de las políticas culturales.

Por otra parte, muchos arqueólogos, mejor o peor, hacen ciencia. Producen conocimiento y (evitemos meternos en disquisiciones) hacen avanzar la sociedad.

Algunos se dedican a formar a los futuros profesionales. Todos los que podemos definirnos como arqueólogos hemos salido de este contexto de formación, y lo conocemos.

Pero estos contextos, -el patrimonio, la ciencia, la educación- más específicos y relacionados de forma directa con nuestra actividad, tienen que ser, a su vez, contextualizados. Hay un ámbito decisional, que enmarca las políticas culturales, educativas y científicas. Hay un mercado, en el seno del cual se establecen relaciones entre agentes: las subvenciones, los costes de la educación y de la gestión del patrimonio, la prestación de servicios de todo tipo, los salarios... Y hay un contexto social, dado que la arqueología es una práctica que se produce en sociedad y en la que todos, arqueólogos y no arqueólogos, interactuamos.

Pensemos ahora en la pregunta original: ¿cuál es el futuro de la arqueología española? Después de lo que hemos dicho, parece que, para responderla adecuadamente, tendremos que preguntarnos: ¿cuál es el futuro de los distintos contextos en los que la arqueología *existe*?

El patrimonio cultural se ha convertido en uno de los pilares de cualquier política cultural. Sobre él giran retóricas identitarias, recreaciones y reclamos turísticos. Desde el moderno reconocimiento legal (1985) del Patrimonio como bien a proteger, la voluntad política de invertir recursos en ello, además de desigual entre comunidades, ha sido más bien austera (salvo excepciones relacionadas con la rentabilidad comercial y/o política de algunos elementos patrimoniales). El trabajo que se desarrolla desde la administración es, además y casi siempre, un trabajo burocratizado y sometido a intereses de mercado que son contrarios y, a menudo, incompatibles con una gestión racional del patrimonio.

Respecto al sector profesional independiente generado en torno al patrimonio en los últimos veinticinco años, hay que señalar que los efectos de la crisis económica, muy acusados, están ocultando sus problemas estructurales. Estos problemas ya han sido analizados en numerosos lugares antes de ahora, y no es nuestra intención repetirlos. Está claro que, si hay arqueólogos precarizados, esos son los trabajadores y empresarios de la arqueología profesional. Buscar la culpa de esa precarización en la supuesta incapacidad de la administración para gestionar ese mercado, o en la incompetencia de los empresarios de la arqueología para conducir sus propias empresas, es errar el análisis. Los arqueólogos profesionales en España trabajan en precario porque casi todos los pequeños empresarios y trabajadores comparten esa circunstancia.

Respecto a la política científica, diremos que de la multiplicación de inversiones en personal y recursos, iniciada durante la primera legislatura de Rodríguez Zapatero, poco queda. Lo que pudo haber sido y no fue. La nueva Ley de la Ciencia, que se aprobará en breve, parece una oportunidad perdida para organizar la ciencia española de otra manera, más racional y menos sometida a los vaivenes de la economía. Ni la ley actual ni la futura garantizan unas condiciones laborales aceptables para la gran mayoría de los trabajadores de la ciencia: el movimiento precario que se inició hace unos años en España es un síntoma del estado de salud de la ciencia en nuestro país. Y la arqueología no es una excepción. El efecto inmediato es la precarización del trabajo científico, que lo pagamos los trabajadores, pero el efecto a largo plazo es el raquitismo de la práctica científica, que lo pagamos todos.

Respecto al contexto educativo, Bolonia es una incógnita, pero sólo hasta cierto punto. Sobre el papel, uno podría estar de acuerdo en que es necesario actualizar los planes de estudio, modernizarlos y adaptarlos al Espacio Europeo de Educación Superior. En la práctica, parece que los temores de muchos no eran infundados: aunque es pronto para saber cómo funciona esto, lo que sí parece cada vez más claro es que las políticas de la Unión Europea, y ésta no tiene por qué ser una excepción, suelen obedecer más a los intereses de las grandes corporaciones que a los de los ciudadanos.

Esto, en plena crisis, es más patente que nunca: los gobiernos de la Unión Europea parecen empeñados en sacarse la tierra de debajo de los pies, buscando la desaparición del Estado y ubicando el ámbito decisional en los consejos de administración de los bancos. Las primeras víctimas, entre los arqueólogos, son los más débiles: los trabajadores y socios de las pequeñas empresas de arqueología. Los funcionarios tampoco estamos saliendo bien parados, y no es descabellado pensar que la cosa, con ser grave, no se va a limitar a progresivos recortes salariales. Por no hablar de la ausencia de recursos para formar y para investigar: no parece factible, vistos los precedentes de la época de Aznar, cuando la economía era boyante (no tanto como quieren hacernos creer, a la vista está), que un gobierno de otro signo suponga un frenazo a la política de recortes sociales. No hay visos de que todo esto sea algo pasajero. El déficit público, que nos dicen que es necesario combatir, es algo consustancial a nuestras sociedades del bienestar (no entremos en matices): me pregunto si esas sociedades, sobre todo en su versión avanzada, la del norte de Europa, han sido un sueño (apoyado en las plusvalías extraídas al Tercer Mundo, eso sí) que se viene abajo ante la lógica implacable de un capitalismo europeo que pugna por seguir siendo competitivo en la globalización. Y no se puede regresar a los sueños.

Nuestra interpretación del contexto nos ha conducido, aparentemente, muy lejos de la pregunta inicial. Pero es que, estando así las cosas, ¿tiene sentido preguntarnos por el futuro de la arqueología española? Creo que la única respuesta posible a esto es doblemente condicional.

Sí, si luchamos por un sistema económico que garantice condiciones laborales dignas para todos los trabajadores (también para los arqueólogos), y por un sistema político que haga primar los intereses generales de la sociedad, lo que incluye la socialización del patrimonio, por encima de los de un mercado especulativo, en el que todos nos hallamos inmersos en mayor o menor medida, cuyo único rumbo es mantener la espiral demencial de endeudamiento privado y la destrucción a la que nos hemos abocado.

Sí, si nos marcamos, como finalidad principal, la sustitución de los valores culturales hegemónicos por una nueva conciencia colectiva de respeto a los bienes públicos, de gestión racional y planificada de los recursos, de integración activa en la comunidad y de cooperación y solidaridad social. De realización, en suma, de los seres humanos en *sociedad*, y no por libre. Todo eso es posible, o perseguible, en el contexto científico, patrimonial y educativo, y en cualquiera de los sectores que conformamos la profesión.

Aunque la realidad es la realidad, y los ideales son los ideales, no hay esperanza ni futuro para la arqueología si no es luchando por esto y en todos los frentes; si no pensamos que nuestros problemas, por graves que sean, no son sólo nuestros, sino de todos.

BIO

David Barreiro es licenciado en Geografía e Historia por la Universidad de Santiago de Compostela, doctorado por la misma institución en 2005 y funcionario del CSIC desde 2006. Su investigación, incubada en numerosos proyectos de gestión de impacto arqueológico, se centra en la teoría y la práctica de la gestión del patrimonio arqueológico, proponiendo una concepción integral de la arqueología (arqueología aplicada) que intente salvar las dicotomías entre investigación y praxis arqueológicas.

CINTA
S. BELLMUNT 6

Estudiar el pasado para mejorar el futuro

Llegué a Tarragona (Cataluña) el 2 de julio de 1986. Venía para hacer prácticas durante un mes en el *Diari de Tarragona*, pero han pasado ya 25 años y aún sigo por aquí. Tenía poco más de 20 años y para mí la arqueología era una ciencia muy desconocida, casi no había oído hablar de ella y sólo recordaba alguna lección referente a seres primitivos que mucho tiempo atrás habían vivido en cavernas, según se constataba en los libros de historia de mi EGB (Enseñanza General Básica).

En mi época escolar no podía imaginarme que iría a parar a una ciudad con un gran legado romano, actualmente Patrimonio de la Humanidad, pero mucho menos podía suponer que acabaría escribiendo, comunicando, sobre evolución humana. Todo empezó en 1988, cuando llegó también a Tarragona el profesor Eudald Carbonell, que se incorporó a la división universitaria de la Universidad de Barcelona en esa localidad, actualmente Universitat Rovira i Virgili. Por su parte, dicho arqueólogo, además de ser catedrático de Prehistoria en la URV, es el director del IPHES (Institut Català de Paleoecologia Humana i Evolució Social), cargo que desempeña desde su creación en el 2006.

En todo este tiempo ha habido un salto espectacular. Cuando Carbonell vino a Tarragona lo hizo con mucha ilusión y con la intención de formar un equipo que acabara siendo un referente mundial en el estudio de la evolución humana. Gracias a mi trabajo como periodista, corresponsal en aquel entonces para diversos medios de comunicación, pronto contacté y sintonicé con él. Nos hicimos amigos y he podido seguir de cerca cómo luchaba por conseguir sus propósitos.

A finales de los años ochenta fue aglutinando a su alrededor jóvenes estudiantes que ahora son los seniors de su equipo. De Atapuerca apenas se había oído hablar, en cambio, ahora es un excelente exponente de lo que puede conseguir el trabajo decidido de un equipo científico de primer nivel internacional. El IPHES no existía y en estos momentos congrega unas 50 personas de disciplinas muy diversas, y procedentes de distintas partes del mundo, que integran uno de los más importantes centros de investigación del planeta, en evolución humana.

Son tiempos muy duros, porque parece que estamos a las puertas, no ya de una grave crisis económica, sino de la caducidad de un sistema que podría extinguirse y todavía no sabemos ni qué ni cómo se le sustituirá. Ahora bien, siempre se ha demostrado que conceptos como la perseverancia, la ilusión, tener claras las metas que se quieren alcanzar son claves para afrontar los retos.

Desde mi particular observatorio he visto cómo en los últimos años se han hecho importantes avances fundamentales en tres pilares básicos de la arqueología: la investigación, la docencia y la socialización. Evidentemente queda mucho por hacer, lucharemos también por ello, pero una mirada a atrás, sin nostalgia, pero con capacidad crítica, nos ayudará a ver lo conseguido y nos animará a seguir trabajando en positivo.

Vuelvo al IPHES, que es el caso que he vivido muy de cerca, y el Proyecto Atapuerca, con el cual participamos muy activamente, pues Eudald Carbonell es uno de los codirectores. Las excavaciones que se desarrollan en estos yacimientos desde hace más de 30 años han propiciado la creación de éste y otros dos centros de investigación que forman una gran red de conocimiento y de pensamiento que traspasa fronteras. Desde el IPHES, por ejemplo, impulsamos la Red de Orígenes, para crear inercias con equipos científicos de América Latina. Estar conectados parece irreversible, ya no sólo en un sentido como internautas, sino codo a codo para reforzar proyectos, potenciar inercias e influir en el planeta Tierra, etc.

Pero Atapuerca es sólo la punta del iceberg de la actividad en investigación que lleva a cabo el IPHES. Este instituto es, en el Estado español, el que más impacto científico ha obtenido a lo largo de los últimos años, mediante sus publicaciones internacionales sobre Prehistoria y Evolución Humana (*ISI Web of Knowledge: Journal*

Citation Reports). Su director es autor del artículo científico más citado internacionalmente en los últimos diez años desde las disciplinas sociales: (Science, 1995, *Lower Pleistocene hominids and artefacts from Atapuerca-TD6* (Spain), Carbonell Eudald *et al*). Durante la última década ha publicado sobre esta materia artículos en 39 revistas científicas de carácter internacional; ha obtenido un promedio de citas por artículo de 8,60, cifra muy notable, si la comparamos con la media de las universidades de los EEUU (4,19), de Reino Unido (3,45), o del Estado español (2,65).

En docencia se ha conseguido un Máster Erasmus Mundus en Arqueología del Cuaternario y Evolución Humana en partenariado con un grupo estable de universidades y de centros europeos de Italia, Francia y Portugal, con quienes el IPHES participa en diversos proyectos de la Unión Europea de índole académica y científica. Entre estos convenios destacan los establecidos con la Università degli Studi di Ferrara, con el Muséum National d'Histoire Naturelle de France en París, o con Instituto Politécnico de Tomar.

En Tarragona dicho máster se imparte desde el curso 2004-2005, gracias a la investigación que efectúa el IPHES, con participación en los principales proyectos mundiales en su ámbito. Se cuenta con alumnado procedente de diversos países y continentes como, por ejemplo, Irak, Túnez, República de Georgia, Argelia, Italia, México y Colombia, además de los propios del Estado español.

Finalmente, la socialización, que incluye todas aquellas acciones que tienen como fin el retorno a la sociedad del conocimiento obtenido y que éste se introduzca como mejoras en sus vidas. En este sentido, cabe referirse a los numerosos centros de interpretación que ha generado el país. Se pretende que los equipos se impliquen con el territorio y estos obtengan un beneficio en forma de infraestructuras que sean un avance para la población más cercana y para la humanidad en general. Uno de los casos más recientes es el Museo de la Evolución Humana, en Burgos.

A todos ello cabe añadir las numerosas iniciativas que se emprenden en colaboración con medios de comunicación, desde participación en programas hasta series televisivas, portales digitales, webs, presencia en las redes sociales, libros para todos los públicos, series en televisión...

Son actividades que exigen mucho esfuerzo, es necesario no bajar nunca la guardia, seguir innovando, a veces ejerciendo experiencias pioneras que no sabemos muy bien a dónde nos llevarán, pero los resultados animan a continuar en la lucha para que *Homo sapiens* vea en la arqueología una herramienta necesaria para avanzar en la conciencia crítica de especie.

BIO

Cinta S. Bellmunt es responsable de Comunicación del Institut Català de Paleoecologia Humana i Evolució Social (IPHES). Desde que hace más de 20 años empezó a realizar informaciones periodísticas sobre arqueología, su tarea profesional se ha centrado en gran parte en la comunicación sobre evolución humana, actividad que lleva a cabo con un gran uso de las TIC y de las redes sociales. Es coautora, junto con Eudald Carbonell, de los libros 'Los sueños de la evolución' (2003) y 'El catalanisme evolutiu' (2011).

REBECA BLANCO-ROTEA   7

Pensando en arqueología

Posiblemente muchos de los participantes en este volumen acercaremos una definición más o menos amplia de arqueología. Aun pudiendo ser reiterativo, creo que es importante situar nuestra posición al respecto. Así, la arqueología se entiende como una disciplina que genera conocimiento sobre las sociedades pasadas (y presentes) a partir del estudio de los restos de su cultura material (concepto en el que tienen cabida desde un resto de talla hasta una iglesia o el muro de cierre de una finca); en este sentido, la arqueología es una disciplina que posibilita la conexión entre el mundo de las ideas, entre el pensamiento, y el de la materialización de estas, pues cualquier objeto está construido por uno o más individuos sociales a partir de sus ideas. La arqueología nos permite así aproximarnos desde un patrón de racionalidad (el nuestro) a otro patrón de racionalidad (el de los otros). Además, la arqueología permite "rescatar" para las sociedades actuales y futuras esas sociedades pasadas, no sólo a través de la recuperación de sus restos materiales, gracias a una intervención directa sobre los mismos, sino precisamente porque permite primero construir conocimiento acerca de ellas y luego revertirlo socialmente. Este es, desde mi punto de vista, uno de los aspectos clave de la arqueología que es, ante todo, una práctica social, porque se practica desde la sociedad, para la sociedad y con la sociedad, o al menos así creemos que debería ser.

Hechas estas precisiones iniciales, creo que es importante decir que mi formación académica como licenciada fue en historia del arte, mientras el tercer ciclo y mi formación y dedicación profesional se desarrollaron en el seno de la arqueología. Hoy me reconozco como arqueóloga. Este giro en el inicio de mi carrera profesional me permitió darme cuenta de varias cosas que creo han marcado mi consiguiente experiencia profesional y mi manera de acercarme al pasado y al presente: que sobre el pasado no hay verdades absolutas porque trabajamos con indicios; que los objetos tienen un contexto; que los contextos son cambiantes; que a través de los objetos se puede acceder al patrón de racionalidad de las sociedades que los han generado, usado y transformado; y que la arqueología es una práctica desde el presente hacia el pasado, pero que, al mismo tiempo, desde el conocimiento e interpretación del pasado permite enriquecer nuestra vivencia del presente. Su importancia radica, por tanto, no sólo en su práctica hacia el pasado, generando y recuperando patrimonio, sino porque esta práctica permite enriquecer el presente y enriquecernos a nosotros mismos como sociedad.

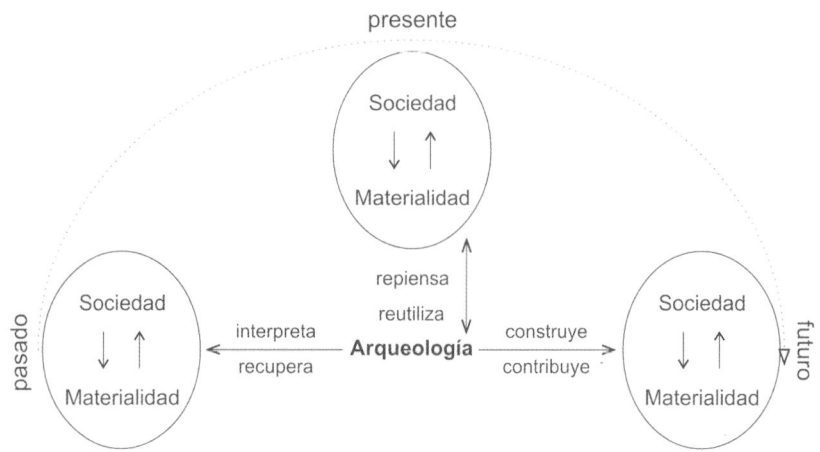

Conceptualización de la relación entre la Arqueología y la Sociedad y su Materialidad, a través del tiempo

Una vez expuesta nuestra postura, habría que volver a la cuestión que aquí nos ocupa. Sin embargo, cabría preguntarse antes, hasta qué punto en un momento convulso como éste, de crisis económica, cultural y social, es el futuro de la arqueología un aspecto realmente importante sobre nuestro futuro como sociedad. Precisamente por lo que argüimos en el párrafo anterior, pensamos que la respuesta a esta cuestión está en el hecho de que creemos que la arqueología puede contribuir positivamente a la sociedad, comprendiendo nuestro pasado social a través de nuestro presente y de su proyección hacia el futuro. Dentro de los muchos elementos que componen nuestra sociedad, creemos firmemente que la arqueología puede contribuir a pensar y construir sociedad en positivo. Pero para ello también somos conscientes de que debemos revisar el modelo de gestión arqueológica que hemos construido hasta principios del siglo XXI, porque parece que el que estábamos usando falla en la complejidad de nuestra realidad actual, aunque haya sido válido en contextos anteriores. Además de los muchos factores que están detrás de la situación actual de la arqueología y que no están directamente relacionados con ella, hay otros que sí devienen de la propia arqueología. Por ello, como en toda época de crisis, estamos en un momento en el que debemos re-pensar la arqueología que queremos para el futuro.

Si reflexionamos sobre el crecimiento de la actividad arqueológica en las dos décadas siguientes a la publicación de la Ley de Patrimonio Histórico Español de 1985, en las cuales se generaron unas condiciones para el desarrollo de una arqueología de gestión centrada en la protección y difusión del patrimonio, que en muchos ámbitos conllevó la separación entre la arqueología de investigación y la arqueología comercial, separación errónea desde nuestro punto de vista, podremos decir que fue un crecimiento en positivo hasta aproximadamente 2007-2008, cuyos indicadores se materializaron en la creación de empresas o el aumento de profesionales liberales como consecuencia del crecimiento del volumen de trabajo y del requerimiento cada vez mayor de profesionales altamente especializados, por tanto, de la demanda de formación especializada. Pero también de la diversificación de la actividad ante una demanda social creciente de productos culturales. Sin embargo, uno de los aspectos a tener en cuenta es la coincidencia de este crecimiento con el del sector de la construcción, en general, y con la fuerte inversión estatal y autonómica en grandes obras públicas, ya que en 1985 se había creado el marco legal y, poco a poco, la conciencia social para promover la protección del patrimonio. Esto implicó la demanda de una actividad arqueológica vinculada a la actividad constructora. La prosperidad en la segunda afectó a la primera, en el sentido de contribuir no sólo a su crecimiento, sino a la generación de un modelo de gestión tremendamente basado y dependiente de aquél. Del mismo modo, como un efecto mariposa o Dependencia Sensitiva a las Condiciones Iniciales, la "crisis del ladrillo" tuvo efectos inmediatos en la arqueología y aquellas otras actividades que se habían ido generando en torno al patrimonio. La consecuencia es más grave porque la crisis actual de la arqueología no viene tanto por esa dependencia de otra actividad, sino porque no hemos sido capaces de crear una base estructural fuerte sobre las que sustentar la actividad comercial arqueológica ni un modelo de gestión del patrimonio duradero, solvente y socialmente construido. Si preguntáramos a un cliente de un servicio arqueológico si demanda el servicio por obligación legal o por obligación moral, posiblemente la respuesta fuese la primera.

Con todo ello, podría parecer que pensamos que la arqueología comercial es la culpable de la creación de un modelo de gestión del patrimonio "inadecuado", así como de los males que afectan a la arqueología del siglo XXI en general. No creo que esto sea del todo cierto, puesto que creo que hay que buscar responsabilidades compartidas y sobre todo soluciones compartidas. Este modelo de gestión es consecuencia de un modelo macroeconómico que se ha venido abajo, de la dependencia casi exclusiva de un sector de crecimiento, de la falta de reflexión sobre nosotros mismos, nuestra actividad y las estructuras que hemos ido tejiendo. Pero, además, creo que, en general, aquella falsa dicotomía investigación/gestión de la que hablaba arriba, la separación entre dos sectores que deben ser complementarios pero que se han visto como antagónicos, ha contribuido a crear más fisuras en la actividad arqueológica en vez de a crear una base sólida sobre la que trabajar ahora. En un país cuya inversión en I+D está muy por debajo de la media europea debemos buscar soluciones cooperativas que rentabilicen y maximicen nuestros esfuerzos en investigación. La cooperación entre distintos sectores es una de ellas.

Algunos de estos aspectos ya se atisbaban en 2008. Varios colegas de profesión en aquella fecha hablaban de crisis en la arqueología porque comenzaban a estar afectados por los primeros coletazos de la crisis de la construcción. Lo curioso, es que esos primeros coletazos los atacamos, por ejemplo, con *Planes E* prolongando una agonía con la misma medicina que antes no nos había funcionado. Hablando sobre el título del libro que nos ocupa, una compañera opinó que "el futuro de la arqueología [de los arqueólogos] está en la cola del paro". El problema es que aunque lo queramos ver de otra manera, posiblemente esta frase se acerque más a la realidad que cualquier otra reflexión que podamos hacer aquí, al menos para un sector importante de esta profesión o de cualquier otra que se relacione con la arqueología y, por extensión, con el patrimonio.

Pero, ¿y el futuro? A pesar de que de aquí pueda resultar una lectura pesimista, como comentaba más arriba, creo que la arqueología puede contribuir positivamente a la reflexión social sobre nuestra situación de crisis económica, social y cultural, pero también creo que es importante y necesario abrir un debate cimentado en la reflexión sobre las dos últimas décadas en arqueología, que permita construir una base estructural fuerte sobre la que seguir creciendo. Para ello hace falta voluntad de cooperación, transdisciplinariedad, transferencia de conocimiento, reversión social, participación pública, construcción democrática, una mayor inversión en I+D y pensar nuevos modelos de gestión desde la arqueología, en colaboración con todos los agentes sociales a los que afecta, interesa o preocupa el patrimonio,... el caso es saber si queremos hacerlo.

BIO

Rebeca Blanco Rotea es licenciada en Geografía e Historia por la Universidad de Santiago de Compostela. Desde 1997 hasta 2002 ha trabajado en el Laboratorio de Arqueología y Formas Culturales de la USC, desde esa fecha en el Laboratorio de Patrimonio – CSIC y actualmente en el Instituto de Ciencias del Patrimonio (Incipit) del CSIC. Su investigación, que se ha nutrido de los distintos proyectos de prestación de servicios y gestión integral del patrimonio construido en los que ha participado, se centra en el estudio de los espacios construidos desde la Arqueología de la Arquitectura y la Arqueología del Paisaje, especialmente en la arquitectura fortificada de época moderna.

ALICIA CASTILLO MENA   8

Café con Alicia

Capuccino para empezar, suave espuma, como la del mar en calma.... Escribo estas líneas frente al Mediterráneo y pensando "¿El futuro de la Arqueología?" Y lo primero que se me ocurre, es que no creo en el futuro... Entiéndame, no desde un punto de vista pesimista. Ya sé que algo habrá mañana. Incluso, si me apuran, mejor que el hoy...Quién puede asegurar lo contrario.

En fin, que creo que pensamos tanto en mañana que nos olvidamos del hoy, del ahora. Y el presente es lo único que realmente tenemos. ¿Debemos "sembrar" para el futuro? ¿El futuro nos espera? ¿Es posible modificar el futuro?... Si dejo de filosofar y me detengo en la palabra "Arqueología"... Pues cada vez me cuesta más definirla... Yo misma soy un producto extraño dentro de ella... A veces me siento científica, a veces periodista, a veces gestora, a veces mera comentarista de sucesos... A veces imprescindible y poco modesta.

¿Qué estamos haciendo con nuestra profesión? ¿Qué somos? ¿Qué queremos ser? Es como si se hubiera abierto tanto que... "achicoria", así parece. Quizás demasiado dura en la metáfora ¿no creen?, baste con el descafeinado. ¿Nos hemos descafeinado realmente? Bueno, creo que todas las profesiones, de alguna forma, así lo han hecho... Se han diluido, demasiada leche en muchos casos para un café arábigo. Pero es que hasta el buen brasileño o portugués, se mezcla... Los "buenos cafeteros" dirían que "qué barbaridad, que como uno solo..." Los y las puristas de nuestra amada ciencia dirían que yo y otras muchas personas como yo no hacemos Arqueología. Y qué razón llevan, no hacemos su Arqueología. No nos gusta el café sin leche... Pues nada puristas: a vuestro purismo. Aquí, las eclécticas, que incluso algún día podemos echar un carajillo y animarnos a hablar de las "verdades" de la Arqueología hoy, que a nuestro juicio, ebrias o serenas, poco o nada tiene que ver con la clásica visión de la Arqueología en la que el o la profesional se dedica a investigar sobre el pasado y ya, como si fuera, no sé, un ser divino que no comiera, no tuviera un hogar, no pagara impuestos o le gustara el fútbol, por un decir, como si no tuviera otra responsabilidad en la vida que la erudición... Salgamos del S.XIX, por favor, que ya estamos en el XXI y hace mucho que los cafés de todas las partes del mundo y en las versiones más insospechadas (últimamente en esas absurdas cazuelitas) han llegado.

Un problema, demasiado común hoy, aunque no nuevo: alto número de profesionales y un mercado que no puede absorbernos. A partir de aquí, todas nuestras miserias: caídas de precios y personal cualificado haciendo de peón o de mueve papeles... ¿Exceso de formación? Noooooooooooo. Pregúnteles a especialistas que trabajan en las obras, que no han visto una hasta que han pisado la empresa arqueológica. Por cierto, en mi visión de la Arqueología, la mayor parte de ella, hoy, en España, está junto a una obra. Afortunadamente se han parado muchas de ellas y claro, el mercado de trabajo, una vez más, se ha desplomado. Pero ello debe hacernos pensar en cuáles son nuestras carencias formativas para trabajar y tener futuro..., Luego volveré a ello.

Para colmo, llega el "solo y largo"... Más bien solitaria y larga... Larga es la carrera de quien se dedica a la Arqueología. Primer punto en oposición a lo que la sociedad demanda, todo rápido, sin poso, sin tiempo que perder. Solitaria, porque es un gremio algo insolidario, en su profundo subjetivismo humanista basado en una crítica constante mal entendida. A mi juicio, a veces disfrazado de objetivismo, que es aún peor de tragar... Un torrefacto achicharrado, imaginen entonces.

La envidia ha caracterizado gran parte de nuestra profesionalización. Las malas coyunturas de algunas personas especialistas y las afortunadas de otras, han endiosado a unas y pervertido al resto... "Todas al son del travieso vaivén del querer y no poder". Porque hemos construido una profesión desde la precariedad, desde el asumir que el trabajo gratis era loable y honrado, de confundir ética con abuso laboral... Voy a explicarme un poco mejor: desde todas las profesiones se hacen múltiples actuaciones no remuneradas materialmente. Pero ojo, que no son gratis ninguna, nos ayudan a formarnos, nos dan prestigio, nos dan el "palito" que necesitamos para mejorar el currículo... El problema no es hacer trabajo gratis *per se*. El problema es que el 99% de nuestro trabajo lo sea. Evidentemente, la bruta selección natural existe y, poco a poco, según pasan los años, algunas personas van viendo que deben dedicarse a otras cosas y sólo unas pocas sobreviven al naufragio profesional. ¿Había que hacerlo tan traumático? ¿No podemos intervenir un poco antes en este proceso de *tú vivirás de la Arqueología y tú nunca lo harás*? Son preguntas que os dejo en el aire, no soy capaz de responderlas.

¿Que cómo veo yo nuestro futuro?.... Negro, como el de todo el mundo hoy. Grato, si pensamos que la Arqueología es una ciencia y, como tal, produce capital intangible y, como tal, es un valor social en alza... O al menos eso dicen. Quiero creerlo: creámoslo. Un acto de fe en un texto pseudo-científico. Por esto apuesto.

Como tal ciencia, la Arqueología, hoy, trabaja de manera inter y trans-disciplinaria... Nos está costando superar la multidisciplinaridad. Sabemos y bebemos de otras profesiones, pero no asumimos tan fácilmente la colaboración a iguales e incluso en importancia inferior o residual, según la actividad... Resituarnos en los trabajos es otro problema. De hecho, jamás se habla de estas otras especialidades, ya digo, se da por hecho que sabes quién manda en una obra, qué plazos se manejan o cómo se ha diseñado ésta, o qué es lo realmente importante en cada caso y cómo hacemos para que nuestra aportación al conocimiento histórico sea efectiva, no un mero trámite... Estamos en ello, créanme. No nos queda otra, sólo así competiremos en el mercado laboral, sólo así podremos trabajar y aportar algo digno. Los viejos modelos profesionales, estructurales y de funcionamiento del ejercicio de la profesión, están caducados... Cuanto antes nos demos cuenta, mejor.

Sé que ésta es una extraña foto del presente profesional arqueológico, llena de lagunas y escrita sin el corsé de la ciencia y desde el privilegio de un centro que me ofrece cierta estabilidad laboral. Desde aquí quisiera añadir el elogio a los que nos han precedido, a los que han luchado por que la Arqueología esté en todo y sea mucho más que lo que se encierra en las aulas o en los "privilegiados" centros científicos y universitarios. Un aplauso para todas esas generaciones que desde los 80 han sobrevivido y han forjado la Arqueología del hoy. Cuando una se despega de los congresos donde sólo asisten profesionales de la Arqueología y va a ese otro mundo donde la variedad profesional gira desde la Arquitectura hasta la Antropología, pasando incluso por el Turismo o el Periodismo, descubre lo lejos que se está de la realidad más cercana, sorprende el desprecio que, a veces, se siente hacia lo arqueológico e, incluso, hacia el hecho de que hayamos "invadido" todas las administraciones y hayamos conquistado espacios que hace menos de un siglo serían impensables para nuestra ciencia. La verdad es que la Arqueología y su gestión siguen siendo una asignatura muy joven.

Hay muchas opciones de futuro, muchos sitios por dónde ir. Las creyentes somos así, siempre hay caminos, y yo creo en nuestra ciencia. Me toca, entiendo, la Universidad y la perspectiva Patrimonial de la Arqueología para este largo café ya templado. Que la universidad española necesita un cambio, no es un secreto. Pero que en los próximos diez años puede cambiar mucho y ya lo está haciendo, estoy segura de ello. Al menos, en el centro que yo habito. Los graduados y las graduadas del futuro no esperan, están en proceso de formación, quizás en el momento más crítico y más difícil, con tanto cambio de estudios, con tanta Bolonia enloquecida, con tanto parche sobre parche. Pero ahí estamos, en ese laboratorio que no para. Construir ese cambio es en lo que hoy estamos. No en vano, tres universidades españolas cuentan ya con un título oficial de grado en Arqueología. Y en lo que se refiere al Patrimonio Cultural, me parece indispensable la incorporación de más profesionales de este sector. La vertiente patrimonial debe acentuarse en nuestras aulas. Pero la vertiente de gestión patrimonial, no la de poner el título de Patrimonio Cultural a la asignatura y bajo él reflexionar sobre cualquier tema de Historia del Arte o similares, como recientemente se ha vuelto a criticar en un estudio de las universidades realizado por M.A. Querol. Nosotras (Querol desde mucho antes) ya lo practicamos. Nuestras clases de gestión de Patrimonio Cultural son pura herramienta administrativa y técnica e intentan también ver otros sectores, como la difusión u otros aspectos.

Pero dentro del inmenso mundo del Patrimonio Cultural y sus relaciones con la también inmensa Arqueología, voy a destacar aquí a lo que he dedicado ya unos 13 años de mi vida, a investigar el Patrimonio Arqueológico que perdemos a diario y su gestión, a defender, una vez más, que este también merece una oportunidad. De mano de una Arqueología Preventiva eficaz, podremos llevarlo a cabo. Entre otras cosas, porque no va a quedar qué intervenir. "Bendita" crisis, al menos para parar este exceso de agujeros ha valido.

A mi modo de ver, una real Arqueología Preventiva tiene dos puntos fuertes en los que trabajar: uno el de valoración documental y científica, otro el hacerlo legible para todos los públicos. Estos son los retos y es por donde irá la mayoría de salidas profesionales en gestión de Patrimonio Arqueológico: revisión de información, reelaboración de cartas de riesgo, adecuación a catálogos urbanísticos, desbrozar expedientes de seguimientos, sondeos y sabe dios cuántas extrañas actuaciones más de las que hemos sacado materiales sin parar en los últimos veinte años y que, en su mayoría, se acumulan en museos, con suerte, junto con informes y algunas memorias que mucho tendrán que mostrar y resurgir de entre sus cenizas. Darles a todos ellos un orden que permita convertirlos en conocimiento científico generador de modelos nuevos de trabajo, de nuevas cuestiones y retos históricos y, por qué no, también sobre cómo gestionar nuestros bienes arqueológicos: re-excavar lo excavado, pero no en el campo, sino en almacenes de materiales y de expedientes de intervención, etc.

El segundo gran reto, como he adelantado, será mostrar estos resultados al público, hacer que la Arqueología conocida deje de ser hoyos con gente dentro y hallazgos supuestamente espectaculares... No hemos sabido transmitir los valores históricos que tanto promulgamos, nos está costando justificar todas estas múltiples intervenciones... Hasta nos hemos cuestionado su sentido, en muchas ocasiones.

En ambos casos, estas salidas significan especialización, lo que, en la práctica, ya se está dando y existen profesionales dedicados a algunos de estos sectores... Pero en la práctica también se ve a mucho maestrillo y maestrilla de todo, que, con cierta prepotencia, destacan sus habilidades... Y perdónenme, pero, aunque seguro que podemos hacer múltiples cosas y algún "Leonardo da Vinci" está en la profesión, lo cierto es que la mayoría debemos especializarnos y cuanto más lo estemos, más opciones de trabajo tendremos.

Bueno, estos son solo notas con café helado que, espero, nos refresque. Sabiendo que los nichos principales de trabajo tienen que estar en las empresas, no en las administraciones y que ésta es otra batalla que habrá que ganar, hay que darles estabilidad a estas organizaciones y la respetabilidad profesional que se merecen... Depender de subvenciones es otro de nuestros grandes problemas y esto tendrá que cambiar. La revisión científico-documental y la muestra al público son, sin duda, sectores mucho más estables que la intervención y mucho más beneficiosos para el Patrimonio Arqueológico. El poco dinero que queda en las administraciones se dedicará principalmente a ello y habrá que buscar nuevas entidades inversoras.

Si este es el futuro, la enseñanza del futuro tendrá que recoger todo ello, a todos estos agentes y espacios nuevos de trabajo... Ya empezamos a hacerlo, aún nos queda mucho por avanzar y hay que aprender más técnicas para ello. Igual que aprendemos a dibujar cerámicas o a leer revistas científicas, habrá que dominar los medios de comunicación, aspectos económicos varios y, especialmente y sin duda, Internet, y trabajar para encontrar nuestro hueco en la sociedad que debe mantenernos, que debe interesarse por ellos y de la que somos parte actuante, como siempre lo hemos sido, nos gustase o no... Ahora tenemos nuevos roles y hay que atenderlos. Sin duda, seguirá existiendo esa otra Arqueología que no considera todo esto, que se retroalimenta y se agarra a sus propios núcleos y élites de poder. Pero, al igual que hay muchos tipos de café, también hay muchas cafeterías en las que ya se pueden tomar con la máxima variedad de arqueólogos y arqueólogas. Les doy la bienvenida al ya más que entrado XXI... Es sólo una prolongación de lo precedido... No podría ser de otra forma.

REFERENCIAS: Hay tantas de charlas compartidas que citar alguna ofendería a muchas otras personas que no lo han escrito, pero sí hablado... Tampoco "indexado o patentado", menos mal.

BIO

Alicia Castillo Mena es Investigadora Postdoctoral Ramón y Cajal y profesora del Departamento de Prehistoria de la Universidad Complutense de Madrid. Es arqueóloga especializada en gestión de Patrimonio Cultural e imparte docencia en asignaturas sobre este tema. Sus líneas de investigación actuales están relacionadas con el Patrimonio Arqueológico y su relación con el Patrimonio Mundial. Anteriormente ha disfrutado de contratos como investigadora posdoctoral en el Consejo Superior de Investigaciones Científicas y en la Universidad Politécnica de Madrid, incluyendo estancias posdoctorales en París (ICOMOS) y como invitada en la Universidad de Brighton, sede de una red de Excelencia Europea sobre Patrimonio Cultural. Su tesis doctoral se centró en la Comunidad de Madrid, en donde ha colaborado y trabajado con distintas instituciones: Museo Arqueológico Regional, Dirección General de Patrimonio Histórico y Ayuntamiento de Alcalá de Henares.

JUAN CARLOS CASTRO CARRERA 9

Sociedad, cultura... arqueología

Son muchos los trabajos que desde hace años vienen demostrando que la inversión en cultura genera riqueza económica y social, en este segundo caso a través de la potenciación y mantenimiento de la identidad colectiva, la cohesión social y en general todos aquellos beneficios que devienen de la riqueza cultural de una sociedad. Son beneficios sin un retorno inmediato y tangible, pero que se conseguirán a más largo plazo, y que por si solos justificarían la inversión en cultura, y dentro de ella en patrimonio cultural. En cuanto a la riqueza económica que genera, los datos son incontestables en cuanto a representación en el PIB, empleos o retorno económico, destacando en relación al patrimonio cultural los datos de turismo cultural. Me centraré en los aspectos económicos y en su relación con la transmisión final del conocimiento histórico generado a la sociedad, una vez sentado que carece de sentido una visión exclusivamente utilitarista de la cultura. Parto de la convicción de que la crisis es una oportunidad para los proyectos centrados en el patrimonio cultural, aunque a día de hoy es un freno. Mi experiencia profesional se centra en Galicia, pero la situación general creo hace extrapolable esta reflexión al resto del Estado.

Como muchos profesionales de la arqueología vienen comentando en los últimos años, el boom arqueológico relacionado con el sector inmobiliario a partir de los años 80, no ha permitido asentar la disciplina en nuestra sociedad y ganarnos el respeto que otros gremios sí disfrutan. Se sigue escuchando con demasiada frecuencia aquello de "son cuatro piedras" o lo del "pincelito", y, si bien es cierto que vivimos unos tiempos cada vez menos cultos, debemos pensar qué estamos haciendo mal en la comunicación de nuestra actividad. La cuestión no es secundaria, porque siempre será la sociedad la que valide la necesidad de nuestra presencia, y de la puesta en marcha de proyectos de investigación, conservación y puesta en valor del patrimonio cultural.

Planteo que los proyectos de musealización, difusión o exposición del patrimonio cultural son claves en la permanencia y desarrollo de la disciplina en el futuro. En ellos es fundamental la investigación, sin la cual no se puede construir un discurso museológico ni dotar de contenido la exposición, y es en ellos donde cobra sentido todo el proceso de producción de conocimiento histórico a través de la arqueología. También la relación con otras disciplinas, como la restauración o la museología, para al final aportar al público, en definitiva a la sociedad, los medios para interpretar y conocer aquello que fue. En los últimos años se han llevado a cabo una gran cantidad de proyectos de musealización del patrimonio arqueológico, y aunque no todos tenían los mínimos valores necesarios para tener éxito, en general la viabilidad viene avalada por los datos contrastados de retorno económico a través del turismo cultural. Es necesaria la investigación continua que alimente los discursos museológicos y permita y estimule la renovación de las museografías. Son necesarios estos espacios de presentación del patrimonio, ya sean museos, centros de interpretación, conjuntos arqueológicos, itinerarios arqueológicos, etc., ya que son las puertas al conocimiento histórico y los lugares idóneos para dar salida a los nuevos resultados que la actividad arqueológica sigue generando, a pesar del menor volumen de actividad. Son además el principal objeto de consumo del turismo cultural, mostrándose así como factores de desarrollo económico. A nivel local, estos espacios son los que permiten articular, en ellos y a partir de ellos, las distintas actividades y programas de difusión.

Pero para esto la sociedad debe demandar este tipo de productos, debe saber que estas iniciativas generan riqueza y actividad económica, y que en el marco del turismo cultural suponen una fuente de desarrollo económico sostenible, en definitiva que la cultura es uno de nuestros principales recursos económicos. En este sentido los datos son concluyentes al respecto del seguro retorno económico a través del turismo cultural, que supone la inversión en patrimonio cultural. Se mantiene un tejido empresarial amplio, formado por las distintas empresas relacionadas con el patrimonio, y se genera riqueza y actividad utilizando una materia prima en la que somos ricos, en proyectos no deslocalizables y que eliminan la estacionalidad a la que muchos territorios están sujetos en su oferta turística. Además de la relación directa con el turismo, estas iniciativas pueden estar conectadas con las industrias culturales y la economía creativa.

La situación de crisis económica actual ha tenido un fuerte impacto en este tipo de proyectos. Su paralización se argumenta en la falta de recursos financieros para hacer frente a los costes de ejecución y mantenimiento. Realmente es fácil aducir estos argumentos, huelga decir que todo el mundo lo entiende, es muy comprensible, pero, ¿en qué se invierte? En tiempos de crisis esperamos una nueva economía sostenible, con políticas de diversificación, de promoción de la innovación, de la apuesta por nuevas ideas. Este marco socioeconómico parecía favorecer la actividad arqueológica, ahora ya no a rueda del sector inmobiliario, sino del servicios, en relación al turismo cultural. Por tanto, una apuesta decidida por la exposición del patrimonio como factor de desarrollo económico. A pesar del aval de las cifras, como antes comentamos, no está siendo así en general, y observamos como la tijera de los recortes se ceba en este tipo de proyectos. En paralelo hemos podido ver en los últimos años como en muchas ciudades los Fondos de Inversión Local estatales se dedicaron mayoritariamente a proyectos de humanización del espacio público, que en muchos casos cuestionan su carácter de inversión. ¿Cuál es el retorno económico en muchos de estos proyectos? ¿Cuál era su necesidad real? ¿Qué actividad económica y desarrollo de tejido empresarial han generado? En muchos casos se ha tirado el dinero y se han perdido oportunidades, y en gran medida es porque se privilegian políticas de inversión al servicio del rédito electoral inmediato, y no del desarrollo socioeconómico futuro. Aunque no estemos de acuerdo con muchas de estas decisiones de los representantes políticos, lo cierto es que actúan conociendo las expectativas sociales y es, por tanto, la sociedad en su conjunto la que decide. En este sentido es coherente la frecuente falta de cualquier debate público ante la ausencia o paralización de proyectos relacionados con el patrimonio histórico y arqueológico; se diría que la sociedad no está muy preocupada por este tipo de proyectos. Ahora bien, lo que no es coherente ni admisible es que los arqueólogos como colectivo no hagamos saber nuestra opinión, no generemos debate, y eso que nos va en ello nuestro futuro y sobre todo el de las cosas en las que sinceramente creemos.

Entiendo que la arqueología tendrá futuro en la medida en que los resultados de esta actividad se transmitan a la sociedad en su conjunto y se integren en una oferta cultural, por lo tanto son necesarios los museos, o cualquier otro espacio de presentación del patrimonio cultural. Pero además este tipo de proyectos deben desarrollarse con participación de la sociedad, de forma que aporten sus puntos de vista y no se produzca la incomunicación actual, que puede llegar a comprometer la puesta en marcha de un buen proyecto. Es la sociedad quien debe demandar a los responsables políticos la puesta en marcha de políticas proactivas en relación con el patrimonio, no solo por su interés y disfrute sino entendiendo que es factor de desarrollo económico.

Es necesario -y urgente- que nos comuniquemos con la sociedad a la que pertenecemos, que tengamos una opinión respetada y escuchada, que generemos debate. Para esto hay que cambiar de actitud, salir cada uno de su casillero y trabajar en conjunto, y no solo los distintos colectivos de arqueólogos (administración, universidad, museos, profesionales), sino también aquellos otros profesionales con los que trabajamos frecuentemente y que están en el mismo barco, restauradores y museólogos entre ellos. Es decepcionante ver como en algunos casos, proyectos de gran interés quedan truncados sin que tan siquiera se genere un mínimo debate sobre la conveniencia de las decisiones, sin que se genere un mínimo debate social, como si a nadie le importara, ni siquiera a los del gremio, pues nuestra opinión, nuestra voz, no existe. Es preciso actuar, ser visibles, comunicar; ya no sirven las posturas pasivas y de mero análisis de la situación, debemos luchar por nuestro espacio y tenemos argumentos sólidos para ello. Obviamente, en paralelo se debe seguir trabajando en normalizar las condiciones laborales, el marco normativo de las actividades relacionadas con el patrimonio o la necesaria colaboración entre los distintos sectores arqueológicos, y también con otras disciplinas.

La arqueología es una oportunidad, no un problema, es una inversión, no un gasto; ¿a qué esperamos para salir a contarlo? Si no emprendemos este camino, pronto estaremos los lunes al sol, sentados en los nuevos bancos de las calles humanizadas.

BIO

Juan Carlos Castro Carrera es arqueólogo y director de Anta de Moura S.L. (Vigo), socio fundador en 1992. Desde su licenciatura en la Universidad de Santiago de Compostela, especialidad de prehistoria y arqueología, viene trabajando en el mundo de la arqueología profesional. Dirige, proyecta y coordina un gran número de actuaciones arqueológicas de carácter preventivo, y también proyectos de puesta en valor y musealización del patrimonio arqueológico. En los últimos años ha simultaneado esta actividad con el trabajo como arqueólogo en la administración local.

FELIPE CRIADO BOADO   10

El futuro de la arqueología española

El futuro nunca fue como nos imaginamos que sería. En los pasados años 60 había un coche, el Tiburón Citroen, del que se decía que era como serían los coches del futuro. Después llegó el futuro y ningún coche fue como aquel. Esto es así porque pensamos el futuro a partir de los conceptos que manejamos y, si el futuro es realmente algo, implica conceptos que ahora mismo no podemos pensar. Realmente el ejercicio de imaginar el futuro forma parte del proceso de construirlo. Y aunque hoy en día se han desarrollado bastante los estudios de prospectiva como estudios del futuro, en realidad la mejor prospectiva no es más que un análisis crítico de las condiciones actuales para prever qué movimientos o tendencias se pueden dar más adelante.

No es por lo tanto fácil responder a la demanda que nos presenta este volumen. Lo que no quita ningún mérito ni urgencia a este esfuerzo. Es más, seguramente nunca fue tan imperioso reflexionar activamente sobre este tema.

Esta reflexión sólo puede hacerse en el marco de la crisis que estamos sufriendo, de su posible desenlace y de sus posibles consecuencias para el mundo occidental. Una crisis que empezó como una crisis financiera, pero que progresivamente se ha decantado como económica, social, política, cultural... y es posible que incluso de civilización, una crisis de discursos, ideas y valores. Es ridículo no darse cuenta de que lo que está realmente en juego es el "european way of life", el estado de bienestar europeo construido en la posguerra mediante la alianza histórica entre la democracia cristiana, la social-democracia y los sindicatos para ampliar los beneficios del bienestar y con ello expandir el mercado.

Nos acostumbramos a creer que nuestro modelo de bienestar marcaba el clímax de la evolución socio-económica y que era una referencia para el resto del mundo. En realidad todo apunta hoy a que Europa es un itinerario específico de la evolución social, ensayado con éxito y rentable en un cierto momento histórico, pero que no está claro que sea la ruta principal y marque el rumbo de los demás, sino que seguramente terminará siendo una carretera secundaria y, posiblemente, abandonada. No me voy a distraer en disquisiciones sociológicas. Llega recordar que mientras Europa (y EEUU) se empantanan en el déficit y pierden nivel de renta, América Latina, muchos países africanos y por supuesto Asia oriental siguen creciendo a un ritmo imparable, y en manos de un capitalismo salvaje que multiplica las desigualdades y la inseguridad. Esto se debe a la globalización, a la introducción de nuevos actores (potencias poscoloniales) y a la imposibilidad actual de mantener la injusticia histórica (sobre la que se asentó todo el desarrollo europeo desde los albores de la Edad Moderna hasta los años 80 del pasado siglo) de incrementar la riqueza occidental expropiando las de los demás. Si Europa se ha debatido entre el modelo de capitalismo renano y el manchesteriano, ahora la pugna es entre el capitalismo con rostro humano europeo, y el capitalismo sin libertades extraeuropeo. En el momento en que escribimos en este volumen, la debacle del euro es una hipótesis probable.

La decadencia de la hegemonía occidental es, por supuesto, bienvenida. Es una buena noticia y nos tenemos que acostumbrar a vivir en ella. Pero lo que aquí y ahora los nuevos poderes ponen en juego es en realidad una pugna por la radicación del poder económico y político en los próximos años, la transformación transmoderna del capitalismo, la nueva prevalencia asiática, y la plena emergencia de un mundo multipolar y multivocal.

Puestas así las cosas, es urgente reflexionar sobre las condiciones del presente y el futuro. Y sobre la función de nuestra disciplina (cualquiera que ésta sea) en lo que está por venir. Esta reflexión se puede hacer mejor desde la elevada tasa de autoconciencia a la que nos ha conducido la renovación puesta en marcha en los pasados 80 y 90, y desde el incremento real de reflexividad que ahora tenemos. Nuestra civilización nunca fue tan autoconsciente, ni tan hipercrítica; nunca tuvo el poder de descubrir los múltiples pliegues de todas las prácticas, de elucidar la diversidad de facetas de todo lo que hacemos; nunca tuvo la capacidad de ser tan transparente; ni fue tan poco ingenua.

Somos profesionales de la arqueología, lo que quiere decir que somos especialistas capaces de estudiar críticamente las condiciones de producción, uso y racionalidad de las materialiadades. El problema es: ¿vamos a seguir haciendo las mismas cosas aburridas de siempre, como estudiar transiciones entre periodos arqueológicos que, si alguien a esta alturas aún se cree que significan algo, es que anda muy despistado? ¿O vamos a inventar nuevas prácticas y problemas?

Desde 2008 hemos vivido una crisis sin precedentes en la empresa de Arqueología como consecuencia del parón inmobiliario. Se equivocarán los académicos que crean que esta crisis sólo afecta a la Arqueología llamada Profesional. Profesionales de la Arqueología somos todos y todas. La crisis de la empresa de Arqueología es una crisis tanto del modelo de negocio como del modelo de práctica que hemos producido en los últimos 30 años. Desmantela el status quo de las administraciones encargadas de la gestión del Patrimonio Arqueológico. Genera nuevos retos a una investigación y formación académica que a duras penas habían sido capaces de adaptarse a las necesidades del nuevo mercado arqueológico y que ahora, cuando al fin algunos se habían adaptado a él, se desmorona delante de sus ojos, sin que lo vean derrumbarse. Y termina por jubilar a instituciones anacrónicas como los Museos, Academias, Colegios profesionales, etc., que ni siquiera se habían adaptado al salto anterior.

Los efectos de largo plazo de la crisis de la empresa arqueológica están, como los de la crisis europea, aún por llegar.

Urge entonces generar nuevos temas de reflexión, investigación y gestión. Una rápida enumeración de los temas que hay que problematizar:

1. Modelo de gestión de la arqueología: ¿qué lugar ocupa una arqueología pública, qué relación tiene con una gestión del patrimonio que se debe resocializar en un contexto en el que predominan políticas anti-sociales y se amplían las fórmulas neo-liberales para gestionar la crisis?

2. Modelo de negocio en arqueología: después del boom de la arqueología comercial propiciado por el boom inmobiliario y constructor, ¿qué otras cosas pueden producir valor económico en arqueología y en qué condiciones?

3. Modelo de empresa arqueológica: en este contexto de crisis es especialmente importante pensar qué relación tiene la arqueología con las KIBS (knowldege intensive business services), porque la empresa arqueológica es un ejemplo genuino de economía del conocimiento, pero en el pasado reciente se ha prescindido de esta potencialidad para orientarla, como si fuera una empresa de construcción, de la economía del ladrillo.

4. Interacción profesional: ¿necesitamos construir una red social de arqueólogo/as y, en particular, de empresas y profesionales de la arqueología?

5. Relación con la sociedad: ¿qué rol le toca a la comunidad y a la arqueología amateur en el estudio y valorización del patrimonio arqueológico? ¿Cómo va a contribuir la Arqueología a generar efectos prácticos y transformativos de la realidad social? Es necesario combinar arqueológo/as, antropólogo/as, investigadore/as, activistas y miembros de comunidades concretas en el dialogo y discusión sobre el sentido y utilidad del Patrimonio en la actualidad.

6. Relación con contextos multiculturales: ¿cuál es la relación de la población inmigrante con el patrimonio? ¿Cuáles son las posibilidades de éste para crear vínculos sociales en contextos como el español que han evolucionado rápidamente hacia una sociedad multicultural?

7. Problemas epistémicos y filosóficos: ¿cómo vamos a producir sentido en un sistema de saber fisurado por la postmodernidad, la multivocalidad, la proliferación de intereses y la relación a menudo conflictiva entre todos ellos?

8. Relación con la creatividad: ¿qué función otorgamos a la imaginación arqueológica, evitando al mismo tiempo

excesos subjetivistas que desmantelen las condiciones de cientificidad y rigor de la Arqueología propugnando como alternativa una práctica arqueológica como poética o retórica huera?

9. Problemas éticos y axiológicos: ¿qué ética necesita hoy la Arqueología? ¿Cómo se pueden introducir estándares éticos en la práctica arqueológica y cuáles serán éstos?

En síntesis, creo que el gran reto de la práctica arqueológica en el futuro inmediato (el de medio plazo, ni se sabe) es definir qué relación existe entre, de un lado, los bienes patrimoniales y, de otro, los valores de la identidad, la memoria y el nacionalismo, las nociones de materialidad, propiedad cultural y propiedad intelectual, los procesos de musealización, conservación, turismo, desarrollo y cooperación, las experiencias de gobernanza, arqueología indigenista y empoderamiento comunitario, y las demandas de restitución y repatriación de los valores culturales vernáculos a las sociedades que se consideran sus legítimos detentadores.

¿Seremos capaces de responder a este reto mientras asistimos a la actual guerra de Europa, que es la batalla por defender nuestro modelo de bienestar como referencia para el mundo, o sucumbir a un modelo alternativo ante el cual el bienestar europeo se hace pasar por anacrónico? Ahora mismo el enemigo es más fuerte y poderoso. Para colmo tiene una tercera columna entre nuestras filas, corporeizada en la patronal, los bancos, los conservadores y los populismos. No perdamos de vista las propuestas que anteponen el egoísmo, el aislacionismo, el encastillamiento, como panaceas, en vez de la ambición y el riesgo del intersubjetivismo, la interculturalidad y la diversidad.

BIO

Felipe Criado Boado es profesor de investigación del CSIC desde el año 2001 y director del Instituto de Ciencias del Patrimonio (Incipit) del CSIC, en Santiago de Compostela, desde 2010. Fue profesor titular de la Universidad de Santiago hasta 2001. Ha sido responsable del grupo de investigación denominado

"Laboratorio de Arqueología del Paisaje" (LAr), vinculado a la Universidad de Santiago de Compostela hasta 2001 y desde entonces al CSIC. Ha sido Coordinador del Área de Ciencias Humanas y Sociales del CSIC desde 2003 a 2008. Actualmente es Gestor del Área de Ciencia y Sociedad del Programa CYTED de Cooperación Científica Iberoamericana. Sus temas de interés son el estudio de la monumentalidad, la arqueología del paisaje, el patrimonio cultural y las relaciones entre Ciencia y Sociedad. Aúna experiencia en labores de investigación, formación, gestión del patrimonio y gestión de la ciencia. Tiene más de 130 artículos y monografías publicadas, y es miembro de comités editoriales de revistas internacionales, españolas y gallegas.

BEATRIZ COMENDADOR REY 11

El pasado como paradigma

> Quien controla el pasado, controla el presente,
> y quien controla el presente controla el futuro...
> 1943. "1984" de George Orwell
>
> La Edad Media es hasta que los seres humanos hacen la escritura. ¿O NO? ¿Ahora qué?... Voy a seguir explicando. En la Edad Media hay como tres partes: Paleolítico, Neolítico... ¿en la Edad Media?... ¿o en la Edad Moderna?... Me he equivocao es en la Edad Moderna, tampoco pasa nada...
> 2010. Belén Esteban
> Programa: Sálvame diario
> Media del 18,1% y 1.970.000 espectadores en la temporada 2010

Desde hace unos años me encargo de una materia de máster denominada *Patrimonio, Arqueología y Museología: el pasado como discurso histórico*. Inicialmente el interés radicaba en buscar una materia transversal, en la que se pudiese aplicar un concepto amplio de arqueología, aquel que desgajaba de la palabra "el pasado como convención", por lo que decidí centrar el interés en la comunicación a través de la museología y en la museografía aplicada.

Pero poco a poco, la atención volvió a focalizarse en el "pasado" como construcción social, en el cómo los ciudadanos de a pie configuraban su imagen del pasado y de dónde recibían la información, consciente o subconscientemente. Así, tomando prestado el título de una exposición celebrada a finales de los noventa en Suiza, nació en el 2007 *http://pasadoreciclado.blogspot.com*, con el objetivo de examinar la presencia del pasado en la sociedad de consumo, el análisis de los estereotipos instalados y su origen. La propuesta era invertir el habitual sentido del discurso: escuchar (en vez de contar) lo que la sociedad pensaba del pasado y qué papel jugaba esta idea en su realidad cotidiana.

Tras varios años "escuchando" hemos comprendido la importancia de ese paradigma del pasado desde el presente, que en un giro orwelliano, implicaría también el del propio futuro. Del mismo modo, configura a los arqueólogos y a la arqueología, y también cuál es su papel en la sociedad. Partimos de que un arqueólogo construye discurso histórico y que "la comunidad científica" ha generado tradicionalmente el "discurso académico oficial" en una sola dirección (de arriba abajo). Sin embargo, no hace falta prestar mucha atención, para comprender que el paradigma del pasado no se "cocina" a través de este discurso oficial, sino de la mezcla de una serie de "ingredientes" sociales que construyen el paradigma al margen de éste.

Por un lado el marketing genera constantemente imágenes que se imbrican de manera casi subliminal en una imagen del pasado, normalmente entendido como un tiempo peor, en el que gente que era "casi igual que nosotros, vivía en peores condiciones... pero bueno... estaban en camino de llegar a ser como nosotros". Por otro lado están los medios de comunicación, capaces de modelar la realidad del presente y por supuesto, también la del pasado. Es decir, un discurso alienante que más que explicar el pasado, legitima el momento actual, a partir fundamentalmente de estereotipos creados por la publicidad con la sola idea de "vender" las ventajas del presente a toda costa.

Pero lo que más ha cambiado el mundo real son las nuevas tecnologías y, sobre todo, la irrupción de Internet. Era previsible que la llegada del mundo virtual afectase a una disciplina como la arqueología, que dice ocuparse de las producciones sociales materiales. Citando a Silvio Mendes Zanchetti, en su trabajo sobre *Valores, Patrimonio Edificado y Ciberespacio* "...el patrimonio edificado virtual no puede considerarse una mera representación de edificios y sitios reales. Se trata de un nuevo elemento de conocimiento que modificará profundamente nuestra concepción del patrimonio edificado y de sus valores culturales...". Las acciones en el ciberespacio están haciendo mutar el valor de la existencia del patrimonio tangible, que deja de estar vinculado a un espacio y un tiempo. Hoy en día es posible generar e introducir en Internet una imagen virtual de cuaquier objeto cultural. Al mismo tiempo, la red es un medio adecuado para superar las barreras culturales que limitan el uso público compartido y el disfrute por comunidades diferentes. En esencia, abre las puertas a la participación activa. Y aquí entran de lleno los *blogs* y las redes sociales. Todos estos "ingredientes" influyen en el proceso de transmisión de conocimiento y su afluencia. El discurso fluye, se comparte, se intercambia, se reelabora, se reescribe..., provocando un radical cambio en los juegos de poder basados en la propiedad de la información. De hecho, estos aspectos han comenzado a modificar el equilibrio sostenido que legitimaba la indiscutida primacía social del discurso histórico oficial sobre todos los demás y al cuestionamiento abierto de la actividad arqueológica por su alejamiento de la realidad social, por su escaso impacto y por la insatisfacción de las más variadas demandas sociales.

De este modo, la arqueología acude, atónita en algunos casos, a una inédita conquista social sin precedentes de los espacios arqueológicos. Porque el espacio ocupado ya no es sólo el de los yacimientos, ni el de los museos (a los que por otro lado se puede acceder cómoda y virtualmente desde casa), sino el espacio del discurso, aquel que durante tanto tiempo fluyó unilateralmente, controladamente, dosificadamente, administrado por las diferentes culturas científicas desde la élite del conocimiento y bien "amarrado" mediante cultismos y tecnicismos.

Parejo a este proceso de democratización del saber, vienen también, en algunos casos, el reduccionismo y la simplificación; el yo-también-puedo-opinar; la desvirtuación; el esoterismo; los atractivos titulares sensacionalistas; la arqueología mediática de las ruedas de prensa; la rapidez, la inmediatez, la arqueología "en tiempo real".

En el extremo opuesto, los lenguajes impostados y la complejidad; las culturas científicas; el "usted-no-es-nadie-para-opinar"; un discurso oficial, que en tantas ocasiones confunde el rigor científico con el *rigor mortis* (esto no es mío); la lentitud académica del procesado de la información, el análisis, la reflexión, la arqueología en "diferido" o directamente "silenciada".

Mientras triunfa la novela histórica de consumo rápido, con grandes dosis de invención y mayores tiradas, carecemos de eso denominado "alta divulgación". El currículo académico no la incluye como producción científica. Además, la ampulosidad del lenguaje académico ha favorecido que la interpretación del patrimonio se haya externalizado y profesionalizado, relevando a los investigadores a la simple tarea de "eruditos asesores". Por último, la investigación no es prioritaria en las políticas actuales, con lo que el creciente mercado del patrimonio cultural tiende a hacer refritos y a convertirlos en un discurso que puede parecer el mismo, prácticamente para cualquier momento de la antigüedad.

Por último, todo esto se agrava al insertarse en el contexto de un sistema educativo que no fomenta el desarrollo del pensamiento crítico, con una oferta curricular propia de un mundo más orientado a satisfacer públicos y audiencias, que a formar a ciudadanos con capacidad de pensar.

No sé hacia dónde camina esta profesión como tampoco sé hacia dónde camina el mundo en el que vivimos. Pero los cambios son imparables. Podemos seguir mirando hacia otro lado, encerrarnos en la torre de marfil, pero los cambios llegarán y lo transformarán todo. Entre las torres de marfil y los riachuelos convertidos en riadas, la brecha crecerá y crecerá hasta hacerse inmensa.

Hace poco llegaba a mis manos un artículo titulado "Más allá de la Arqueología Pública". No se trata de dialogar con los antepasados entrevistando a médiums (que todo se andará en el TV-show), sino una propuesta de cómo hacer arqueología, o de cómo no hacerla. Pero adaptando el aforismo hipocrático "no existe la arqueología, sino los arqueólogos". Y... ¿cómo definir a un arqueólogo si apenas tres universidades españolas ofertan un título que capacita profesionalmente para ejercer como tal? ¿Cómo definir socialmente a un arqueólogo en el marco de una de las profesiones vigentes menos corporativas y más desestructuradas?

Mientras luchamos por una mejor formación y una mejor capacitación profesional, o por unas mejores condiciones laborales, oímos sin parar que cualquiera puede hacer arqueología (="encontrar cosas inéditas") y cada día alguien desacredita a un arqueólogo. La reciente polémica de la Academia de la Historia vuelve a abrir el debate sobre la extendida idea de "la subjetividad" de la Historia y la ausencia de criterios de calidad, aumentando la falta de credibilidad social del discurso oficial. En el siglo XXI, si no tenemos audiencia ni credibilidad, no valdrá la pena mantenernos en pantalla. Mientras, Belén Esteban expondrá las fases de la Historia en el Salvamé Diario, presentando un discurso alienante y vacuo del pasado que "alimentará" desde los medios a millones de personas. "La televisión es nutritiva" advertían El Aviador DRO y sus obreros especializados ya en aquel ambiente subversivo de los 80, cuando cuestionaban la realidad mediante imágenes futuristas. Ojalá llegue el tiempo de una Red Organizada de Mutantes, que, adictos al pasado, cuestionen el presente. Porque, parafraseando a mis colegas, quizás "más allá de la arqueología pública" simplemente no haya arqueólogos.

Toca definirse, o será la sociedad quien lo haga. Lo que definirá la arqueología del futuro será su propio planteamiento; como una disciplina erudita, altiva, que emite un discurso unidireccional sobre "cosas muertas", o una arqueología entendida como acción social, como elemento de cuestionamiento del actual *status quo*, como ciencia subversiva y viva. Contribuir a construir un paradigma del pasado diferente es inseparable de la enorme responsabilidad social que los historiadores y arqueólogos tenemos ejerciendo esta profesión.

... ¿Y quién pondrá orden en el discurso?...

...Pues a buenas horas me intereso por Foucault.

BIO

Beatriz Comendador Rey es Profesora Contratada Doctora del Área de Prehistoria de la Universidad de Vigo. La vocación (la in-vocación): desde pequeña; La formación (la de-formación): desde el 1985; La Pi-eich-Di: en 1997, sobre metal; Becaria de Museo (bea la becaria): de 1998 a 2002; Arqueóloga del Proyecto Artabria: del 2003 al 2005; A pie de zanja con diversas empresas; La Universidad: Profesora asociada desde 2005 y Contratada Doctora desde 2010.

GONZALO COMPAÑY

12

A nuestro alrededor: presencias, ausencias, puntos de partida

Despuntaban los primeros años de la década pasada, cuando surgió la peregrina idea de reunir algunas de las preguntas de mi generación. Tal compilación con el tiempo devino persecución y ésta algo cercano a una tarea fútil. En sus resultados más concretos, la iniciativa que pretendía ser cuanto menos editorial, fue un fracaso. De algún modo, de ello se desprendía que uno formaba parte de una generación sin preguntas, silenciosa y por ello derrotada antes de comenzar. Formaba parte de una generación desarticulada en lo político-identitario, parte de un proceso histórico desactivado y deslegitimado, incapaz de pensarse menos como parte de una generación que de la generación de las partes.

Quienes optamos por adentrarnos en el campo de la arqueología contemporánea o del pasado reciente en tal coyuntura, nos vimos en su momento ante dos escollos. Por una parte desde la propia disciplina, pues la temporalidad a abordar carecía de la profundidad que el caso requería, excediendo –aunque por defecto– la competencia de la arqueología. El tiempo reciente en el cual se dieron las últimas oleadas dictatoriales en el Cono Sur, la presencia de testigos y víctimas que dieran cuenta de lo sucedido, la existencia de determinada documentación y, por qué no, una cercanía que escapaba a los cánones de la arqueología tradicional; lejos de ser vistas como grandes ventajas, serían presentadas como serias incompatibilidades que bien podríamos denominar *arqueopatías*. Por otra parte, nos vimos enfrentados a otra cuestión temporal, aunque menos relacionada con el objeto de estudio que con uno mismo: la imposibilidad de opinar sobre una historia que, por ser jóvenes, no habíamos vivido.

El tiempo y un trabajo en el que fuera un centro clandestino de detención de la dictadura argentina, con menos amparo que obstinación, nos puso ante un hecho que no por parecer actualmente una obviedad, fue entonces percibida de tal modo. Ambas negaciones evidenciaban una identidad generacional no percibida hasta entonces: nos unía menos el amor que el espanto. Comenzábamos así a ser conscientes de la existencia de una entidad que, subyaciendo, trascendía la suma de nuestras individualidades.

Los nacidos durante aquella última dictadura o tras ella, portamos los estigmas de un particular modelo de sociedad impuesto. Constituimos una generación sin pasado, sin herramientas, ni legitimidad para cuestionar el presente, proyecto colectivo con que dotarlo y, por cierto, con limitadas perspectivas de futuro. Esto es paradójico, pues somos quienes crecimos durante un período democrático, cosa que difícilmente pueden decir nuestros padres o abuelos. Cabe pensar si la idea esencial de *democracia* está ocultando, bajo el manto de la libertad, un aspecto aún más esencial como es la crítica de la libertad y –por ende– la crítica de la misma democracia.

Si nos comparamos con otros casos, entre los que se encuentra el español que aquí nos convoca, no damos sino con un horizonte similar, aunque divisado desde posiciones sustancialmente diferentes. Tomando como referencia la generación de jóvenes arqueólogos locales, podríamos hablar de la existencia de un punto de partida muy diferente. Este es quizá la existencia de un cuerpo identitario en torno al *ser arqueólogo*: no sólo estar formados en la arqueología, sino además la posibilidad real de dedicarse a ella y desarrollarse desde la misma, cosa de la que –salvo excepciones– no podemos hablar en contextos como el argentino.

Es de suponer que la identidad en tanto *ser arqueólogo* permite un indudable espacio de proyección, desde el cual imponernos sobre el corto alcance del aislamiento individual. Ahora bien, si lo superponemos al hecho, según el cual los totalitarismos implican una ruptura que va más allá del plano víctima-victimario, para posibilitar la imposición –en un plano más profundo– de un modelo de sociedad, *ad absurdum* ¿deberíamos, por ejemplo, proponer que fuéramos todos arqueólogos para así resolver tal quiebre social amparándonos bajo su ala identitaria?

No escapamos al fuerte proceso de desestructuración política provocado por sistemas totalitarios y sedimentado, en mayor o menor grado, por las sucesivas políticas de las administraciones democráticas posteriores. El espacio de proyección identitario no debería necesariamente nublarnos la vista y ponernos ante una situación resuelta. En este sentido, partiendo de que este amparo identitario pueda ser utilizado, bien para ocultarnos (salvarnos), como para apartar la mirada de lo que está aconteciendo o bien para aportar a resolver la situación general, ¿deberíamos dejar de ser arqueólogos para contribuir a resolver estos problemas? Volviendo al asunto, ¿de qué modo, como arqueólogos, podemos hacerlo?

En ciertos lugares se plantea la fragmentación como mecanismo de control, mientras que en otros la unión identitaria –sea o no fuga del sistema– puede constituir también un modo de persuasión o aislamiento social. Los unos forman parte de una no-sociedad, mientras que los otros, de algo que está más allá de ésta. Cabe pensar que está en la actual generación tomar consciencia de que no nos encontramos ante un escenario particular, sino ante un mismo modelo de reproducción social en sus diversas expresiones.

Por lo demás, no podemos intercambiar experiencias si no tenemos algo en común, y en ello se basa la comunicación. Caso contrario, poco haremos con alguna de las múltiples posibilidades de movilidad e intercambio de las que disponemos como generación. Sumado a la confusión provocada por el gran volumen de datos propio de la multiplicidad de la era de la información, hete aquí otra manera de convertir ventaja en escollo. Por tanto, es imprescindible reconocer este campo común al que, si bien desde diferentes posiciones, hacemos referencia.

Preguntarnos por el futuro de la arqueología constituye una pregunta política cuando en su formulación incluimos una preocupación por la situación actual. Si desde la arqueología tratamos de resolver el *de dónde venimos para saber adónde vamos*, está claro que no siempre lo hacemos atendiendo al *qué estamos haciendo ahora mismo*. Un posicionamiento frente a esta situación se da indudablemente desde un campo como el de la arqueología pública. Ahora bien, ¿por qué cuando pensamos en actividades de "proyección pública" nos referimos casi exclusivamente a escuelas o niñez? En tales casos, exponemos las técnicas de trabajo, las tecnologías que utilizamos y, si es propicio, algunos de los secretos de nuestra cifrada disciplina, usualmente a modo de no-duda (certeza) generacional de la cual partir. Pareciera que transmitiendo nuestra técnica estamos transmitiendo menos la capacidad e importancia del dudar que nuestro disciplinar modo de dejar de hacerlo o, cuanto menos, de evitarlo.

Una cosa es la *arqueología pública* (arqueología de lo público) y otra, en la cual caemos a menudo, la *publicación de la arqueología*. La segunda, aunque bienintencionada, corre el riesgo de no salir de sí misma. La primera, se trataría más bien de una *arqueología de lo público*: la indagación en torno de cómo se ha configurado y cómo se sigue configurando la historia, en tanto esencial concepción de la representación de *lo público*.

Por otra parte, ¿de qué modo concebimos al *otro* en nuestra investigación? Abundamos en decirlo: tal vez no baste con tomar partido frente a uno de los términos del binomio *inclusión / exclusión*. Sea cual fuere, se asume la posibilidad (actualmente insostenible) de que el *otro* pueda quedar excluido, por acción u omisión, de nuestra actividad. En caso de proponernos hacerlo, ¿de qué modo incluimos al *otro* en nuestra investigación? ¿participándolo en las tareas propias de una excavación arqueológica? ¿incluyéndolo como coautor en un *paper* de divulgación científica con *referato* en alguna prestigiosa publicación indexada? ¿qué clase de espacio generamos? Y en caso de hacerlo, ¿quién o qué legitima nuestra posición de otorgadores de espacio?

Cuando asumimos que el espacio no nos pertenece, una forma de "otorgarlo" bien podría ser dar un paso al costado del papel (a menudo autoimpuesto) de anfitriones de la historia. En los mismos términos, no se trataría de "crear" el espacio del *otro*, sino de evidenciar la permanente expropiación que el mismo está y ha estado sufriendo, derivando en la situación actual.

Como arqueólogos tenemos tanto la capacidad como la responsabilidad de buscar el sentido histórico de lo *público*, basándonos en las huellas dejadas por el obstinado intento de borrarlo. Somos arqueólogos y fundamentalmente sujetos de una sociedad particular. En esta búsqueda también encontraremos marcas de nosotros mismos, y es lógico que así sea. Partamos del estado actual para preguntarnos acerca de las bases sobre las que se asienta el *nosotros*, nuestras presencias y ausencias y, con ellas, las del *otro*.

BIO

Desde 2002 integrante ad honorem del EIMePoC (UNR), equipo interdisciplinario con el que se trabajó en el principal ex centro clandestino de detención de Rosario y su región: "El Pozo" (1976-1979). A partir de 2009 en el LaPa, actual Incipit (CSIC), en contacto activo con el campo de la arqueología contemporánea española a partir del abordaje de la materialidad de la Guerra Civil y la dictadura franquista. Miembro del GEAC (Grupo de Estudios de Arqueología Contemporánea), junto con profesionales locales de gran relevancia.

ROSA MARÍA DOMÍNGUEZ ALONSO | 13

De aquellos barros, estos lodos

La arqueología profesional en el marco empresarial (por ubicarme) es sinónimo de escritura de constitución, alta en el impuesto de actividades económicas, seguro de responsabilidad civil, prevención de riesgos laborales, avales, líneas de descuento, créditos, nóminas, despidos, liquidaciones, altas o bajas en la seguridad social, certificaciones financieras, de la agencia tributaria, de la seguridad social, cierres de ejercicio... De esto nada sabíamos en el año 90 cuando decidimos juntarnos unos cuantos compañeros y constituir AREA S.COOP, como fórmula para ganarnos la vida.

Como me recuerda mi ex socio y amigo Antonio Fernández Ugalde, hoy Director del Museo Municipal de Écija, ÁREA surge del desencanto con la realidad arqueológica que transmitían docentes e investigadores, caducos tanto teórica como metodológicamente. Por otra parte, el ingreso en esos círculos era difícil y tenía mucho de clientelismo servil.

A esta situación se sumó la coincidencia de que por aquella época algunos de mis compañeros estaban en contacto con "otra realidad", la arqueología italiana del círculo de Siena y Ricardo Francovich, e indirectamente con la inglesa, con quienes los italianos colaboraban. Así se produjo el contacto con enfoques renovadores y atractivos, centrados en procesos de cambio y con avances metodológicos generales, fundamentalmente en metodología estratigráfica.

Sobre este caldo de cultivo, a mediados de los 80 y al amparo de la transferencia de competencias a las Comunidades Autónomas en materia de Patrimonio Histórico, surge la arqueología profesional de ámbito inicialmente urbano. Así, prácticamente de sopetón se nos abre un marco laboral en el que podíamos desarrollar nuestra actividad al margen de los denostados círculos oficiales. Paralelamente, en la esfera medioambiental se desarrollan y aplican recomendaciones internacionales primero y leyes y normativas después, que acabarán por incluir al Patrimonio Cultural como aspecto del Medio susceptible de ser destruido, y por lo tanto, necesariamente conocido y protegido.

La arqueología profesional fue atacada y denigrada desde sus comienzos. Nosotros también participamos en esa crítica, autocrítica, y en su momento reconocimos públicamente las graves contradicciones del modelo, que expusimos con claridad en 1994 en el primer número de la revista Arqueología y Territorio Medieval, en un artículo titulado "Empresas de Arqueología y arqueología urbana: investigación, negocio, profesión". Al parecer aquel texto sigue estando hoy, dieciocho años después, de rabiosa actualidad ya que figura como bibliografía obligatoria en cursos y másteres universitarios sobre la profesión de arqueólogo en varias universidades andaluzas, y no deja de ser citado en trabajos relacionados con la materia.

No voy a repetir lo que ya dijimos, baste recordar que nuestra reclamación fundamental tenía que ver con el control de calidad de la intervención arqueológica, con la buena praxis, con los vicios y defectos intrínsecos de un sistema de libremercado. Considerábamos, y seguimos pensándolo, que es la Administración quien debe llevar a cabo ese control. Ahora bien, la pregunta clave es si la Administración cuenta con la cualificación y capacitación necesarias. Y desde mi punto de vista no es así.

En el plano positivo, el desarrollo de la arqueología profesional ha generado grandes avances tanto en estrategia y metodología como en resultados. La intervención en extensión, el registro estratigráfico, la aplicación de procedimientos analíticos o el empleo de maquinaria en las intervenciones son hoy habituales, pero no siempre fue así. La arqueología profesional ha liberado a la Arqueología de las encorsetadas y limitadas cuadrículas, de los perfiles, de los testigos. La práctica profesional de la arqueología ha posibilitado conocer nuevas estructuras, nuevas ocupaciones, nuevas dinámicas de poblamiento. En Madrid los recintos de fosos calcolíticos o los asentamientos rurales altomedievales son dos ejemplos clave.

Tiene mérito porque nuestro bagaje formativo, estaba constituido por diez asignaturas repartidas en dos cursos. Destacaría Arqueología de Grecia, con un énfasis notable en la cerámica de figuras rojas y negras, Arqueología de Roma, con momentos inolvidables en los que calculábamos el número de cristianos que podían morir al año en el Coliseo, o Arqueología Prehispánica con los impronunciables dioses de la culturas precolombinas y sus bellas cerámicas, y no olvidemos la inestimable aportación de la asignatura llamada Metodología y Tecnología, y la incluyo porque de ella solamente recuerdo el nombre. Desde luego no he olvidado a ninguno de los docentes de entonces, alguno de los cuales aún sigue ahí.

Ahora bien, llegados a este punto de reconocimientos, es ineludible reflexionar sobre el punto en el que nos encontramos. Al margen de los logros comentados, que por otra parte son fruto del esfuerzo y convicciones de algunos arqueólogos, pocos, con nombre y apellido, la arqueología profesional ha ido al rebufo del desarrollo de la obra pública y privada. En estos años ha habido innumerables intervenciones, cuyos resultados duermen el sueño de los justos en algún estante de la Administración competente, quizás merecidamente porque solamente constituyen pesados volúmenes de papel sin contenido alguno. En el mejor de los caso son reflejo de lo que ya no existe y en el peor son la manifestación de la destrucción consentida de elementos del Patrimonio Cultural.

Ante nuestra reclamación de mayor control de la calidad de las intervenciones arqueológicas por parte de la administración competente nos encontramos con que los planes generales de ordenación urbana pueden dictaminar sobre quién, cómo, cuándo y, dónde se interviene. Vamos por el peor de los caminos posibles y esto es lo que ocurre en algunos municipios de la Comunidad de Madrid. Valga el ejemplo de Valdemoro, en cuyo plan vigente puede leerse: "En cualquier tipo de obra en curso donde se realicen movimientos de tierra que afecten al subsuelo, el Ayuntamiento deberá realizar inspecciones de vigilancia a través de su Servicio de Arqueología o acreditando oficialmente a su arqueólogo con facultades de inspección de dichas obras, como técnico municipal"

El clientelismo al que me refería antes en relación con los próceres de la arqueología académica se ha trasladado al terreno resbaladizo del urbanismo y de los intereses locales. Mal asunto.

Se ha perdido una oportunidad de oro para generar proyectos globales en los que involucrar a la Administración, a los órganos de investigación y a los profesionales. No es extraño seguramente si pensamos que hay tantos "Patrimonio" como Comunidades Autónomas o Delegaciones Provinciales o Municipios o intereses varios. Es envidiable y digno de imitación el *Irish National Strategic Archaeological Research*, proyecto de investigación sobre las transformaciones del paisaje en época altomedieval, asociado al desarrollo de infraestructuras viarias, fruto de la coordinación de la Administración, centros de investigación y agentes privados, entre ellos arqueólogos profesionales. Exactamente igual que lo que se hizo aquí, por ejemplo con la ampliación del aeropuerto de Barajas.

En nuestro caso, las grandes obras han generado situaciones de trabajo a destajo, sin vinculación con el sitio, con el proceso, con el registro, han sido el germen de la mala praxis y de la alienación de los profesionales que desarrollan una actividad no reglamentada en un marco laboral no regulado. El panorama no es halagüeño, legiones de arqueólogos con experiencias dudosas, por las condiciones en las que las han adquirido, empresas sospechosas por las prácticas que han desarrollado, Administraciones sometidas a intereses políticos, una profesión inexistente pero cuyos profesionales reclaman justicia salarial, universidades y centros de investigación que, salvo contadas excepciones, siguen al margen y lo máximo que se han propuesto es ofrecer másteres en Arqueología y Patrimonio, que por un módico precio pueden convertir en arqueólogo a cualquier persona que tenga un título universitario oficial de grado, licenciado/a, ingeniero/a, arquitecto/a, diplomado/a, ingeniero/a técnico/a, arquitecto/a técnico/a o equivalente, que sea aficionado y/o desee "hacer negocio".

La arqueología no tiene vida propia y de su situación somos corresponsables todos los que intervenimos en ella. Hay que empezar de nuevo desde el principio, desde la definición de la profesión y de las capacidades de los especialistas que la ejercen, desde la formación del arqueólogo en su vertiente técnica, desde la prevención y protección efectiva del Patrimonio, desde la cualificación de los técnicos de la administración competente, desde la generación de proyectos globales. Se requiere asentar las bases de la correcta práctica arqueológica, tanto a nivel salarial cómo de ejecución, y de la difusión de sus resultados.

BIO

Rosa María Domínguez Alonso está Licenciada en Filosofía y Letras, especialidad de Prehistoria y Arqueología, por la Universidad Autónoma de Madrid en 1988. Entre los años 1986 y 89 completa su formación de campo colaborando en excavaciones y prospecciones arqueológicas en diversos puntos de España e Italia. En 1990 fundó, junto con siete arqueólogos de su promoción ÁREA S.COOP., gabinete de estudios de Arqueología y Patrimonio Cultural en el que ha desarrollado su labor profesional desde entonces. Durante los años 1996-98 cursó Doctorado en Prehistoria en la Universidad Complutense de Madrid. Cuenta con más de veinte años de experiencia en intervenciones arqueológicas tanto en el ámbito público como en el privado, en la coordinación, dirección y colaboración en proyectos relacionados con la protección, documentación y difusión del Patrimonio Cultural, así como en su investigación. Muchos de los trabajos que ha dirigido o en los que ha participado han sido resultado del trabajo conjunto con otros especialistas, geólogos, paleontólogos, antropólogos, paleobotánicos, restauradores, etc.

JOSÉ ANTONIO ESTÉVEZ MORALES 14

La gestión del patrimonio arqueológico urbano: Prácticas de funambulismo

Las reflexiones que a continuación se expresan vienen dadas de la experiencia de los últimos diez años en el ámbito de la arqueología urbana y desde la atalaya de oficinas de rehabilitación, fruto de convenios entre la administración autonómica y la local, lo que *a priori* podría hacer pensar a muchos que no estamos en "el mejor de los mundos posibles"

En la actualidad, la gestión del patrimonio arqueológico en una ciudad declarada Patrimonio de la Humanidad, como es el caso de Cáceres, podría decirse que es una tarea mundial y no por hacer una primera observación más o menos "cómica" va a ser esta la línea argumental de la exposición. Sí quiero dejar claro que va a tratarse de una reflexión muy personal, a mi juicio objetiva y sincera, pero que puede no ser compartida por otras personas y que espero que, al menos, sea el punto de partida de un debate en el que se dispongan, cual partida de ajedrez, las ideas, los criterios, las herramientas y todos aquellos argumentos que cada uno tenga a bien proponer.

La periferia de la periferia.

La arqueología en una región tan extensa como la extremeña conlleva un primer sesgo o matiz geográfico, entre la arqueología del país vecino, la de Andalucía y lo que llegaba desde la Meseta, especialmente de Madrid. La imagen de territorio pobre y atrasado contrastaba con una riqueza arqueológica destacada para épocas concretas, como el período romano, pero que ha ido enriqueciéndose a medida que las investigaciones han seguido su curso. Un ejemplo evidente es el cada vez mejor conocido período paleolítico, con un complejo cárstico importante, con ocupación humana de cuevas, en la propia ciudad de Cáceres.

Con estos antecedentes, durante bastantes años casi todos los recursos de la administración pública se han destinado a la ciudad de Mérida, por ser la capital administrativa de la región y sede del conjunto arqueológico más imponente de todos, quedando supeditado a un segundo plano el resto del patrimonio arqueológico de la región, razón por la que hablo de la idea de periferia desde la periferia.

La traición de la tradición.

Partiendo del concepto anterior, he de decir que si en Mérida las primeras excavaciones arqueológicas científicas se remontan a algo más de cien años, en Cáceres eliminaríamos uno de los dos últimos dígitos y estaríamos ante una tradición investigadora de unos diez años en el ámbito de la arqueología urbana. Esta ausencia provoca desconocimiento, falta de sensibilidad hacia el patrimonio, escasez de personal, deficiencia en las herramientas de gestión y todos ellos, junto a otros, son déficits extensivos a todos los sectores de la sociedad. Especialmente doloroso es cuando este factor se produce en el momento en que la arqueología entra en el juego de los proyectos públicos en espacios urbanos, ya que ahí la incomprensión no queda solamente en el terreno de las decisiones políticas, sino que entra de lleno en la competencia de determinados ámbitos profesionales, donde podemos encontrarnos con un cóctel explosivo cuyos ingredientes serían una conciencia patrimonial escasa, una serie de ideas preconcebidas y una nula voluntad de modificar proyectos diseñados, sin tener presentes unos ámbitos de actuación caracterizados por la continua ocupación a lo largo de la historia.

El modelo todavía es joven.

La existencia de una normativa de protección del patrimonio arqueológico debe formar parte de un modelo o esquema teórico diseñado desde unos entes cuyo cometido primordial sea la gestión del patrimonio arqueológico, pero en el que inexcusablemente han de participar otros actores con distinto grado de implicación: otras administraciones, colectivos profesionales, empresas, asociaciones etc. En Extremadura, el diseño de un modelo de gestión del patrimonio arqueológico urbano, exceptuando la casuística de Mérida, tiene alrededor de quince años, y, si de un individuo se tratase, podríamos hablar de que todavía no ha llegado al estado adulto, pero no deseamos que sea así porque los organismos maduran, como proceso natural, lejos de patologías dañinas y síndromes tipo Peter Pan. Debemos dar un paso más, modificando y enriqueciendo la idea inicial, con el planteamiento de nuevas funciones, sin recelos entre administraciones y con implementación de una coordinación eficiente.

La colaboración interadministrativa, ¿suerte o desgracia?

Desde la experiencia, a veces tengo la impresión, de que la manida pretensión de una colaboración entre administraciones se queda en un entramado de relaciones y conexiones personales entre técnicos con distintos cometidos. Posteriormente, intentaremos aplicar la legislación, faltaría más, solidarizándonos por la cruda realidad que nos ha tocado gestionar. Además, teniendo bien presente el contexto económico de crisis en el que estamos inmersos y desconociendo todavía su duración, es obvio, que buena parte de las fórmulas de gestión pasan por un mejor manejo de los recursos existentes, y esto se puede conseguir más fácilmente si las administraciones, por convenio o de facto, se dedican a colaborar y desplegar sus recursos para el manejo del patrimonio arqueológico y para un mejor servicio al ciudadano.

Sí, soy consciente de que esta pretensión puede chocar con algunas cargas de fondo, como los distintos intereses políticos, las competencias de cada órgano o los diferentes escenarios existentes, pero no son cuestiones irresolubles y siempre es más factible un entendimiento a nivel técnico que, al fin y al cabo, es nuestro medio natural.

¿Las herramientas multifunción funcionan?

¿En cuántas ocasiones nos hemos encontrado con un problema, hemos ido a por la herramienta y resulta que no servía? En gestión del patrimonio arqueológico urbano contamos con varias de ellas, pero me quiero centrar en la herramienta "multifunción", el Plan Especial.

En mi devenir profesional me he encontrado Planes Especiales, no ya con instrucciones en castellano, sino directamente sin ellas. De esta forma, se habla de ámbitos de protección que no están recogidos a nivel gráfico, o bien, a la hora de abordar la financiación de las intervenciones arqueológicas, resulta que en el noventa y cinco por ciento de los ejemplos, se traslada el coste a la administración, aunque el promotor sea privado.

A esto me refiero cuando aludo a la ineficacia de las herramientas de las que disponemos y que en buena parte de las situaciones, tienen una antigüedad considerable y han quedado obsoletas. La consecuencia es que debemos ser capaces de diseñar nuestras propias herramientas, con las que vamos a trabajar, o bien directamente, o bien supervisando el trabajo de los equipos de redacción de los planes urbanísticos. Además, sería deseable que en cuanto dejen de funcionar sean rápidamente sustituidas por otras, tal y como ocurre con los artilugios mecánicos que tenemos en nuestros hogares

El resultado en el momento actual

Con el panorama antes mostrado, alguien puede alarmarse y obtener la conclusión, irreprochable, de que es imposible que este modelo o forma de gestión pueda funcionar. ¿Cuál es la realidad entonces? Pues sin ser un ideal a un nivel determinado funciona, sea porque no es difícil ni gravoso de sostener, sea porque intente estar bien articulado y ligado a la gestión del urbanismo de la ciudad o incluso gracias a uno de los más poderosos motores de la administración, la inercia.

Esto no debe hacernos caer en la autocomplacencia porque nos estaríamos engañando, pero tampoco en resignarnos a que no podamos mejorar lo existente. Sobre la base que tenemos, suficientemente sólida por algunos lados y más débil por otros, siendo conocidos ambos, se ha de reedificar el nuevo modelo del que se hablará en el último apartado de esta reflexión.

¿El pasado tiene futuro?

En las reflexiones que tenemos la suerte de establecer con otros colegas en la región y fuera de ella, es resaltable que no hay ningún modelo perfecto, ni siquiera entre los de mayor calado y que cuentan con una dilatada trayectoria y en los que se ha ido configurando un entramado costoso en recursos humanos y técnicos. Partiendo de esta cuestión, podemos proponer y testar un esquema basado en una combinación de los siguientes elementos: una legislación autonómica suficientemente desarrollada; un reglamento que actualice la realidad de la gestión del patrimonio arqueológico; un documento de planeamiento urbanístico que contemple un capítulo de protección de dicho patrimonio, no como un anexo, sino como una realidad tan exigible como la de los volúmenes, las alineaciones, los aspectos energéticos u otras normas de obligado cumplimiento; un plan estratégico de gestión del patrimonio arqueológico que priorice actuaciones, asigne fuentes de financiación para llevarlas a cabo y establezca con criterios claros los riesgos, los elementos intocables, los que han de ser socializados y los "prescindibles", mediante una argumentación exhaustiva; un protocolo de actuación a modo de manual operativo de gran sencillez y que esté a disposición de los departamentos con competencias en materia de urbanismo y de cultura, entre otros; un número de técnicos en arqueología a la escala de la ciudad, pero que no esté sujeto a vaivenes de tipo económico y siempre presente en las comisiones u órganos técnicos de decisión.

El camino que nos queda por delante no es fácil, es una pesada carga, pero si la llevamos entre todos nos será más leve. Debemos aprender los unos de los otros y cuando digo esto me refiero a los técnicos que desempeñamos similares cometidos en ciudades con las que compartimos problemas pero también soluciones, como tenemos ocasión de abordar en las redes o grupos de ciudades que trabajan de manera conjunta. El esfuerzo merece la pena, el patrimonio es identidad sin caer en fanatismos, además bien enfocado puede ser una fuente de bienestar e incluso de riqueza en ciudades de la significación histórica de las nuestras.

BIO

José Antonio Estévez Morales es actualmente arqueólogo de la Oficina del Área de Rehabilitación Integrada de Cáceres. Ha trabajado durante varios años en el entorno de la arqueología urbana desde el sector privado y, desde el año 2000, para la Junta de Extremadura en la OARI de Plasencia y el Museo de Cáceres.

RICCARDO FRIGOLI 15

La última excavación

Hipotético diálogo entre tres arqueólogos en una excavación. Cualquier parecido con arqueólogos reales es pura coincidencia.

Juliano: ¿Así que ésta es tu última excavación?

Héctor: Pues sí... ésta va a ser la última vez que maneje un pico y una pala. A través de un amigo de mi padre he encontrado trabajo en un hospital en mi ciudad; es un trabajo bastante simple; se trata de llevar camillas, limpiar los pasillos, ocuparse de la basura, cambiar las sábanas. No es nada emocionante, pero...

Simón: ¿Pero...?

Héctor: Me ofrecen un contrato muy interesante: un sueldo bastante bueno, vacaciones pagadas, horario flexible... aunque no tengo una formación académica enfocada a trabajar en un hospital, pues no soy enfermero, soy arqueólogo, como vosotros.

Juliano: Me pareces bastante seguro de querer dejar la arqueología. Yo también lo intenté, hace años, pero volví a "tragar tierra". Hoy hace un calor inaguantable, dame la botella de agua, por favor.

Simón: A mí me parece una elección discutible, pero ¡allá tú! Tenemos la suerte de hacer un trabajo que nos gusta, emocionante, importante; diría incluso fundamental...

Juliano: ¿Suerte? No creo que se trate de suerte; nos lo hemos currado mucho para estar aquí, la arqueología no es algo que caiga del cielo. Muchos de los que estamos excavando en este yacimiento tenemos una licenciatura, un máster y algunos, incluso, un doctorado. Éste es nuestro trabajo, no se trata de suerte.

Simón: Me parece aún peor entonces. Tantos sacrificios, tantos esfuerzos para, una vez logrado el objetivo, es decir, ser arqueólogo, decidir dejarlo y elegir trabajar en un hospital, a limpiar pasillos.

Héctor: Repito que no está nada mal el trabajo que me han ofrecido. Currar en el hospital me permitiría vivir en mi ciudad, pasar más tiempo con mi novia, ahorrar algo de dinero y un día poder vivir con ella.

Simón: ¿Y... la pasión?

Juliano: Perdón, ¿qué pasión?

Simón: La pasión por nuestro trabajo, ¡por la arqueología!

Héctor: Ah, esa pasión. Me pregunto si se puede vivir sólo de pasión. Con las emociones no se paga una hipoteca, un alquiler o un par de semanas en la playa.

Juliano: La pasión por el propio trabajo es un aspecto importante en la vida de un trabajador, pero no puede ser su única motivación profesional. Hay que tener cuidado con los sentimientos en el trabajo; a veces tengo la sensación de que existe una especie de manipulación emocional de los trabajadores -sobre todo cuando se trata de jóvenes-, utilizando la excusa de la pasión. Personalmente entiendo la arqueología como un trabajo y, como tal, tiene que ser gestionado. Que nadie nos quite la pasión pero que tampoco nadie nos quite la dignidad laboral en nombre de un sentimiento o de cualquier otra cosa. Ya no somos niños que se mueven por motivaciones sentimentales, por una ilusión o simplemente por el hecho de poder decir: "soy arqueólogo". Arqueología es trabajo, es trabajo.

Héctor: Yo sólo necesito algo de estabilidad, un contrato en condiciones... y viendo hacia donde sopla el viento en el campo de la arqueología, en un futuro próximo ya ni habrá contratos; habrá solamente arqueólogos dados de alta como autónomos, con todas las problemáticas que esto conlleva en el caso de un trabajo como el nuestro. Pero ésta parece ser la moda en nuestro campo de trabajo.

Simón: La arqueología siempre ha sido mi sueño. Desde que era muy joven siempre soñé con poder llegar a ser arqueólogo algún día, poder participar en campañas de excavaciones, poder hacer investigación, poder escribir de arqueología y publicar... Chicos, ¿dónde están los guantes? Me ha salido una ampolla en la palma de la mano y no quiero que se infecte... ¡esta tierra de relleno de muertos apesta!

Héctor: No sé si hay más guantes. Toma los míos, no los necesito, mis ampollas ya se han curado.

Juliano: La arqueología siempre ha sido tu sueño; de hecho ahora estás aquí, con nosotros, picando, paleando y cuidándote las ampollas de las manos. Acércame el paletín, ¡anda que...!

Simón: Ésta es una condición temporal, un apaño para hacer experiencia. Cuando acabe el doctorado, entonces...

Juliano: Yo ya he acabado el doctorado... y aquí estoy, con todos vosotros, picando, paleando, llevando la carretilla; haciendo trabajo de peón y con un sueldo inferior al de cualquier peón de obras de dieciocho años. ¿Para qué vale mi doctorado? Ésta es la única forma de hacer arqueología, por lo menos hoy en día, y el futuro me parece bastante sombrío.

Simón: Te estás equivocando; en la universidad es donde se hace la mejor arqueología, la arqueología de verdad. Lo que estamos haciendo ahora, la "arqueología de gestión", una bella forma de llamar a las excavaciones de urgencia, es necesaria, pero no es arqueología de verdad.

Héctor: No estoy del todo convencido. Yo he excavado muy poco durante la carrera y menos aún durante el máster, por eso me metí en el mundo de la arqueología de gestión; además, necesitaba algo de dinero y con las prácticas no se gana nada... aparte de algo de experiencia, claro.

Juliano: La mayoría de las universidades ya casi ni excavan, aparte de algún proyecto puntual. Es un problema de financiaciones y, tal vez, de organización. Las universidades han delegado casi toda la formación práctica a las empresas privadas de excavación. La universidad se ha quedado sólo con la formación teórica, cavando, de este modo, un surco casi insalvable entre la práctica de la arqueología y la formación teórica, que, en cierto modo, por supuesto, sigue siendo necesaria. Puedo afirmar que este caso no se da sólo en España. Es más; no me sorprendería que dentro de unos años fuesen las propias empresas privadas las que asumieran la tarea de formar a sus propios arqueólogos.

Simón: ¿Cómo puedes afirmar eso? ¿Cómo pueden las empresas privadas de excavaciones formar a sus propios arqueólogos?

Juliano: Si lo piensas detenidamente, esto ya está pasando.

Héctor: ¿En qué sentido?

Juliano: En el sentido de que, en realidad, es en las empresas donde aprendemos a excavar. La multiplicidad de yacimientos por excavar, con cronologías y de tipologías diferentes, la cantidad y heterogeneidad de materiales arqueológicos con los que entramos en contacto, las diferentes condiciones ambientales que se nos ofrecen a la hora de excavar... un abanico tan amplio de "realidades arqueológicas" lo encontramos sólo trabajando para empresas privadas. La arqueología irá desapareciendo de muchas universidades, las que menos financiaciones tengan, sobre todo en los niveles más altos de formación, como los másters y los doctorados. En las carreras es posible que queden asignaturas de "arqueología", donde se pida a los estudiantes que estudien unos apuntes, un par de libros... pero la investigación arqueológica de alto nivel, la excavación y la prospección, la investigación práctica, desaparecerá por completo de la mayor parte de las universidades y, desde mi punto de vista, todo esto no tiene que ser necesariamente algo malo.

Simón: Tal vez es cierto que muchas universidades, últimamente, reciben pocas financiaciones para organizar grandes campañas de excavación o de prospección, pero la verdadera investigación se hace en la universidad, donde se tiene tiempo para poder desarrollar proyectos serios. La prisa no me parece la condición ideal para poder hacer ciencia.

Héctor: Estoy de acuerdo, la prisa no tendría que condicionar una investigación científica.

Juliano: ¡Venga chicos, no nos engañemos! El factor tiempo siempre es una variable que hay que tener en consideración, sobre todo porque el factor tiempo está condicionado por el factor dinero, por las inversiones que permiten el desarrollo de cualquier proyecto arqueológico. Las condiciones "ideales" no existen en arqueología; sin embargo, existen el pragmatismo, los condicionantes materiales y los factores humanos.

Héctor: Entonces, ¿opinas que cualquier información es mejor que ninguna?

Juliano: No, no opino eso, pero creo que "cualquier información" no necesariamente tiene que ser "mala información".

Simón: Tú siempre hablas de financiaciones, inversiones de dinero, sueldos… pero te olvidas, repito, del factor más importante, te olvidas, o quieres olvidarte, de la pasión, la emoción, el sentimiento. El nuestro es un trabajo diferente a los demás; no puedes comparar la emoción de la investigación arqueológica con las aburridas tareas de cualquier otro trabajo.

Juliano: ¿Por qué no puedo? Se trata de trabajo, y los trabajos se pueden comparar: manzanas con manzanas, peras con peras… Si no se me permite este parangón, entonces ¡que la arqueología sea un pasatiempo, que sea un hobby! Que sea el pasatiempo de algún "ricachón", como por otra parte casi siempre ha sido, y no una carrera universitaria con títulos académicos o un trabajo con profesionales dados de alta como autónomos o contratados. Tal vez sea éste el futuro de la arqueología… ¡una vuelta al pasado! "Desprofesionalización" de la arqueología, mecenazgo de privados, inversiones personales… a la Schliemann, para entendernos… o como hizo Evans en Creta.

Simón: ¡La investigación del pasado es fundamental para el desarrollo cultural de un pueblo, de un Estado, de la humanidad!

Héctor: Hala, dame el pico y toma tú la pala, que llevo una hora paleando y quiero cambiar.

Simón: Toma, pero… la humanidad…

Juliano: Está claro que la humanidad, como tú dices, necesita la información que nosotros, arqueólogos, podemos proporcionarle con nuestro trabajo; el nuestro es un campo de investigación importante pero, al mismo tiempo, no hay que olvidarse de que nosotros, arqueólogos, formamos parte de esta misma humanidad, vivimos en la sociedad y no podemos abstraernos de sus problemas; compartimos necesidades con el resto de la sociedad. Si nos situamos fuera de la sociedad acabaremos siendo -y en parte tal vez ya lo seamos- una especie de "mártires", personas que se autosacrifican en nombre de... ¡Ten cuidado con la carretilla que tiene la rueda deshinchada!

Simón: ¿Un mártir? Yo no me siento un mártir de la ciencia; hago lo que hago porque me gusta, es mi pasión.

Juliano: Mejor para ti; yo trabajo porque necesito un sueldo que me permita vivir en esta sociedad y compartir sus vicios y sus defectos... como cualquier otra persona.

Héctor: Yo también, y esa es la razón del por qué esta será mi última excavación... ¡y que me quiten lo bailado!

Juliano: La tuya me parece una decisión muy digna; todavía estás a tiempo de volver a ponerte en juego en otro trabajo; yo ya soy demasiado "viejo", tal vez demasiado "viejo" también para seguir excavando. Con la intensificación de las excavaciones de urgencia se bajará mucho la edad media de los trabajadores en arqueología. Pasados los treinta ya nos cuesta picar y palear todo el día. El pico me está destrozando la columna vertebral y desde que tuve aquel accidente en la excavación de...

Simón: ¿Qué accidente?

Juliano: No quiero hablar de eso ahora, si no, se me quitan las ganas de palear.

Héctor: Yo hoy me he despertado fatal. El pie sigue doliéndome

Simón: ¿Qué te ha pasado? Yo ayer no estaba en la excavación, tuve que ir al dentista... esa maldita muela me está matando...

Héctor: ¿Recuerdas el derrumbe del muro en el sector 1?

Simón: Sí, claro, lo he limpiado hasta sacarle brillo a las piedras.

Héctor: Pues una de esas piedras tan brillantes y pesadas se me ha caído encima del pie. Ayer por la tarde estábamos quitando el derrumbe, levanté una piedra, estaba húmeda por debajo, yo no llevaba guantes...

Juliano: ¿No has ido a urgencias?

Héctor: No, no he ido; quiero trabajar, no quiero que me den una baja, ésta es mi última excavación y quiero trabajar todos los días; además no es tan grave, pero me duele al pisar.

Juliano: ¿Quieres palear tú? Yo puedo llevar la carretilla, no me importa; paleando tal vez no te duela tanto...

Héctor: Con la carretilla voy bien, gracias... ¡Vaya forma de despedirse de la arqueología! La investigación arqueológica también ha sido mi pasión y seguirá siéndolo; es de lo más emocionante que he experimentado en mi vida pero va llegando el momento de pensar en otras cosas. En el futuro tal vez las cosas cambien, aunque lo dudo mucho. Me quedo con los recuerdos de bellas personas y grandes profesionales que a pesar de todo...

BIO

Riccardo Frigoli (Milán, 1976) actualmente vive en Salamanca. Master en Arqueología (Prehistoria) en la Universidad de Salamanca. Arqueólogo profesional, traductor y autor de ensayos de divulgación arqueológica.

Por esta editorial: Frigoli, R. 2010. Las excavaciones de R'lyeh. La arqueología como método, la prehistoria como idea y la literatura fantástica de H. P. Lovecraft.

MARÍA SOLEDAD GIL GARCÍA 16

Crisis dentro de la crisis

No sé cómo calificar el estado actual. Tenemos una crisis del sector dentro de la crisis global, económica y social.

En primer lugar tenemos serios problemas de dependencia con respecto al sector de la construcción, bien sea el privado o el público, viviendas o infraestructuras, algo que no tiene una fácil solución. Los constructores nos ven como un problema, ya que suponemos un gasto y un retraso en sus proyectos, y los usuarios finales de esas edificaciones también elevan sus protestas hacia nosotros cuando sus viviendas se retrasan en la entrega, o les salen más caras de lo presupuestado inicialmente. Ese problema quedaría minimizado si cada profesional que interviene en el proceso hiciera bien su trabajo. Y la Administración ni quiere ni puede permitirse pagar intervenciones arqueológicas nacionales, pese a que todo el Patrimonio es público. Sólo algunos grandes yacimientos, con una envidiable gestión de cara a los medios y la opinión pública, han sabido hallar financiación para poder llevar a cabo sus proyectos. Y claro, los celos profesionales hacen desatar la ira de mucha gente.

Me pregunto cuán distinto sería el panorama si la Arqueología dependiera del Estado, como en Francia. No sé si ese modelo es el mejor, ya que también tiene sus propios problemas, pero al menos la Arqueología forma parte de la Sociedad, es vista como un valor añadido, no como un inconveniente.

En segundo lugar, en este país la Cultura no se sabe vender, y es una pena, porque tenemos para dar y tomar. Y lo más triste es que parece que a los propios profesionales (nosotros) tampoco les interesa demasiado darse a conocer. Empezando por un pésimo sistema educativo, en el que la Cultura, y específicamente la Historia, son materias sin apenas importancia. Y por la propia legislación, tanto la nacional (obsoleta en muchos puntos, y con muy poca voluntad de mejorarla por parte de la clase política) como las regulaciones autonómicas (en muchos casos inexistentes, pese a la obligatoriedad de su redacción).

El dinero. La bestia negra. Ese es nuestro principal problema. La Arqueología es un servicio no necesario, es decir, la Sociedad no considera que aportemos nada. No somos como un fontanero, que arregla fugas de agua. Ni siquiera vendemos un producto necesario, como comida o ropa. Vendemos una interpretación del pasado. Y eso se considera algo innecesario, más aún en tiempos de crisis. Por eso no se entiende la importancia de investigar el pasado y conservar el Patrimonio. Los únicos ingresos que aporta la Arqueología son los que genera el Turismo. Y ésta es una de las principales industrias del país, uno de nuestros motores económicos (somos el cuarto destino mundial), así que quizá podamos salvar la profesión por ahí, aunque no sea plato de buen gusto para muchos profesionales del sector. Lamentablemente, en este momento y en esta sociedad capitalista, si algo no da dinero no es útil. Y la Arqueología no da, sólo consume.

Por ello quizá es hora de cambiar el modelo, empezando por nosotros mismos, los profesionales. Hay que adaptarse o morir, y yo creo que nuestra profesión merece seguir viviendo (al menos mientras queden cuestiones por investigar o gente interesada en aprender).

En primer lugar debemos mejorar, y mucho, nuestra propia educación. Empezando por la Universidad, donde nos formamos en primera instancia. Está bien que los programas de estudio se actualicen, pero no podemos permitir que sigan saliendo profesionales cuya única experiencia en el mundo de la Arqueología se remite a las campañas de verano de una excavación universitaria. Porque esa no es la realidad que se van a encontrar. O no en este país. Y lo digo por experiencia propia. La primera vez que una empresa me contrató, cuando llegué a la excavación me dieron un pico, una pala y una carretilla: "excava ese silo". Yo no había cogido un pico nunca. Y lo peor "¿y por donde empiezo? ¿Y cómo se que he terminado? ¿Y si rompo algo con el pico?". Tienes un miedo horrible a sobreexcavar, o a llevarte por delante algo importante, porque cuando empiezas piensas que todo lo que te vas a encontrar es de una importancia enorme para el registro arqueológico. Es por eso que no podemos permitir que una persona que invierte 4 o 5 años de su vida en estudiar una carrera, cuando termine no pueda decir que es un profesional de su sector. El conocer el trabajo real al que se van a tener que enfrentar es también parte de su educación. No hablemos ya de las cuestiones administrativas (qué permisos he de pedir, cuándo, cómo redactar un informe, etc) o de otros temas como estudios de material, dibujo arqueológico, topografía, nuevas tecnologías, técnicas de museología, divulgación, etc. Y, por supuesto, queda pendiente otra cuestión: cuando se es un profesional, no debemos olvidar que hay que reciclarse continuamente, que en este campo los hallazgos, estudios y avances tecnológicos nos permiten averiguar cada vez más cosas, por lo que hay que estar al día en cuanto a todas estas cuestiones. Y es muy difícil, porque en muchas ocasiones o no hay tiempo, o es difícil llegar a conseguir ciertas informaciones, mucho más si se trata de lograr la colaboración de algún colega del sector para un trabajo. Desafortunadamente las rencillas personales forman parte de la profesión, y hay mucha gente que no es capaz de poner a un lado sus propios intereses para defender los del Patrimonio, que debería ser nuestro principal fin.

Por otro lado, necesitamos un mayor apoyo de las diferentes Administraciones. Es muy bonito hablar de lo importante de nuestro pasado, inaugurar museos o ir a visitar excavaciones arqueológicas en verano. Nuestros políticos quedan muy fotogénicos junto a unas ruinas, y se hacen unos artículos y documentales muy bonitos. Pero detrás de la fachada, de la imagen, no hay un interés real. Excepto para denostar la actuación del partido político de signo contrario que no ha dado dinero para arreglar tal iglesia del siglo XIV, o para utilizar los hallazgos con fines políticos, nacionalistas, etc. Y ese interés no existe porque la Arqueología no da dinero y no genera un interés social real, donde haya acciones de protesta que saquen los colores al político que ha descalificado unos terrenos protegidos para poder hacer pisos.

Al final, pero quizá lo más importante, tenemos la cuestión Social. A la gente de la calle no le importa en absoluto la Arqueología, al menos no mientras no le afecte. Si la entrega de mi piso se retrasa por una cuestión arqueológica, estaré maldiciendo a la Arqueología hasta que me den el piso, momento en que empezaré a presumir de lo que se encontró bajo sus cimientos. Si encuentran algo importante en mi pueblo, lo utilizaré para mofarme de los del pueblo de al lado, que no tienen nada parecido.

La gente entiende por Arqueología *Indiana Jones* y excavar dinosaurios. Y lo he sufrido en carne propia, igual que todos. Es por ello que es fundamental no solo entrar a los colegios a explicar la profesión, o llevar a los niños a ver yacimientos, sino también acercarnos a los adultos a través de aquello que les puede resultar interesante, hacer la profesión más visible y cercana, conseguir el reconocimiento social. El problema es que eso requiere en muchas ocasiones bajar el nivel de nuestras explicaciones para hacerlas en un lenguaje más accesible, sin usar tecnicismos que quedan muy aparentes pero que la gente no entiende. Porque cuando alguien no entiende dos palabras seguidas de una explicación, deja de prestar atención a la misma. Y muchos profesionales no están dispuestos a "rebajarse" a tener que hablar con un lenguaje más coloquial, no sé si por miedo a no saber explicarse, o por miedo a que les tachen de "poco profesionales". Es necesario abrir al público las intervenciones arqueológicas, perder 10 minutos al final del día en explicar a la gente que te está mirando lo que estás haciendo, o lo que has encontrado. De esta forma consigues la complicidad de ese público. No hay que tener miedo a expolios o actos de vandalismo. El desconocimiento general de la población hace más fuertes a los expoliadores del Patrimonio. Y por supuesto aquí vuelve a entrar la cuestión económica. Y no me refiero al valor de mercado de las piezas, sino a lo que cuesta divulgar, hacer que la gente conozca y valore su Patrimonio. De nuevo supone una inversión económica que no va a generar ingresos, al menos no a corto plazo, pero cuyos beneficios han de medirse en términos sociales y culturales, algo no mensurable y mucho menos valorado, incluso por nosotros mismos.

Es por ello que para que esta profesión tenga futuro debemos trabajar en varios frentes, a mi entender:

- Profesionalización del sector, mejorando los estudios académicos, más adaptados a la realidad laboral, y realizando programas de formación continua y reciclaje profesional. También la mejora de las relaciones laborales empleado-empleador, con la consecución de un convenio laboral, si no de índole nacional, al menos para cada una de las comunidades autónomas, de tal manera que el sector quede regulado evitando así el intrusismo profesional, las malas prácticas y la competencia desleal.

- Mejora de las relaciones con la Administración, tanto central como autonómicas, exigiendo como sector profesional las revisiones y modificaciones legislativas necesarias, así como un mayor apoyo e interés por parte de las Instituciones públicas, no sólo económico, sino social.

- Mayor presencia de la Arqueología en la Sociedad, realizando tareas de divulgación en centros escolares, yacimientos arqueológicos, museos, etc, así como incrementando la presencia de este tipo de iniciativas en los medios de comunicación, para llegar al mayor número posible de público.

- Transformar el sector intentando generar políticas de viabilidad y sostenibilidad económicas en el mismo. Esta tarea es tremendamente difícil, ya que trabajamos con Patrimonio pero no podemos comerciar con él. Lo que si podemos es rentabilizar económicamente los hallazgos generando un interés en la Sociedad que haga que consuman otros productos derivados de la Arqueología (bibliografía, visitas a yacimientos y museos, *merchandising*, reproducciones, etc).

Tal y como se presenta el panorama económico-social, sólo mejorando nuestra imagen para no parecer una carga económica o un hobby de verano, sino una profesión reconocida, podremos salvar la profesión, evitando que caiga en manos de unos pocos con los recursos suficientes como para poder dedicarse sin ánimo de lucro a la Arqueología, como los arqueólogos del siglo XIX, o convirtiéndola en una profesión sin futuro para sus trabajadores, ya que sólo podrán dedicarse a ella los recién licenciados o profesionales sin cargas familiares con menos de 35 años.

BIO

María Soledad Gil García comenzó en excavaciones de verano de diferentes universidades. Sus primeras experiencias profesionales fueron en temas de divulgación, realizando actividades en un parque arqueológico. Posteriormente ha realizado trabajo de campo para diferentes empresas del sector, así como tareas de laboratorio, conservación y catalogación en el Museo Arqueológico Regional de Madrid y ha sido guía en un yacimiento arqueológico. También ha sido presidenta de AMTTA entre 2009 y 2011.

ALFREDO GONZÁLEZ RUIBAL

El desastre académico de la arqueología

Dado que trabajo en una institución académica, mi contribución se centrará en analizar brevemente lo que considero que son los problemas de la disciplina arqueológica en la Universidad y los centros de investigación españoles. En buena medida, el futuro de la arqueología española depende directamente de la situación actual y la situación actual a su vez está determinada por la naturaleza de las instituciones y del personal docente e investigador que forma parte de ellas.

Los males de la arqueología académica española son los mismos que aquejan al resto de las humanidades y que tienen que ver con la sociología de la ciencia, más que con la epistemología. En última instancia son reducibles a un sólo problema: la corrupción generalizada del *establishment* académico. De hecho, podríamos establecer un paralelo entre la situación de la academia y el urbanismo en la costa española. La principal diferencia (que no es pequeña) es que el capital que se maneja en las universidades y centros de investigación no es económico (al menos directamente: los académicos no buscan enriquecerse), sino fundamentalmente simbólico. Durante las últimas dos décadas se han diseñado diversas tácticas para poner freno a la arbitrariedad, pero el resultado ha sido decepcionante: los esfuerzos invertidos no han impedido que los mecanismos de control y evaluación se hayan visto frustrados desde el principio. Para ilustrar la situación, pensemos de forma analógica (al fin y al cabo es el modo de razonamiento de la arqueología). Imaginémonos que, en un momento de valentía, el Gobierno de España decide retirar las competencias de urbanismo a los ayuntamientos. En vez de los concejales, será ahora una comisión de expertos la que decida la normativa de los planes urbanísticos. Hasta ahora todo bien. El problema es: ¿a quién llamamos para que forme dicha comisión? Una solución sería convocar a todos los encausados en la Operación Malaya: al fin y al cabo, son los que más saben del tema. Una vez reunidos, lo más probable sería que en vez de trazar planes ecológicos y sostenibles, siguieran extendiendo el desastre con toda impunidad. Algo muy semejante sucede en el mundo académico, donde hemos de poner profesor o investigador donde poníamos constructor o concejal. La única diferencia con el período anterior es que ahora a políticos y autoridades académicas se les llena la boca con la palabra "excelencia" y "competitividad", con lo cual parece que los que se quedan en la cuneta, además, se lo merecen. Es algo parecido a las grandes empresas de energía, que contaminan más que nunca pero nos mandan las facturas en papel reciclado de color verde.

Pese a que las agencias de evaluación pregonan a los cuatro vientos que premiarán los expedientes brillantes, las publicaciones de impacto, las estancias en el extranjero y la movilidad, la realidad es que aquellos que cumplen con los requisitos son con frecuencia postergados en beneficio de gente peor cualificada. Los evaluadores se saltan a la torera las normas y deciden que ese hombre o mujer que tanto ha trabajado por el departamento se merece un puesto, aunque no haya salido nunca del centro y sus publicaciones sean más bien escasas o carezcan de excelencia. Si esto es de por sí empobrecedor e injustificable en grandes universidades (grandes de tamaño), como Barcelona o Madrid, en el caso de cosmópolis del saber como Murcia o Jaén acaba convirtiendo el concepto de universidad en algo parecido al sarcasmo. La falta de criterio viene de lejos: un número importante de docentes e investigadores contratados tienen bastante menos de la media de sobresaliente que se considera recomendable para optar a una beca de posgrado con ciertas garantías. Cabe preguntarse con qué autoridad exigen a sus estudiantes que se esfuercen en clase. Pero lo más grave es que el principio sagrado de contratación universitaria en España desde época franquista ("el mío es el mejor aunque rebuzne" – según concepto original del arqueólogo e historiador José María Blázquez) continúa inalterable. Pensemos que el año previo a que entrara en vigor el actual sistema de acreditaciones, los departamentos de prehistoria y arqueología ofertaron un récord de plazas para asegurarse de que sus candidatos tuvieran la posibilidad de sacarla sin enfrentarse a ninguna evaluación externa. Eso es confianza en la cantera. Es como si los alcaldes, por volver a la analogía, decidieran recalificar todos los parques naturales a su alcance antes de que se implantara una regulación urbanística imposible de manipular. Los pobres profesores no debieron caer en la cuenta de que al final seguiría funcionando el muy español principio de café para todos, que regula desde la concesión de proyectos a la de cátedras (como se ha demostrado últimamente): son pocos los que no logran acreditarse.

La realidad es que los contratos que se crearon para premiar a los excelentes se han acabado convirtiendo en un mecanismo para continuar la doctrina Blázquez: existen contratados en el programa Ramón y Cajal (que en tiempos se vendía como una estrategia para captar cerebros huidos fuera de España) que jamás han realizado una estancia de investigación larga en un centro de prestigio extranjero. Existen otros, con frecuencia los mismos, que a la recepción del contrato no tienen una sola publicación en un medio internacional reconocido. Y aún otros que después de lograr su puesto permanente o semipermanente han desaparecido para siempre del mapa, como si hubieran conseguido un título nobiliario en vez de un trabajo. Frente a las exigencias oficiales de experiencia internacional, la realidad es que la arqueología española, académica o no, lleva un par de décadas volviéndose más y más parroquial. Muchos investigadores hacen su carrera publicando en la revista de su provincia o de su comunidad autónoma y ni se les pasa por la cabeza consultar una publicación que no sea en su propio idioma. Esto va parejo con una cierta regresión a posturas empiricistas tradicionales, en ocasiones camufladas con el barniz de progresismo que otorga la arqueometría. Como si mirar por un microscopio lo convirtiera a uno automáticamente en un arqueólogo a la última.

Por otro lado, si los contratos posdoctorales son con frecuencia una tómbola (y además trucada), tenemos a quienes nunca han logrado obtener una beca o contrato pre o posdoc en España o en el extranjero y han conseguido, en cambio, una plaza permanente en la universidad mediante la cuarta ley de la termodinámica (a mayor calentamiento de la silla X, más posibilidad de acabar de profesor titular en una universidad Y). Al mismo tiempo, existen en universidades extranjeras auténticos cerebros huidos, con ninguna posibilidad (y seguramente pocas ganas, visto el panorama) de volver a España, y otra gente con currículos brillantes que se ven forzados a abandonar la investigación o a pasar largos períodos hibernando.

Lo más extraño es que la arqueología española, pese a todo, se mueve. Hay mucha gente haciendo trabajo de calidad internacional, con proyectos apasionantes y perspectivas teóricas innovadoras. La arqueología de nuestro país es mucho más moderna e interesante que la de Alemania, Francia o Italia. Quizá por cierta humildad por nuestra parte, por una autoconciencia de nuestra indigencia intelectual, por la ausencia de un sistema de autoridad tan férreo como el de esos países o por no tener nada que perder (puestos a quedarnos en el paro ¿por qué no hacer cosas raras?). El sistema se ha beneficiado también de la gran inyección de dinero de la última década. Esto ha permitido la entrada de una gran cantidad de mediocres y la financiación de proyectos sin interés y sin repercusión, pero por los resquicios han entrado también personas bien formadas y se han realizado proyectos innovadores.

Quienes verdaderamente están cambiando la cara de la arqueología son algunos investigadores e investigadoras en posición precaria, estudiantes de posgrado o que acaban de doctorarse, que harán que la arqueología española deje de ser española y sea simplemente arqueología, siempre y cuando les den una oportunidad. Son gente que ha estudiado una carrera y un posgrado que podrían haber diseñado Thomsen y Worsaae, que puede que se hayan tenido que leer *Nociones de Prehistoria General* y aún así han seguido pensando que la arqueología prehistórica tiene futuro y puede ser interesante. Doctorandas y doctorandos que hacen frecuentes estancias en universidades extranjeras, que tratan de publicar en inglés y con frecuencia lo consiguen, que asisten a congresos internacionales, que están al día de lo que se hace fuera, que organizan jornadas de jóvenes investigadores en su propio país, que preparan tesis que no se llaman "El poblamiento prehistórico en el valle medio del Pijuerque", que no esperan vivir toda su vida de republicar su tesis doctoral, que parten de sofisticadas bases teóricas y se plantean cuestiones sociales. Cuando me los encuentro pienso en aquel verso del Cid: "¡Dios, qué buen vasallo, sy ovyesse buen Señor!" Me temo, sin embargo, que no hay muchos buenos señores (ni señoras): académicos que pongan de verdad la excelencia por encima de los intereses personales. Que piensen en el futuro de la disciplina. A veces ni siquiera se trata de intereses personales, sino simplemente de ignorancia (la de quien no sabe, o no quiere saber, que un artículo en *American Antiquity* vale más que en *Boletín del Real Instituto de Estudios Asturianos*) y ¿por qué no? de la envidia pura y dura, la que siente quien tiene que enfrentarse a un currículum que ya quisiera para sí. La de quien ve que el futuro no va a ser suyo ni de los suyos, sino de personas mejor preparadas, más inteligentes y más trabajadoras.

¿Cómo lograr un futuro para la arqueología española? La clave, como en el urbanismo, pasa por retirar las competencias al *establishment* académico actual y buscar árbitros realmente imparciales fuera de nuestras fronteras para que evalúen contratos, proyectos y plazas. Nadie sin un currículum solvente debería poder examinar a quienes se les exige dicho currículum. Es imprescindible que la gente brillante y con potencial pueda desarrollar su carrera pronto y al máximo y que a aquellos que no son válidos se les corte el camino: cuanto antes mejor. No haría falta mucho más para que en el futuro nuestra arqueología estuviera entre las mejores del mundo, como ya lo están determinadas ciencias naturales, porque el potencial humano existe y cada vez es mayor. Pero mientras nos empeñemos en castigar a los buenos y premiar a los malos, le seguiremos dando la razón a nuestros colegas de ciencias: gastar dinero en humanidades es tirarlo, no existen criterios de evaluación fiables, los de letras somos más tontos. Quienes se empeñan en cortar el camino de la gente que vale no perjudican simplemente a personas individuales, perjudican de forma irremediable el futuro de la arqueología.

BIO

Alfredo González-Ruibal es doctor por la Universidad Complutense de Madrid. Ha sido profesor ayudante en esa universidad y becario posdoctoral en la de Stanford (EEUU). Desde 2009 es científico titular en el Instituto de Ciencias del Patrimonio (Incipit) del CSIC. Su investigación actual se centra en la arqueología del siglo XX y XXI y la cultura material contemporánea. Ha realizado trabajo de campo en Europa, América y África. Actualmente dirige un proyecto arqueológico en Guinea Ecuatorial.

PABLO GUERRA GARCÍA 18

De cómo empezamos trabajando como arqueólogos y terminamos en una floristería

Lancaster Williams nunca imaginó que tras culminar sus estudios sobre la utilización de un tipo de arcilla en la fabricación de cerámica iba a terminar realizando lo que más deseaba: excavar un asentamiento de la Edad de Bronce. No es casualidad que esta etapa de la Historia le apasione. Uno de sus mentores, el profesor Dr. Hoover, le impregnó de la esencia de las culturas procedentes del tronco indoeuropeo. Aquellos cuencos, aquellas decoraciones y aquella ideología le llevaba a imaginarse a los grupos humanos portando sus enseres y trashumando por las estepas continentales en busca de lugares seguros para vivir. Por fin se encontraba ante la posibilidad de desentrañar un yacimiento que podría marcar un antes y un después en el conocimiento de esta etapa. Los yacimientos cercanos y adscritos a esta cronología estaban mal documentados o no se había intervenido en ellos. Es por eso por lo que Lancaster sentía unas cosquillas agradables en su estómago.

Nada más observar el paraje en el que iba a intervenir sentía un retraer de sus vísceras difícilmente describible para alguien que no ha mamado la Arqueología desde muy niño. La intervención se llevaba a cabo porque la construcción de una carretera había dejado al descubierto unas manchas de tono marrón, similares a las que dejan los fondos de las cabañas de ésta época. No obstante era mucho más impresionante la cantidad de cerámica que se vislumbraba en la superficie. Galbos, bordes, asas, pequeños fragmentos de bronce, manchas... ¿Qué importancia podría tener la futura carretera frente a este maremagno arqueológico? Dispuso lo que un arqueólogo bien organizado debe disponer e inició la excavación inmerso en lo que podría aparecer bajo sus pies y bajo esa maraña de unidades estratigráficas que le esperaba.

Recordaba durante la intervención todas y cada una de las horas que le habían impartido en la carrera, en el doctorado y en el postgrado. Era tal la impaciencia por descubrir que no se imaginaba ningún final infeliz posible. El proceso de documentación era tan fiel y fidedigno que no podría superarle ninguno de sus antiguos profesores, ni siquiera el viejo Dr. Hoover. Decoración incisa, ollas, cuencos y silos colmaban de gratitud a Lancaster según avanzaba la intervención, con el beneplácito de los colegas que le visitaban, como la Dra. Irving, o los grupos de investigación de la universidad y del Consejo de Investigación. Incluso los promotores de la carretera se vanagloriaban de su sensibilidad por la recuperación del pasado. Todo era tal y como se había imaginado. Todo discurría como en los viejos libros de Arqueología...

La excavación había concluido. Un magnífico asentamiento de la Edad del Bronce se alza delante de Lancaster, con una ingente cantidad de material arqueológico y con una secuencia de ocupación bien documentada. Más de diez mil fotos aguardan a Lancaster, así como un centenar de dibujos y otras tantas planimetrías. *"Todo se ha hecho bien"*, pensaba el arqueólogo. *"Ahora sólo queda tramitar la protección de este inusual paraje arqueológico, único en la zona y escaso en todo el país. Hoy por hoy la ingeniería ha cambiado mucho, y estoy seguro de que se puede hacer algo para que esta carretera se construya pero respetando el enclave"*, se convencía así mismo. *"No creo que la promotora, aquella que se ha vanagloriado de su apuesta por el Patrimonio Arqueológico, ponga reparos en modificar unos metros el proyecto para que las generaciones futuras disfruten de este tesoro del pasado"*, se confesaba. *"Y desde luego, estoy en la convicción de que la administración me apoyará en este cometido, ya que tanto el director general, el señor Fellow, como el director del museo, Henrich Bakerline, fueron alumnos de la misma facultad que yo"*, se decía a sí mismo Lancaster.

Al cabo de una semana, que son siete largos días con sus siete largas noches, Lancaster recibe una carta firmada por el señor Fellow: *"Prepare el yacimiento para que sea derruido, ya que, a pesar de su magnitud, el proyecto constructivo debe continuar con su ejecución"*. Una leve y entrecortada carcajada salió de la boca de Lancaster. No obstante se apresuró a calmarse y pensar: *"tiene que ser un error, no creo que hayan comprendido mi informe"*. Tras presentarse en las oficinas del señor Fellow éste le recibió con absoluta cordialidad, para asegurar a Lancaster que todo se iba a solucionar de manera correcta para todas las partes. *"Pero el yacimiento se salva, ¿verdad?"*, espetó el arqueólogo, a lo que el burócrata le contestó: *"ya veremos, amigo, ya veremos"*. Sumido en la desesperación y desconcertado decidió visitar a Henrich Bakerline, director del museo, cuyo criterio y papel podrían hacer mover la balanza a favor del yacimiento. Al igual que con el anterior la recepción fue tan cordial como lapidaria la frase que acompañó al abrazo: *"Lancaster, qué gran yacimiento pero qué mal situado está"*. *"Mis disculpas, Henrich, pero no te entiendo"*, contestó Lancaster a la vez que se separaba de Bakerline de forma brusca. *"Quiero entender que has leído y comprendido el informe, que entiendes la importancia del yacimiento y que sabes como yo que el proyecto se puede modificar"*. La respuesta del director del museo no podía ser menos conciliadora: *"¡oye, que la culpa es vuestra por excavar con urgencia! Además, a mí no me cuentes tus problemas porque esto es sólo un museo. Tú mándame las piezas bien limpias y bien empaquetadas, y nos llevaremos bien..."*

Ante tal cúmulo de despropósitos a Lancaster sólo le quedaba abogar por la institución más importante en el campo de la investigación: la universidad. Raudo acudió a hablar con la Dra. Irving, quien semanas antes había visitado el yacimiento y no había escatimado en elogios tanto a la intervención como a los resultados. La Dra. se encontraba impartiendo clase de Arqueología General en la facultad, y Lancaster no pudo retener el impulso de acceder al aula. *"La Arqueología es una profesión seria, decente y con principios"*, enunciaba a sus alumnos mientras Lancaster la observaba con admiración. *"Ella es la solución"*, pensaba para sí mismo. *"Si la universidad se involucra, si la universidad me avala, será la salvación del yacimiento"*. Al concluir la clase, Lancaster le explicó a la profesora lo que había sucedido. La atención que prestaba a sus explicaciones le daba ánimos para profundizar en sus argumentos, sin obviar los encuentros con Henrich Bakerline y con el señor Fellow. Una vez finalizada la arenga, la profesora esperó a que Lancaster recuperase el aliento, y esperando éste una respuesta aliviadora escuchó el siguiente comentario: *"¿Acaso no sabes que lo que has hecho no es Arqueología?". Un profundo silencio se aposentó entre ambos. Lancaster sólo pudo decir, "¿cómo ha dicho?". "Si, lo que has escuchado. Efectivamente lo que desarrollas sigue algunos parámetros de la arqueología, el sistema de excavación en open area, la documentación de las unidades estratigráficas, el estudio de los materiales... pero lo que descubres lo sentencias a la destrucción. Además, las excavaciones deberían llevarse a cabo por la universidad y por personal de la universidad. Es cierto que has hecho un gran trabajo, pero ¿para qué?".* "Pero profesora...", sollozaba Lancaster. *"No, no, si Henrich ya me lo dijo por teléfono antes de que llegases: tú y los que practicáis esa 'arqueología de urgencia' sois los culpables de que se destruya el Patrimonio Arqueológico".* No quiso escuchar nada más Lancaster, y sin esperar que la Dra. Irving acabase su discurso lapidador, salió del centro que le había enseñado todo lo que sabía sobre la práctica de la Arqueología...

A su regreso al yacimiento pudo observar en la lejanía a los ingenieros, los cuales observaban el interior del yacimiento con cierta solemnidad, casi con devoción por los restos que estaban observando. Empezó entonces Lancaster a pesar en la posibilidad de que la misma promotora tuviese a bien el promover un proyecto de recuperación del yacimiento, emitiendo una modificación del mismo para poder finalizar la ejecución de la carretera a la vez que se musealizaba *in situ* el yacimiento. *"Al fin y al cabo",* pensaba, *"ellos mismos han pagado la intervención, han visitado el lugar, me han facilitado los medios que he necesitado y me han felicitado por los resultados. ¡Demonios, si hasta han visitado los restos con la familia! Además, sus miradas muestran cierto asombro por lo que hemos conseguido".* Según iba aproximándose a los directores del proyecto y a los jefes de obra, observaba con mayor claridad cómo las miradas de éstos, aún clavadas en el yacimiento, eran de satisfacción, por lo que Lancaster lo tenía cada vez más claro. A pocos metros de ellos, el arqueólogo comenzó a hablar: *"disculpen señores. Como veo que les satisface lo que ven querría proponerles un trato. ¿Qué les parecería ejecutar la carretera y a la vez, poder conservar el yacimiento?"* Los ingenieros volvieron sus caras, aún con la satisfacción patente en ellas, y le respondieron: *"¿de qué yacimiento nos hablas?".* Lancaster pudo observar el motivo de la satisfacción de los ingenieros, al observar como una docena de máquinas demolía el yacimiento.

Dio dos pasos atrás. A la semana siguiente, Lancaster comenzó a trabajar en una floristería...

Todos los personajes que aparecen en este texto son absolutamente ficticios. Cualquier parecido con la realidad es pura coincidencia. No obstante los lectores son libres de identificarse con cualesquiera de estos personajes o situaciones que se narran, ya que no difieren con lo que sucede en la realidad arqueológica.

BIO

Pablo Guerra García, licenciado en Historia por la Universidad Complutense de Madrid y con la especialidad en Arqueología de la Arquitectura, desarrolla su tesis doctoral en el programa multi-departamental del Master de Restauración de Patrimonio Arquitectónico de la Escuela Técnica Superior de Arquitectura de Madrid. Arqueólogo profesional desde hace diez años, se ha especializado en las lecturas de paramentos y en el estudio de los materiales constructivos históricos de diferentes cronologías.

SONIA GUTIÉRREZ LLORET 19

La arqueología ensimismada

> *"No es un secreto que existe un abismo entre la arqueología académica y la comercial. Cuando uno sale de la facultad, por muy preparado que estuviera, se encuentra con un mundo laboral totalmente diferente a lo que ha visto y vivido. La razón es principalmente política ya que los sistemas de gestión que se están implantando llevan a unas relaciones laborales e investigadoras inverosímiles."*
>
> Entrevista con Jaime Almansa (Suite101.net 8/12/2010)

La sugerente propuesta de Jaime Almansa, coordinador de este diálogo coral sobre el futuro de nuestro colectivo y, cómo no, de nuestra disciplina, responde a la idea del "café bien conversado" que reclama Gabriel García Márquez, aunque falte el aroma de café y la verbalidad, pero quién dice que la conversación ha de ser directa y presencial. Fue –debo confesarlo– una invitación inusitada pero imposible de rechazar, por más que las "agendas investigadoras" y "profesionales" de muchos de los contertulios nos hiciesen renuentes y lentos en el cumplimiento del compromiso contraído.

Buscando el tono de mi reflexión encontré la frase del propio Jaime Almansa que la encabeza y que me hizo suponer, no sé si con acierto, que mi presencia aquí era requerida en mi condición de arqueóloga académica –profesora de universidad- y que desde esa posición, además de mi naturaleza periférica –en procedencia geográfica y en orientación cronológica y temática— debía orientar mi colaboración. En un trabajo ya antiguo surgido de la reflexión conceptual que supuso mi propio acceso a la condición académica de profesora en la universidad -*Arqueología. Introducción a la historia material de las sociedades del pasado* de 1997- señalé que la arqueología universitaria habría de dar respuesta en un futuro inmediato a las nuevas y urgentes demandas sociales y profesionales, que hasta entonces había eludido, encastillada en su "torre de marfil" revestida de aparente cientifismo. Planteaba entonces tres problemas arqueológicos que la realidad social había puesto sobre el tapete y que estaban totalmente al margen del anquilosado diseño docente y, lo que es más grave, conceptual, de dicha disciplina en la universidad española de inicios de los años 90: la extensión temporal de la arqueología, el ejercicio como profesión liberal y su papel social.

Frente a una universidad que enseñaba una elitista y lejana, cuando no exótica, arqueología de la "antigüedad", muy ligada al estilo artístico y divulgada exclusivamente en medios académicos, la sociedad comenzaba a demandar con más insistencia una arqueología atenta a todas las épocas, cuyas salidas profesionales inmediatas comenzaban a ser la gestión del patrimonio, la museografía y la arqueología urbana, para las cuales, paradójicamente, la Universidad no preparaba en absoluto. La universidad tradicional formaba arqueólogos docentes e investigadores pensando en su propia reproducción científica y académica, despreciando toda aplicación social de su disciplina, y de repente se enfrentaba a la necesidad de capacitar también para el ejercicio profesional de la arqueología, reconociendo un terreno metodológico unificante para toda su práctica, con independencia del periodo, tema, enfoque o estrategia investigadora elegidos.

Siempre ha ocurrido que los cambios sociales y las demandas consecuentes van por delante de la respuesta institucional, pero a mediados de los años 90, mucho antes de que la burbuja inmobiliaria nos arrastrara al "Españistán" delirante que habría de llegar con el siglo XXI, era ya evidente que la incipiente práctica profesional de la arqueología había introducido distorsiones en un sistema hasta entonces regido únicamente por criterios de investigación académicos, en manos exclusivamente de centros de investigación, universidades y museos, y totalmente ajeno (¿autista?) a las implicaciones sociales del patrimonio histórico y cultural.

Pero volvamos a la reflexión que encabeza este texto, al abismo entre la "arqueología académica" y la "comercial" al que se refería

Jaime Almansa, que comenzó a percibirse en la década de los años 90 cuando se hizo patente la doble dimensión de la arqueología, en tanto que disciplina científica vinculada al conocimiento histórico y actividad profesional derivada de la gestión patrimonial, que no comparten –o al menos no de forma tan explícita- el resto de las disciplinas históricas. Conviene recordar que no hay una apreciable demanda de profesionales liberales de la historia, pero sí la hay –o al menos la ha habido, y de gran intensidad, durante estos últimos años– de arqueólogos profesionales, demanda social que acredita la proliferación de grados y másteres especializados ofertados por nuestras universidades.

Llegados a este punto, y antes de seguir adelante, conviene hacer algunas puntualizaciones sobre los conceptos, porque los términos que los designan no son baladíes. El adjetivo "profesional" aplicado a la arqueología y a los arqueólogos es conceptualmente ambiguo y requiere una aclaración. Aquí se refiere, en tanto que uso generalizado del término, al libre ejercicio de la profesión en el marco de una arqueología contractual de empresa, por contraposición a la práctica vinculada a un organismo oficial, a sabiendas de que es semánticamente incorrecto puesto que toda práctica arqueológica está regulada por la Administración y requiere la pertinente cualificación profesional. De la misma forma, los conceptos de "arqueología académica" y "arqueología comercial" parecen sustituir en el texto citado a los de "arqueología de investigación" –determinada exclusivamente por la agenda investigadora de las instituciones científicas– y "arqueología de gestión" –determinada por la legislación sobre el patrimonio y sometida a la presión del mercado inmobiliario y la obra pública–, mucho más comunes en los debates de finales del siglo XX pero igualmente imprecisos, puesto que la investigación y la gestión forman parte de una misma realidad y son, o deberían serlo, indisolubles.

Dicho esto convendría analizar, con la temperancia que da la perspectiva histórica, cómo ha respondido la sociedad, y en consecuencia la universidad, a los retos planteados. En apariencia al menos, parece haberse consolidado un nuevo concepto de la disciplina mucho más global, diacrónico y metodológicamente poliédrico, pero las apariencias engañan. Si repasamos atentamente los planes de estudio actuales del Grado de Historia e incluso del de Arqueología, que ofertan las grandes universidades, veremos un apabullante predominio de contenidos centrados en la prehistoria y la antigüedad, frente a una presencia meramente testimonial de aproximaciones metodológicas y temáticas transversales, más allá de las oportunas pinceladas necesarias para lograr la pertinente acreditación de ANECA. La más o menos explícita orientación "clásica" de numerosas revistas de arqueología o másteres aparentemente "profesionales" redunda en esa impresión. La percepción peyorativa y vetusta de la arqueología que subyacía en la afortunadamente fracasada resignificación conceptual del Museo Arqueológico Nacional (MAN) es un ejemplo; la pretensión de reducir su objeto histórico a *"las culturas representativas de la Península Ibérica desde la prehistoria hasta los Reyes Católicos"*, desprendiéndose de las partes *"no estrictamente arqueológicas"* de sus colecciones, debería alertarnos de lo lejos que estamos de este nuevo concepto de la arqueología.

Sí resulta innegable que la consolidación de la arqueología como profesión liberal ha tenido interesantes consecuencias docentes, investigadoras y sociales. La universidad, o al menos muchas de ellas, han sido conscientes de la necesidad de preparar también para ese *"mundo laboral totalmente diferente a lo que ha visto y vivido"* el estudiante egresado, sin renunciar a la necesaria formación histórica e investigadora; la irracionalidad Lampedusiana del proceso de adaptación al Plan Bolonia, unida a la falta de recursos, ha lastrado de entrada cualquier intento de aprovechar la ocasión para solucionar el problema. De otro lado, el modelo de crecimiento basado en un desarrollo urbanístico desenfrenado propició la demanda puntual de profesionales de la arqueología, lo que generó unas expectativas que a la postre han resultado falsas. Conviene recordar que durante la última década y hasta que la crisis nos golpeó directamente, el número de estudiantes interesados en iniciar un itinerario investigador disminuyó considerablemente, ya que la mayoría prefirió optar por una oferta profesional abundante y bien remunerada, antes que por la incorporación a equipos de investigación universitaria que no tenían, ni tienen (aunque la desigualdad de los mecanismos de financiación de las autonomías establece sensibles diferencias en este particular), capacidad de estabilizar en escalas docentes, investigadoras o técnicas a estos excelentes y formados estudiantes. El larguísimo *cursus honorum* de los pocos que intentaron la vía de la investigación institucional, su diáspora y las dificultades de estabilización, desalentaron también a muchos de ellos. No existen mecanismos que faciliten un fluido y fértil relevo generacional en la arqueología institucional.

Pero este espectacular incremento de la actividad arqueológica ha tenido también consecuencias imprevistas. Nunca se habían excavado ni aparentemente documentado tantos y tan variados registros arqueológicos como en la primera década del siglo XXI y sin embargo el volumen de información histórica no parece haber experimentado un crecimiento exponencial comparable al volumen de intervenciones. Da la sensación que el abundante y preciso marco legal construido en democracia, que había de garantizar un mayor conocimiento y preservación del patrimonio histórico, no ha logrado sus objetivos más allá de una burocrática "gestión de la destrucción patrimonial", que no deja de ser una prostitución del objetivo prístino del legislador. La atomización de las responsabilidades en la gestión de los registros arqueológicos y la flagrante dejación en sus funciones y responsabilidades de las administraciones competentes, pueden ser la manifestación de los límites de un marco legal que no ha conseguido la aceptación del patrimonio como un bien común. Será necesario hacer una deconstrucción de esa arqueología de "salvamento" que ha llenado los museos de depósitos mudos, descontextualizados e históricamente ingrávidos, y que ha producido además el indeseable efecto colateral de reforzar las posiciones recalcitrantes de los historiadores académicos, que cuestionan la utilidad de la arqueología y desprecian una actividad que, en su opinión, no produce resultados históricos cualitativamente significativos.

La cuestión es saber si somos capaces de revertir a la sociedad el conocimiento producido por la arqueología, cuya lógica de uso, interpretación y conservación es diferente de la del resto del conocimiento histórico. La arqueología debe prestar atención a la conservación, tutela, restauración y puesta en valor del patrimonio producido en la intervención arqueológica y es precisamente ese proceso de socialización y transferencia el que le da sentido. Pero el "valorizar" el patrimonio también tiene riesgos que comenzamos a vislumbrar y que pueden conducir a su banalización y, lo que es aún peor, a su mercantilización. El otorgar valor económico al uso del patrimonio, leído únicamente en clave de generar ingresos o atraer visitantes, puede conducirnos a olvidar que el sentido principal de conservar, investigar y difundir el patrimonio, es educar en su valor a la sociedad que lo reconoce como propio. La irreflexión, la premura, una falsa euforia modernizante y algún que otro interés espurio conducen a menudo a propuestas de puesta en valor banales, seducidas por un discurso escenográfico pretendidamente brillante pero intelectualmente lábil, que nos acerca peligrosamente a los parques temáticos, a las recreaciones falsarias o a la justificación de transformar un castillo en Parador Nacional, como lamentablemente ha ocurrido en Lorca en pleno siglo XXI y no precisamente por iniciativa de Manuel Fraga.

Robando mi propia reflexión vertida en otro foro, creo que la única posibilidad de sacar a la arqueología de su ensimismamiento pasa por la búsqueda de nuevas estrategias de investigación, capaces de integrar esta arqueología de gestión en proyectos científicos; pero esta especie de transferencia de conocimiento inversa –desde la actividad privada y las administraciones territoriales a los centros de investigación– requiere necesariamente un compromiso inequívoco con la doble dimensión de la actividad arqueológica y una sincera voluntad de socializar el conocimiento, trasladándolo a la sociedad y haciéndolo trabajar desde las antípodas del discurso académico o del discurso mercantil, en el que corremos el riesgo de acabar instalados unos y otros. Como escribió *L.P. Hartley* en *The Go-Between (El mensajero)*, *"El pasado es un país extranjero, allí hacen las cosas de diferente manera"*; quizá sea el momento de empezar a hacer las cosas de diferente manera también en el presente.

BIO

Sonia Gutiérrez Lloret es especialista en arqueología postclásica. Catedrática de Arqueología de la Universidad de Alicante, promovió y fue coordinadora del Máster universitario en Arqueología profesional y gestión integral del patrimonio, uno de los primeros de esta orientación en el marco del EEES. En la actualidad participa, entre otros, en los proyectos Tolmo de Minateda y Castellar d'Elx, además de otras responsabilidades en la evaluación y gestión del Plan Nacional de I+D+i.

CLARA HERNANDO ÁLVAREZ 20

¿Me lo preguntas de nuevo?
Hacia una arqueología de futuro

Hace poco más de un año, tras mi defensa del DEA en la Universidad de Salamanca, el tribunal me preguntó el área en la que quería adscribirme como investigadora: "¿Arqueología o Prehistoria?". Esta pregunta me ronda la cabeza desde entonces y ha suscitado en mi entorno numerosos debates. Una pregunta "tan inocente" evidencia una ausencia de replanteamientos en el seno de la Academia actual y una necesidad de cambio de perspectiva si queremos una Arqueología con futuro. Dos son los problemas esenciales que me gustaría exponer en este ensayo: la disociación ilógica que crea la Academia entre Prehistoria y Arqueología, como ciencias independientes, y la barrera impuesta entre la Arqueología académica y la Arqueología contractual, comercial o de gestión.

En el primero de los casos, la división entre ambos campos —Prehistoria y Arqueología— parece irreconciliable cuando algunos se acomodan y cierran los ojos ante la realidad. Así, se mantienen los errores, mediante la creación de cátedras de Prehistoria y de Arqueología, o con la perennidad de los departamentos de "Prehistoria y Arqueología" en las universidades españolas.

Los nuevos planes de estudio, surgidos del Plan Bolonia e implantados en el Estado español en los últimos años (grados y másteres especialmente) han demostrado que la Arqueología es ya una ciencia independiente, que abarca mucho más que la etapa clásica. Los tres grados de Arqueología que existen actualmente en España son resultado de un arduo camino de puesta en valor de la función del arqueólogo, que no está encorsetado por los tiempos históricos, sino especializado en ellos (se trata de los grados implantados en la Universidad Complutense de Madrid, la Universidad de Barcelona y la Universidad Autónoma de Barcelona, que se estructuran en 4 años y 240 ECTS). Sin embargo, una arqueología medieval, moderna o contemporánea sigue siendo una utopía en algunas universidades, mientras que la investigación prehistórica no se entiende como Arqueología, sino como "algo aparte". Así, muchos centros de investigación y universidades no reconocen la Arqueología prehistórica como área de especialización y dividen su formación en dos ramas divergentes. Recordemos que el término de arqueólogo se reservó -y aún se reserva en ciertos ámbitos- a aquellos que tratan con *terra sigillata*, con el mundo romano. Lo anterior es Prehistoria, lo demás, Historia y los acontecimientos más recientes, Periodismo. Bien, esta gran ironía sigue siendo realidad en algunos reductos de la investigación académica, cerrada al cambio de las élites de poder, que regeneran el sistema con la incorporación de sus discípulos. Así, no es extraño escuchar que la arqueología practicada con motivo de la búsqueda de las fosas de la Guerra Civil no es arqueología, o que ésta se reduce al pico y la pala empleados en el trabajo de campo. Habría de nuevo que recordar, como afirma G. Ruiz Zapatero que "la Arqueología estudia a todas las gentes, en todas las regiones del globo y en todas las etapas de la Historia de la Humanidad".

    La Arqueología ha evolucionado de forma vertiginosa en las últimas décadas. El boom inmobiliario de los década de 1990, de la mano de la Ley de Patrimonio Histórico aprobada en 1985, supuso la entrada de un número elevado de arqueólogos en las Administraciones, al tiempo que otros muchos participaron en las empresas de arqueología con el objeto de liberalizar el suelo, favoreciendo el desarrollo de la construcción urbanística. Este cambio necesitó de una nueva orientación en la formación de los profesionales arqueólogos, pero las universidades no respondieron a dicha demanda. No entraron nuevos profesores, ni se revisaron los temarios, pocos se interrogaron acerca de los nuevos conceptos, metodologías y necesidades de sus profesionales. El resultado fue la creación de un hiato, una frontera para muchos irreconciliable entre la gestión arqueológica (Administración y empresas) y el sector universitario, y que se sostiene, en parte, sobre los juicios de valor de los académicos, quienes desde sus sillones, critican la profesionalización de aquellos arqueólogos que trabajan en actividades preventivas o intervenciones de urgencia de nuestro Patrimonio. Por mucho tiempo se ha contrapuesto la arqueología mal-llamada "profesional" a la científica, sin comprender que ambas se complementan e identifican. Pero, la universidad se ha convertido, al decir de M. P. Acién, en la parcela-refugio de los profesores, al margen de los problemas extraacadémicos; y más aún de los arqueólogos dedicados a la etapa prehistórica —y ni decir de los paleolitistas—, para los cuales parece no existir la investigación más allá de la Academia. La Prehistoria, como ciencia, carece de métodos y de problemas propios; los primeros se deben a la Arqueología, los segundos a la Historia. La Prehistoria desde el ámbito académico debe entenderse como período histórico, que, analizado con metodología arqueológica, nos ayuda a inferir explicaciones históricas. El concepto debe ser aclarado y más aún asimilado.

En este contexto contradictorio, los jóvenes investigadores que rompen el cascarón universitario para conocer otras realidades fuera de la Academia se muestran desconcertados en dos direcciones. Los que asimilan la ceguera existente en algunos sectores de la Academia tratan de explicar y teorizar su posición frente a sus directores, profesores e incluso compañeros; mientras que otros, se dejan "mojar" un rato, para volver bajo el paraguas de la condescendencia, en el que el *statu quo* se mantiene sin rechistar; es decir, colaboran y trabajan en empresas de arqueología y entidades públicas responsables de la gestión arqueológica durante un tiempo para, tras años de trabajo precario, volver a la "cómoda" Academia olvidando su actividad anterior. Somos pues, en muchas ocasiones, culpables, o por lo menos cómplices, de la disociación existente. Es momento de tomar partido, pues la Arqueología que se haga en el futuro, tras el cambio generacional que está acaeciendo en las universidades, es responsabilidad de la toma de posición que adoptemos hoy como jóvenes, arqueólogos e historiadores. Es cierto que no estamos parados, pero tal vez no hagamos suficiente ruido o nos dé vergüenza levantar la voz.

La Arqueología es una, y no difiere según quién la desarrolle (Administración, empresa y Universidad), sino por su objeto y función. El objeto arqueológico (cavidad decorada, ruinas romanas, necrópolis altomedieval) tiene un espacio y un tiempo cronológico y su análisis responde a una función social (conocimiento, reconstrucción, protección, puesta en valor) en favor de la cual es asumida por alguno de estos agentes. Lo que a mi entender falla, y crea el conflicto, es la falta de comunicación entre los agentes. Como D. Barreiro sostiene, "la prioridad es que la Academia abandone su torre de marfil y empiece a colaborar con las entidades gestoras del Patrimonio Arqueológico o sea, con la Administración y, por extensión, con quienes ejecutan la inmensa mayoría de actuaciones englobadas en el campo de la Arqueología preventiva, o sea, las empresas". Y es aquí donde los jóvenes investigadores tenemos una opción de cambio. Es necesario que la Academia se implique de facto en la gestión del Patrimonio Arqueológico, en su gestión social, de interacción con las universidades y con la sociedad en general. Los jóvenes que pertenecemos en calidad de becarios o investigadores a las universidades, somos el motor de esta Arqueología de futuro. En los últimos años han surgido iniciativas de asociaciones, mesas redondas y ofertas culturales, que unos denominan Arqueología pública y otros, Arqueología política. Mucho se ha debatido en los últimos congresos peninsulares (JIA 2009, JIA 2011, II Congreso Interdisciplinar de Jóvenes Historiadores, de la USAL) acerca de la toma de posición política de los historiadores y arqueólogos y aún más de la ética profesional de su acción cotidiana, favoreciendo el impulso que debe existir entre el Patrimonio y la sociedad, entre la Historia y el presente que nos rodea. Tenemos las herramientas precisas (congresos, asociaciones, charlas, debates con los alumnos) y contamos con la ventaja respecto a anteriores generaciones, de que ambos mundos (académico y contractual) han formado parte de nuestra realidad como arqueólogos. Integremos dicha realidad en nuestro trabajo cotidiano, creando espacios en los que la Empresa pueda hablar a la Academia, y en los que la Administración colabore en la formación de sus futuros gestores. Para que esta transformación hacia una Arqueología de futuro suceda hemos de compartir como principio que nuestro objeto de trabajo es Patrimonio universal y nuestro papel, el de transmisores de información. Así pues, es momento propicio, para romper el cascarón e implicarse en la tarea de reconciliar ambos mundos, académico y contractual, y de potenciar el fin social de la disciplina, su objeto último y su destinatario.

BIO

Clara Hernando Álvarez es becaria FPU de la Universidad de Salamanca y miembro de las asociaciones AJHIS y ARKEOGAZTE. Carece de relación laboral con el mundo de la Arqueología fuera de la Academia. Su relación con dicha disciplina se restringe al ámbito académico, participando en intervenciones arqueológicas como estudiante (durante sus estudios, pasando los veranos haciendo este tipo de prácticas de voluntariado) y actualmente inserta en proyectos de investigación financiados por el Ministerio y la Junta de Castilla y León. Ha trabajado desde la bibliografía, los escritos legislativos, la problemática laboral del sector, la falta de convenios y las carencias de la educación recibida.

DAVID JAVALOYAS MOLINA 21

Para el pueblo, pero sin el pueblo. La arqueología mallorquina del s. XXI

Si preguntáramos a cualquier persona dedicada a la arqueología o al patrimonio histórico que valore la riqueza arqueológica de Mallorca, seguramente respondería que ésta es excepcional. Sin embargo, a muchos de los profesionales de la isla (y sospecho que también muy probablemente les haya ocurrido a otros colegas de otros puntos del estado español) nos ha pasado infinidad de veces que, al responder a alguien interesado en saber cuál es nuestra profesión, el interlocutor pone los ojos en blanco y responde: ¿pero puedes vivir de esto? ¡Si en Mallorca no hay nada! Bajo esta situación se plantea una serie de cuestiones de vital importancia para el presente y futuro de nuestra disciplina.

Dos datos contrastan con este escenario, en Mallorca hay aproximadamente 3.000 yacimientos arqueológicos, casi uno por kilómetro cuadrado, y se realizan más de 100 intervenciones arqueológicas al año. Esto supone que la posibilidad de que la ciudadanía conozca algún yacimiento o actuación arqueológica es muy elevada. Entonces, ¿cuál es el problema? ¿Por qué la sociedad mallorquina tiene una visión tan limitada sobre nuestra disciplina y sobre los restos materiales de su propio pasado?

Sin duda alguna, esta separación entre arqueología y sociedad es uno de los principales problemas que caracterizan a nuestra disciplina hoy en día. Y es que, esta situación está, en parte, detrás de ciertas dificultades por las que pasa nuestra profesión: escasez de puestos de trabajo y precariedad laboral, destrucción progresiva del patrimonio arqueológico, escasa activación de éste como recurso cultural y turístico, dejación de la administración, escasa financiación de proyectos de investigación, entre otras muchas. Así pues, conseguir implicar a la sociedad en la protección, estudio y disfrute de los restos de su pasado es uno de los principales retos que debemos abordar hoy en día. Pero, ¿cómo enfrentarnos a él? En todo proceso de resolución de problemas, la primera fase requiere una buena evaluación del mismo. Desde mi punto de vista, esto requiere tratar de entender los procesos que nos han llevado a la situación actual.

A partir de los años 60' España y, con especial intensidad, Mallorca, han vivido un fuerte desarrollo turístico. Este proceso ha conllevado importantes cambios socioeconómicos que han modificado por completo la fisonomía de nuestra sociedad en un período de tiempo muy corto. En sólo 25 años se pasó de una sociedad rural y agraria, a una sociedad urbana y de servicios. Este nuevo modelo, que podemos definir como una sociedad postindustrial, de la información y del ocio, generó una nueva actitud hacia el patrimonio arqueológico, que plantea un campo de actuación muy diferente para los profesionales de la arqueología del siglo XXI. Entre estos cambios podemos destacar, primero, una ampliación del ámbito de la arqueología, que ha pasado del monumento y del objeto artístico a toda una serie de realidades diversas. Segundo, un cambio en la concepción del patrimonio arqueológico desde su consideración como elemento central de la identidad colectiva, hasta un momento en el que se considera principalmente como un recurso de ocio y cultura, que puede ser consumido por la ciudadanía, y como un recurso económico, con una alta potencialidad para solventar los problemas que genera el modelo turístico de masas, que centrado en el sol y playa implica una alta estacionalidad, una mano de obra de muy baja cualificación y una gran presión sobre el medio.

Casi al mismo tiempo, en 1955, se produjeron en España toda una serie de cambios en la configuración institucional de la disciplina. Estos fortalecieron el poder que el Estado tenía en temas de arqueología continuando el desarrollo del modelo de tutela de éste sobre el patrimonio arqueológico ya vigente en España desde inicios del s. XX. Esta nueva realidad, unida a los importantes cambios socioeconómicos señalados anteriormente, supuso el desmantelamiento de los mecanismos tradicionales de integración de los vestigios arqueológicos dentro del imaginario popular. De esta manera, se sustituyeron los procesos de socialización del patrimonio que tenían su origen en la base de la sociedad por otros que únicamente surgían desde las instituciones. Estos cambios se vieron agudizados por las maneras de actuar del franquismo, especialmente la querencia de éste por condensar el poder en pocas personas fieles al Régimen, y las restricciones a las iniciativas de la sociedad civil. En este sentido, es necesario señalar la vitalidad que tenía antes de ese momento la denominada arqueología popular o tradicional, estrechamente ligada a la sociedad rural tradicional mallorquina. La nueva situación fagocitó poco a poco el espacio del sistema tradicional, fomentando la alienación de la sociedad mallorquina, de su patrimonio arqueológico, sin permitir la generación de nuevos espacios para la sociedad civil.

Esta nueva configuración institucional forjó, también, la asociación definitiva entre arqueología e investigación, al quedar los recursos y la gestión de ésta en manos de las universidades. En Mallorca, la disciplina estuvo, ante la inexistencia de universidad, circunscrita a las paredes del Museu de Mallorca, y fuertemente controlada por su director, el Dr. Roselló Bordoy, quien aunó en su persona los principales cargos administrativos relacionados con la arqueología. La nueva praxis arqueológica se centró esencialmente en la investigación, estrechamente conectada a los procesos de justificación de la identidad nacional propuesta por el régimen franquista y apoyó la desconexión entre arqueología y sociedad por la escasa atención que el nuevo modelo prestó a la sociedad. Roselló Bordoy explica esta realidad con las siguientes palabras: "los problemas económicos que sufrimos entre los años sesenta y ochenta fueron tan graves que, una de dos, o éramos científicos o difusores. Y yo, personalmente, me considero un científico".

La llegada de la democracia, que instauró unas nuevas premisas en la configuración de la vida política y social de España, así como la necesidad de adaptarse a la nueva realidad socioeconómica e ideológica, comportó importantes modificaciones legales e institucionales de la arqueología. Además, amplió sustancialmente el panorama de agentes que la conformaban, su praxis y los valores que la vertebraban. De esta manera aparecieron las diferentes arqueologías que podemos definir hoy en día: la ligada a la administración, la académica y la comercial (compuesta por la arqueología de urgencia y por aquella ligada al turismo y al ocio). Esto supuso el paso de una situación en la que el conocimiento generado era el principal valor que estructuraba la praxis arqueológica, a otra en la que se han incorporado otros más amplios y que reflejan las características de la nueva sociedad mallorquina. Al mismo tiempo, los nuevos modos en la configuración del poder permitieron la incorporación de parte de la sociedad civil en la toma de decisiones y actuaciones sobre el patrimonio arqueológico.

El problema es que el desarrollo de este nuevo marco no ha sido homogéneo ni ausente de contradicciones, por lo que muchos profesionales han hablado de crisis de la arqueología o incluso del fin ésta. En esta línea, podemos señalar dos debates que ejemplifican estos conflictos. El primero, es el que trata de definir el objeto básico de la arqueología. En muchos casos, y principalmente desde la academia, se ha propuesto que la arqueología únicamente lo es cuando genera conocimiento histórico, "toda arqueología o es investigación o no es nada" aunque, cada vez hay más voces que disienten. El segundo, plantea los beneficios y perjuicios que puede conllevar la conversión del patrimonio en un recurso económico. A mi parecer, estas discusiones son inútiles. La mayoría de ellas están más relacionadas con una lucha intestina por el poder dentro de la propia disciplina que por las elevadas cuestiones filosóficas en las que se escudan.

Sin embargo, en la arqueología actual no hay únicamente aspectos negativos. Nadie puede dudar de la vitalidad que tiene la disciplina hoy en día. El número de profesionales, altamente cualificados, los recursos económicos dedicados y la cantidad y variedad de acciones que se realizan no tienen punto de comparación con otros períodos históricos. Sin duda en este sentido la arqueología mallorquina goza de la mejor salud de toda su historia.

Al mismo tiempo, desde hace años numerosas iniciativas pretenden acercar la arqueología a la sociedad, como por ejemplo los proyectos desarrollados desde la Universitat de les Illes Balears (Closos, Moscira), el Museu de Son Fornés, el Museu de Manacor o el Museu de Pollentia, entre otros. Este tipo de proyectos, reflejan una nueva realidad, una arqueología híbrida que no se ajusta a ninguna de las categorías antes definidas. Estamos ante proyectos que combinan líneas sólidas de investigación, con actividades formativas, de concienciación y de difusión del patrimonio arqueológico a la ciudadanía mediante talleres, conferencias, exposiciones, trabajo con asociaciones ciudadanas, entre otras muchas iniciativas. A todo esto se le unen los intentos por generar una oferta turística diferente a la hegemónica (sol y playa) basada en el turismo cultural.

También las administraciones están desarrollando cambios interesantes para adaptarse a la nueva situación, como lo demuestra la nueva regulación de las intervenciones arqueológicas (Decret 4/2011) mucho más atenta a estas nuevas realidades, o la inclusión de parte de la sociedad civil en los procesos de decisión sobre el patrimonio histórico, mediante la Ponencia Técnica de Patrimonio. En esta arqueología híbrida han tenido un papel importante las universidades y museos, pero también las administraciones municipales, que se han convertido en sus principales financiadores y están promoviendo cambios en la arqueología de urgencia mediante nuevas normativas, y el sector privado, que está desarrollando maneras novedosas de entender la arqueología de urgencia y la gestión del patrimonio arqueológico.

En resumen, el principal problema de la arqueología mallorquina hoy en día es la importante desconexión que tiene con la sociedad. Esta dificultad se está tratando de solventar mediante la incorporación del público como objeto de interés en la práctica arqueológica diaria. Sin embargo, es necesario que este proceso realice un importante cambio de dirección. A mi parecer no basta con que hagamos arqueología para la ciudadanía. Es necesario que la configuración y los modos de hacer actuales cambien, ya que siguen dejando un espacio muy reducido para las iniciativas que se generan desde abajo, desde la misma sociedad. Debemos permitir y fomentar actuaciones que provengan de fuera de la academia, la administración o las empresas privadas. Es necesario que la arqueología se realice para el pueblo, pero también desde el pueblo.

BIO

David Javaloyas Molina es Profesor ayudante del Área de Prehistoria de la Universitat de les Illes Balears. Licenciado en Historia por la Universidad de Barcelona (2005). DEA en Estrategias de investigación en Prehistoria por la Universidad Complutense de Madrid (2007). Becario predoctoral FPU adscrito a la UIB (2006-2010). Desde 2005 es codirector del Projecte Closos (www.closos.org).

PILAR LÓPEZ GARCÍA 22

La arqueología española en el marco de los proyectos europeos

El análisis de la situación de la Arqueología española está realizado desde la perspectiva que me proporciona el hecho de trabajar en un Organismo internacional dedicado a la evaluación y financiación de proyectos en cualquier rama de la ciencia. Se trata, por tanto, de una visión de lo que podemos llamar arqueología en el contexto académico, la que se realiza en organismos públicos de investigación y universidades. Hasta la fecha no se ha recibido ningún proyecto de investigación que venga avalado por una empresa privada de arqueología.

Haciendo una revisión de los datos que aparecen publicados y que se corresponden con los proyectos financiados en las convocatorias 2007 a 2011, tanto en las denominadas *Starting Grants* como en las *Advanced Grants* del Consejo Europeo de Investigación, más conocido por sus siglas en inglés ERC, pueden obtenerse resultados de cuál es la situación de la arqueología española en el contexto internacional.

Para no alejarme demasiado del tema solo haré un esbozo de lo que el ERC significa en el marco del Área Europea de Investigación, mas conocida por ERA.

Fundado en 2007 en el marco del 7 Programa Marco de la Unión Europa, el ERC está compuesto por un Consejo científico independiente, formado por 22 científicos mundialmente reconocidos en todas las áreas de la ciencia, responsable de la política científica y del programa de trabajo, con un presidente y dos vicepresidentes y una Agencia ejecutiva que se ocupa de implementar todos los instrumentos necesarios para la correcta ejecución de las tareas específicas que posibilitan la evaluación de los proyectos y su posterior seguimiento.

El ERC tiene como único fin el desarrollo del programa específico IDEAS y como único objetivo la financiación de investigación individual de alta calidad en las fronteras del conocimiento, habiendo dejado atrás la manida y obsoleta división entre ciencia básica y aplicada.

Se reciben, evalúan y financian proyectos presentados en cualquiera de los 25 paneles existentes: 10 en Ciencias Físicas, 9 en Ciencias de la Vida y 6 en Humanidades y Ciencias Sociales.

La aparición del ERC ha sido fundamental, sobre todo, para el área de Humanidades y Ciencias sociales con escasa o nula oportunidad de financiación en los Programas Marco, sobre todo porque éstas son consideradas exactamente igual que el resto de las ciencias, porque se exigen los mismos criterios de calidad y porque se admiten los mismos presupuestos para todas las temáticas.

Hasta la fecha el ERC ha finalizado 7 convocatorias, cuatro en *Starting Grants* destinadas a jóvenes investigadores con un doctorado entre 2 y 12 años, que han alcanzado su independencia científica recientemente o tratan de hacerlo, y tres en *Advanced Grants* para todos aquellos científicos que cuentan con una carrera profesional mas larga y estabilizada.

El número de proyectos presentados por investigadores españoles en el área de Humanidades es reducido si lo comparamos con los presentados por científicos de países de nuestro entorno próximo y los resultados obtenidos hasta ahora en Arqueología no muestran buenos resultados, si bien este panorama no es mucho mejor para otras disciplinas históricas.

En las convocatorias aludidas, el panel SH6, bajo la denominación "El estudio del pasado del hombre: arqueología, historia y memoria" cuenta con varios descriptores referidos a Arqueología, Arqueometría, Arqueología del Paisaje, Prehistoria y Protohistoria.

De los 65 proyectos aprobados en este panel, 20 están encuadrados en los descriptores antes mencionados, es decir un 30% de los proyectos que se presentan tienen la Arqueología como tema de investigación. Hasta el momento, solamente dos proyectos españoles han sido financiados, habiendo quedado otro en la denominada "lista de reserva", es decir ha cumplido todos los requisitos de calidad estando a la espera de fondos suficientes para ser financiado. De éstos, uno ha elegido como centro de trabajo una universidad fuera de nuestras fronteras. Estos datos indican que solamente un 5% del total de los proyectos financiados en Arqueología se realiza en España. Si comparamos estos resultados con los 14 proyectos conseguidos por investigadores ingleses o que trabajan en Inglaterra o los 6 franceses, vemos que hay un desequilibrio importante que deberemos analizar en profundidad si queremos ser competitivos en el futuro.

En la evaluación de los proyectos hecha por expertos internacionales, se tienen en cuenta dos elementos, el currículum del investigador principal y la calidad del proyecto. Para que el resultado sea favorable y el proyecto sea financiado, la valoración de ambos parámetros debe rozar la excelencia, por lo que, en el caso español habría que plantearse cuales son los puntos débiles de los candidatos o de los proyectos y qué mecanismos debemos desarrollar para subsanarlos.

Un pormenorizado análisis de los datos nos lleva a concluir que la excelencia del investigador principal pasa por una formación, fundamentalmente postdoctoral, en el exterior y por un cambio en la tendencia a publicar en revistas nacionales que, salvo alguna excepción, no figuran en el ranking de las mejores del área a nivel internacional.

En el caso inglés, el más significativo por el número de proyectos obtenidos en cualquiera de las materias, los investigadores completan su formación postdoctoral fundamentalmente en universidades americanas. Los arqueólogos españoles que han obtenido la financiación del proyecto o han quedado bien clasificados en el ranking final, lo han hecho igualmente en centros americanos o británicos, donde han podido completar una formación interdisciplinar, poco frecuente en nuestro sistema académico.

La originalidad y la calidad de la propuesta suelen ir vinculadas a una decidida apuesta por un trabajo interdisciplinar, con enfoques metodológicos que vayan más allá de planteamientos ya conocidos.

Sería importante abordar nuevos campos de actuación que permitieran la incorporación de nuevas perspectivas, lo que podría ser un acicate para que la tendencia cambiara en el futuro.

Si queremos ser competitivos en el marco de los proyectos europeos, habrá que optar de forma decidida por completar la formación de nuestros arqueólogos en centros de investigación de reconocido prestigio internacional, por publicar en un contexto multilingüístico eligiendo revistas clasificadas de impacto en los distintos foros académicos y apostar por una ciencia que presente enfoques teóricos y metodológicos arriesgados pero capaces de ofrecer resultados competitivos. De no ser así estaremos destinados a estar a la misma altura que otros países con una población universitaria muy inferior a la nuestra pero cuyo sistema de Ciencia y Tecnología está por encima del nuestro, como es el caso de cualquiera de los países nórdicos, Suiza, Holanda o Israel. Las autoridades políticas tienen mucho que hacer en este sentido.

BIO

Pilar López García es arqueóloga de profesión y vocación Profesora de Investigación del CSIC, destinada en la actualidad en el ERC como Research Programme Officer. Es Doctora en Geografía e Historia y se ha dedicado hasta el año 2006 al estudio del paleopaisaje a través de análisis palinológicos, fundamentalmente en sedimentos arqueológicos.

OLALLA LÓPEZ COSTAS 23

Interdiscipli...qué??

Siempre que en alguna tertulia terminamos por verle futuro a esta "nuestra profesión" intento ser la parte positiva. A pesar de ello y no sabría decir bien por qué, estas conversaciones terminan con un aire un tanto sombrío. Quizás es porque todos sabemos el inmenso patrimonio de este país y lo mal que se ha manejado en algunos casos, puede que en la mayoría.

Siendo antropóloga me han hecho a veces la pregunta injusta de, ante la falta de tiempo y presupuesto, elegir entre estudiar unas pocas tumbas bien o la mayoría mal. Lo que yo siempre propongo es estudiar lo posible de la mejor manera y mantener intacto el resto; la solución de destruir no debería ni ser mencionada. Sin embargo, muchas veces en los yacimientos se ha optado por intervenciones a correr, de bajo presupuesto y sin los expertos necesarios. Y creo que se debe reflexionar seriamente sobre ello, dejar de quejarnos y actuar para que en el futuro esta situación no se repita.

Lo peor de este ambiente pesimista es que no nos podemos quejar de la falta de actividad en el pasado reciente. Ese trabajo surgió de un concepto de la arqueología como pulga de un perro llamado "construcción". Sin embargo el hecho de compartir la misma sangre siempre hace que se adquieran los peores vicios, en este caso, el buscar rapidez en vez de calidad, y como consecuencia, la creación de trabajo inestable, la falta de especialistas y en definitiva "el pan para hoy y el hambre para mañana". Como resultado no hay una necesidad de información arqueológica en la sociedad, hay pocos grupos sólidos especializados en una cultura o periodo, y existen pocos yacimientos llenos de visitas pero sí muchos museos anclados en el pasado.

A pesar de esta situación precaria, creo que el futuro y el presente de esta disciplina, arte, ciencia y saber, está aún en el aire, concretamente en una encrucijada donde decidir si transicionar hacia un nuevo modelo o seguir con los viejos problemas. En primer lugar creo que el futuro debe traer trabajos de elevada calidad, fruto de la colaboración de especialistas. Si no podemos realizarlos es mejor no hacer nada y proteger el yacimiento, material, etc. de su destrucción. Para ello debemos trabajar en dos frentes: la auto-exigencia de un trabajo de calidad y la concienciación social del valor arqueológico, frente a la presión económica para su destrucción.

Para construir un futuro positivo, pienso que todos necesitamos aceptar que la arqueología hoy en día ha superado sus propias barreras. Un buen trabajo arqueológico es el fruto de la colaboración de muchos especialistas. Un solo arqueólogo no puede abordar todo un yacimiento, todas las culturas, el trabajo en el campo o entender de todos los materiales. Consecuencia directa de esta especialización es la existencia de profesionales no-arqueólogos cuya investigación necesita y se nutre de la práctica arqueológica, de la misma manera que lo hace la arqueología de sus avances. Entramos aquí en el campo de la interdisciplinariedad, cuya aplicación real mejoraría con creces la información arqueológica obtenida.

El que acabe de cualificar con el adjetivo "real" no es casualidad. Los trabajos donde el informe o investigación es fruto de un solo arqueólogo, o, si acaso, se entregan algunas muestras para analizar y se adjuntan los resultados, pueden ser funcionales, pero en mi opinión no son ni multidisciplinares, ni de calidad, ni especializados. Todos los profesionales implicados, arqueólogos o no, deben participar activamente en el trabajo. Es decir, aquellos profesionales cuyo objeto de trabajo se halle en una excavación arqueológica, deben de estar presentes activamente en su transcurso. Este hecho debe ser aceptado y a la vez exigido por los directores y, a efectos legales, por quien competa, para realizar un estudio adecuado. Si no, se debe dejar sin hacer, y se empleará el dinero en protegerlo, desviar la carretera pertinente, o multar personalmente a quien inicie acciones para su destrucción.

Como se ha podido sobreentender, para mí la información arqueológica debería ser considerada el objetivo de cualquier intervención. No es un objetivo el hallazgo de tesoros más o menos grandes, y por supuesto no lo es el librar un área para poder construir. Por lo tanto, los resultados de calidad son lo que debe ser presupuestado y exigido. No obstante, es en los resultados donde más falla esa colaboración entre profesionales. Por una parte, los investigadores buscan casi siempre todas las respuestas en su propia disciplina/especialidad, y olvidan (u olvidamos) incluir o valorar al mismo nivel la información proveniente de otras. Los informes o investigaciones sufren de las carencias propias de un trabajo en grupo escolar o universitario, en los cuales los miembros se dividen los puntos, los tratan y finalmente cortan y pegan las diferentes secciones. El producto obtenido es muchas veces incoherente en sus secciones y falto de conclusiones supradisciplinares.

A mi modo de ver, se debería presupuestar el informe como la parte más cara, ya que es la más laboriosa. Indicando la existencia, de nuevo real, de al menos dos reuniones de todo el grupo, en las cuales primero se fijan unos objetivos y finalmente se discuten los resultados y se buscan soluciones a las posibles incoherencias. Esto implica trabajar como un verdadero equipo, lo cual exige un grupo de personas que trabajan de manera estable juntos. Esta solución proveniente del mundo empresarial permite mejorar el rendimiento, y siendo nuestro objetivo la información, implica aumentar la calidad de la misma. Sin embargo, el trabajo de investigación muchas veces ni se exige ni se presupuesta.

Finalmente, lograríamos modernizar la arqueología para competir con el resto de disciplinas y países y expandir la idea de que invertir en arqueología en España da resultados y no es perder el dinero. Para ello se deben crear especialistas y equipos estables, con lo que se solucionaría el problema del empleo precario y la existencia de centenas de miniempresas de uno o dos trabajadores que se crean y se disuelven según la crisis de las constructoras o del Ministerio de Fomento.

La labor de cambio debe iniciarse desde el origen, por ello, para la creación de estos especialistas debe haber una implicación directa de las universidades con la arqueología. De manera muy radical, yo creo que para poder lograr un futuro "sano", la arqueología debe ser carrera universitaria en nuestro país, como lo es en otros muchos estados. Una carrera en la que se registren todas las especialidades y que surja abrazada a la historia, pero también a otras disciplinas como la geología, la biología, e incluso la arquitectura, entre otras. A día de hoy las titulaciones existentes son un paso adelante, pero siguen sin satisfacer estas necesidades en toda su expresión.

Y hablando de abrazar la arqueología, a quien tenemos que acercarnos es a la sociedad. Poca gente es consciente de que el patrimonio es, en efecto, de todos. Pocos se sienten robados cuando alguien expolia un pecio en nuestras costas o arrasa un castro con una pala excavadora. No divulgar ni concienciar es lo que está matando a la arqueología poco a poco. Sin embargo, no todo es gris y creo que el panorama está cambiando en los últimos años y vamos por el buen camino.

Nuestro trabajo despierta una importante curiosidad o fascinación en la gente, pero por desgracia los antiguos tópicos siguen muy vigentes. A veces me pregunto cómo es posible que descubrimientos tan recientes como la existencia de agua en Marte, los test de ADN o, incluso, complicadas ideas de economía sean de sobra conocidos y sigamos repitiendo viejas y desechadas teorías sobre el pasado en las escuelas y en la calle. Si la información llega a la sociedad, si hacemos que comprendan nuestro trabajo, no será visto como dinero perdido el que gastamos, sino como un recurso más del lugar donde viven y que seguro es fácil de explotar.

Estoy convencida de que se está avanzando en todos estos puntos, y de que son vitales para la disciplina. Sobre todo serán importantes para superar nuevas crisis que se están fraguando en el exterior como los problemas del Reino Unido y los Estados Unidos de América con los trabajos en necrópolis y la exigencia por parte de minorías del reenterramiento de las mismas. La arqueología debe ser firme y estudiar cada caso, ya que es importante que la información no se pierda a la vez que se mantiene una estricta ética y se preserva el interés de las familias si hubiere. Muchas veces este tipo de problemas surge de las instituciones, pero evité mencionarlas porque es precisamente aquí donde desembocan las críticas más feroces que finalizan con el aire sombrío del que hablé al principio, y porque creo que, si la sociedad y los profesionales cambiásemos, así lo harían ellas.

Por último, quiero terminar como empecé, dando "caña". Sólo dos puntos, en primer lugar no podemos seguir con el endémico miedo a las críticas que sufrimos la mayoría, debemos publicar y debatir más ante los colegas de profesión y ante el público. Y en último lugar, creo que es realmente importante valorar el buen trabajo de los compañeros, ya que todos somos responsables de la imagen de la arqueología dentro y fuera de nuestras fronteras.

La responsabilidad de un buen presente para la arqueología en España es parte de todos y con todos no sólo me refiero a los profesionales sino a la sociedad.

BIO

Olalla López Costas es Antropóloga Física, licenciada en Biología por la UGR, máster de antropología física y forense en la misma universidad bajo la dirección de Migule C. Botella y Tito Varela. Actualmente es contratada predoctoral FPU. Ha hecho estáncias en los departamentos de arqueología de Durham (U.K.) y Reading (U.K.), y en el de antropología de la State University of New York at Binghamton (USA). Su tesis versa sobre estudio antropológico de la variabilidad normal, patológica y dieta con isótopos estables de 6 necrópolis gallegas. Cuenta con experiencia en excavaciones arqueológicas, como antropóloga, en necrópolis de Galicia, Portugal y Grecia.

SANDRA LOZANO RUBIO 24

"Mamá, quiero ser artista... digo, investigadora"

Mi experiencia en arqueología se ciñe al mundo de la investigación desde la universidad, ámbito en el que llevo trabajando tres años y medio. Me encuentro en el primer peldaño, elaborando mi tesis doctoral y engordando un currículum que me de opciones para próximos contratos. Desde esta posición el futuro se vislumbra con mucha preocupación e incertidumbre. Es difícil evaluar adecuadamente el devenir de una disciplina en la que no sabes si podrás seguir trabajando cuando termine tu actual contrato. Por eso, para mí, el futuro de la arqueología en este ámbito pasa, inexcusablemente, por las opciones de estabilidad y bienestar de los/as investigadores/as. Y a ello le voy a dedicar estas líneas.

Dedicarse a la investigación tiene unas desventajas bastante peculiares. Es un trabajo muy especializado y que requiere mucha preparación pero que, paradójicamente, se desarrolla en condiciones muy precarias. Los contratos son temporales y no se enlazan entre sí, hay que pasar por complicadas etapas de transición a la espera de que se resuelvan las convocatorias que dan acceso al trabajo. Puede que todo haya ido bien en el último contrato, que las evaluaciones de las distintas etapas hayan sido positivas y que finalmente no tengas acceso a un puesto estable y debas abandonar. Los conocimientos y la experiencia que se adquieren son difícilmente reciclables, es decir, si en algún momento te quedas fuera del circuito será complicado que en otro ámbito profesional valoren todo lo que has trabajado anteriormente. Así que la inseguridad es, desgraciadamente, una enfermedad endémica en la profesión. Ahora que se acerca el final de mi primer contrato, la gente de mi entorno me aborda muchas veces con la terrible pregunta: ¿y después, qué? Terrible porque en investigación es muy difícil saber dónde te llevará tu siguiente paso, o siquiera si lo habrá. Últimamente me resulta muy gráfica la comparación con el mundo de los/as artistas. Investigar es como ser actriz, se empieza de manera muy precaria, enlazando unos contratos con otros y haciendo esfuerzos por ser conocida (en este caso publicando). Para conseguir la tranquilidad que existe en cualquier otra profesión has de conquistar "el estrellato", el papel que te garantice el éxito, lo que en la nomenclatura científica se llama "la plaza", ese puesto que por fin es fijo y que está al final del todo de la cadena de contratos temporales y evaluaciones, y que con algo de suerte algunos/as alcanzan antes de llegar a los cuarenta. Muchos/as nunca llegan. Si mi familia hubiera sabido que la frase "Mamá quiero ser investigadora" se parece tanto a la de "Mamá quiero ser artista" dudo que se hubieran alegrado como lo hicieron.

Recientemente ha sido aprobada la nueva Ley de la Ciencia y la Tecnología (LcyT), que regula el sistema español de ciencia, tecnología e innovación. Esta ley prometía —entre otras muchas cosas— un nuevo diseño de la carrera investigadora que mejorara las condiciones de trabajo y las posibilidades de alcanzar la estabilidad laboral. Pero su redacción final no ha cumplido las expectativas. Finalmente, solo introduce un nuevo contrato temporal de cinco años (el llamado contrato de acceso al sistema español de ciencia, tecnología e innovación), después del cual habría que volver a competir por otra nueva oportunidad. Pero un contrato nuevo es bienvenido, algo es algo. Ahora bien, bajando a la cruda realidad, con universidades y centros de investigación estrangulados por presupuestos exiguos, ¿cuántos de estos contratos serán ofertados en los próximos años? Gran incógnita. Aquí entra en juego la actual situación de crisis sistémica que sufrimos en España desde hace ya tres años y de la que no hay perspectivas de salir en un futuro muy próximo. Una crisis sin precedentes en las últimas décadas que ensombrece cualquier atisbo de cambio en positivo. La LCyT no lleva un presupuesto acorde que permita su desarrollo completo, ni una planificación que aclare cuántos recursos se van a invertir, dónde, cuándo y cómo.

También la crisis constriñe, en mi opinión, la reciente creación de los primeros grados universitarios de arqueología en nuestro país (de momento tres, en la UCM, la UAB y la UB). Es una excelente noticia el que por fin la arqueología sea reconocida como una disciplina científica en sí misma, hermanada con otras como la historia o la antropología, pero con una envergadura propia que la hace merecedora de su propio espacio en la universidad. Esto en sí es un avance notorio, al margen de las muchas sombras que existen en torno al proceso de Bolonia y la reconfiguración de las titulaciones universitarias. Pero igual que ocurre con la LCyT, este salto mayúsculo no va acompañado de un presupuesto que garantice su pleno desarrollo. No hay dinero para mejorar o ampliar los laboratorios, por ejemplo, ni para contratar nuevo personal docente e investigador. Muy al contrario, se rumorea que posiblemente el Estado quiera amortizar las plazas de los/as académicos/as que se jubilan, especialmente en el ámbito de las humanidades y las ciencias sociales. Tampoco parece que haya buenos recursos para desarrollar los másters especializados, los cuales están llamados a ser la auténtica punta de lanza de la universidad. No es posible sacar adelante de forma solvente toda una reorganización del sistema de educación universitaria a coste cero, y ello tiene un impacto directo sobre la investigación, dado lo mucho que la investigación depende de las necesidades docentes en nuestro sistema de ciencia. En este clima de incertidumbre y de crisis haber escogido la investigación arqueológica (una disciplina siempre minoritaria en nuestro sistema I+D) como futuro profesional es una apuesta más que arriesgada.

Las consecuencias de la peculiar carrera (de obstáculos) en investigación se sienten especialmente en el bienestar y la calidad de vida. El acceso a una vivienda se complica con un salario que no es fijo y que en los primeros contratos puede ser muy precario, sin que se llegue a ser mileurista. Las perspectivas vitales se retrasan constantemente. Cuando se termina el contrato predoctoral (rondando la treintena), toca solicitar un contrato postdoctoral que muy a menudo se desarrolla en el extranjero, durante un par de años normalmente, y después del cual nadie garantiza que puedas volver. Tener descendencia en una trayectoria profesional así es harto complicado. Dice la nueva LCyT que su objeto principal es la promoción de la investigación, el desarrollo experimental y la innovación como elementos sobre los que ha de asentarse el desarrollo económico sostenible y el bienestar social. Pues no se entiende muy bien cómo la investigación va ser la base del bienestar social si ese mismo bienestar se les niega a las nuevas generaciones de investigadores/as.

Pero en el mundo de la investigación también hay grandes alegrías. La lucha que desde hace años lleva protagonizando la FJI/Precarios (Federación de Jóvenes Investigadores) va dando sus frutos, y por ejemplo, la actual LCyT ha eliminado las becas, una reivindicación clásica de la Federación. Cuando la ley se aplique a pleno rendimiento ningún/a investigador/a trabajará sin contrato. Y seguirán luchando por una carrera investigadora más digna, con posibilidad de lograr la estabilidad en distintas etapas, rechazando el actual sistema lineal que expulsa a todos/as aquellos/as que no logran la famosa "plaza". Mientras tanto habrá que acostumbrarse a la itinerante vida de artista.

BIO

Sandra Lozano Rubio es investigadora predoctoral del Departamento de Prehistoria (UCM). Su relación laboral con la arqueología se ha ceñido siempre a la investigación desde la universidad. Enlazó una beca de investigación para recién licenciadas que ofertaba la UCM con la convocatoria FPU del Ministerio de Educación.

BEATRIZ MARÍN AGUILERA 25

La Arqueología hoy: Entre la academia y la profesionalización

La Arqueología española está en crisis, no ya como resultado de la que estamos sufriendo a nivel económico mundial, sino porque siempre lo ha estado. Antes, aunque con bastante trabajo a nivel comercial, las condiciones laborales de los/as arqueólogos/as eran pésimas. Ahora, con escasas posibilidades de trabajo, seguimos luchando, por un lado, contra la competencia desleal que llevan a cabo no pocas empresas, y por otro, por la consecución de los convenios laborales dentro del sector, si bien es cierto que no se está luchando con la misma intensidad en toda la geografía estatal. ¿Falta de concienciación?

Como la gran mayoría de los arqueólogos españoles, comencé a especializarme en Arqueología mediante las campañas de excavación realizadas durante el verano. Mi licenciatura es de Historia y no de Arqueología, así que estas prácticas me sirvieron para entrar en contacto con el campo al que quería dedicarme.

Estas excavaciones, dirigidas desde la universidad o desde los centros de investigación (CSIC, museos), aunque te permiten entrar en contacto con la Arqueología, lo hacen en un plano un tanto idílico, pues no sólo no coordinas cuestiones académicas y organizativas (pues eres estudiante), sino que tampoco entras en contacto con gestiones administrativas o financieras que, posteriormente, se convierten en compañeras habituales de viaje.

La situación de la Arqueología española podría dividirse en tres grandes bloques que analizaremos a continuación: educación, carrera académica y mundo laboral.

La Arqueología en la educación

Podríamos comenzar denunciando la falta de formación arqueológica en los estudios primarios, en los secundarios y, posteriormente, en el bachillerato. La formación histórica en estas etapas educativas se centra en documentación escrita y, principalmente, en períodos posteriores, dedicando poco espacio a los datos obtenidos arqueológicamente y a la metodología arqueológica.

Esto se debe a la falta de formación en nuestra disciplina ya desde la propia Universidad. Hasta el inicio del llamado "Plan Bolonia" no existía en nuestro Estado una verdadera carrera de Arqueología, teniendo que matricularte en la Licenciatura de Historia. Así, sólo se podían escoger algunas asignaturas sobre Arqueología que, dicho sea de paso, en pocos casos respondían a un aprendizaje metodológico y técnico.

La adaptación de los planes europeos al contexto español se hizo a coste cero. Ese fue y sigue siendo el principal problema. Cabe indicar que existen a día de hoy sólo tres grados de Arqueología (Universitat Autònoma de Barcelona, Universidad Complutense de Madrid y Universitat de Barcelona), mientras que existen más de una decena de másteres o posgrados de la misma disciplina. Másteres que, por otro lado, no están especializados en ningún período en particular, invalidándolos ab initio –el máster de "Arqueología del Cuaternario y Evolución Humana" de la Universitat Rovira i Virgili es una honrosa excepción dentro del panorama estatal.

Otro problema a tener en cuenta es que, en su gran mayoría, los/as docentes de estos nuevos grados y posgrados de Arqueología son académicos/as y no profesionales o académicos/as con experiencia profesional. Así pues, la temática de los cursos es casi siempre teórica, incluyendo muchas asignaturas históricas y pocas sobre la praxis arqueológica. En esta misma línea, se evidencia una falta de formación en gestiones administrativas y financieras para poder ejercer la profesión en el ámbito comercial, que es una de las salidas más demandadas.

La Arqueología en la carrera académica

La carrera académica se encuentra aún a día de hoy completamente desligada del mundo profesional. En este sentido, cabe incidir en la inexistencia de colaboración entre los/as arqueólogos/as profesionales y los/as académicos/as, a pesar de que cerca del 95%

de la Arqueología española actual es comercial.

Desde el inicio de la carrera investigadora, se potencia la participación en proyectos I+D o en proyectos en el extranjero que dan prestigio al investigador/a en cuestión y a la universidad o institución a la que pertenece. El trabajo profesional en Arqueología no se contempla en la academia. No se considera un proyecto de investigación y, por ende, no se computa como mérito para la consecución de becas o contratos docentes y/o investigadores.

Sin embargo, las investigaciones arqueológicas que se están generando en la universidad sufren un sesgo sapiencial difícilmente remediable si no se establecen conexiones con el mundo de la Arqueología comercial. Las excavaciones llevadas a cabo por los arqueólogos profesionales están obteniendo nuevos datos y materiales que pueden –y de hecho ya lo están haciendo– cambiar el conocimiento que poseemos sobre las sociedades del pasado.

Por otro lado, tampoco se tiene en cuenta a nivel de investigación la difusión de los resultados científicos, reproduciéndose así el sistema elitista académico. Sólo se valora como "mérito científico" la publicación en revistas de impacto, cuyo acceso es harto difícil para la sociedad en general, y la participación en congresos y demás ámbitos académicos a los que el público no especializado no puede asistir.

En esta misma línea, no existe una colaboración entre los/as profesores/as de primaria y secundaria y los/as profesores/as universitarios/as, que pudiera materializarse en una actualización de conocimientos en los libros de texto escolares y en programas didácticos que acercasen al alumnado al patrimonio desde el principio de su educación.

La Arqueología en el mundo laboral

Fuera de la academia, la Arqueología es gestionada por arqueólogos/as que pueden trabajar para la Administración directamente, como autónomos/as, o que pueden trabajar contratados/as por una empresa.

Como en este libro se recogen las valoraciones de arqueólogos/as que trabajan a nivel comercial, no voy a profundizar en este apartado sobre este tipo de relaciones laborales, porque son ellos/as los que verdaderamente pueden aportar un análisis más ajustado al respecto. Trataré sólo el caso de los arqueólogos/as que trabajan de forma autónoma. Éstos/as, deben realizar su trabajo y facturar a la Administración o, en algunos casos, a fundaciones creadas ex profeso por la misma entidad. Esto conlleva, principalmente, serios problemas financieros, porque el/la arqueólogo/a, la gran mayoría de las veces, debe adelantar el monto económico para la ejecución de sus tareas, además de correr con el gasto de los desplazamientos, el alojamiento y la manutención, sumado a la cuota mensual de Cotización a la Seguridad Social.

Del mismo modo, el/la arqueólogo/a debe adelantar al Ministerio de Economía y Hacienda, mediante la declaración trimestral, el pago del Impuesto sobre Valores Añadidos (IVA) y el del Impuesto sobre la Renta de las Personas Físicas (IRPF), si no se lo han retenido con anterioridad (lo que ocurre con la mayoría de las fundaciones).

Como en el caso del resto de trabajadores/as autónomos/as en nuestro país, los/as arqueólogos/as, tras haber financiado los gastos citados anteriormente, deben esperar en muchos casos hasta siete meses para conseguir su retribución, con todo lo que eso supone para la economía personal y/o familiar del trabajador/a.

En relación con la Administración, es necesario indicar que muchas Comunidades Autónomas incluyen las intervenciones arqueológicas dentro de programas de inserción laboral, contratando como peones a personas sin trabajo para fomentar el empleo. En este sentido no hay requisitos mínimos relacionados con la Arqueología, es decir, no es necesaria experiencia en el campo ni se exige un currículo vinculado a nuestra disciplina.

El principal problema de éstas prácticas es que se asume que todo el mundo está capacitado para excavar, sin tener en cuenta la formación arqueológica necesaria para el tratamiento diario de los datos y de los materiales, infravalorando y deteriorando nuestra profesión, todo ello sin tener en cuenta, además, el número de arqueólogos existentes que no tienen trabajo y que cuentan con dicha formación.

En muchas ocasiones, los/as técnicos/as arqueólogos/as cambian cada campaña por requisitos administrativos, lo que perjudica profundamente los trabajos arqueológicos en los yacimientos en cuestión.

En otros casos, ni siquiera la Administración exige técnicos/as para la realización de trabajos arqueológicos o históricos, como sucedió en Andalucía, para la realización de una investigación sobre memoria histórica en el municipio de Albaida del Aljarafe (Sevilla). Otro ejemplo es el Plan de Ocupación del Ayuntamiento de Castelldefels (Barcelona), donde para la excavación de la Cova del Rinoceront, no se exigía ser arqueólogo/a (por suerte, entre los/as candidatos/as al puesto había dos).

Por otro lado, al igual que en el caso académico, faltan verdaderos programas de difusión del conocimiento arqueológico, sea en modo de explicaciones a pie de excavación, de charlas o conferencias organizadas, de publicaciones divulgativas, o de actividades de acercamiento al patrimonio (tanto infantiles como adultas). Sin embargo, la academia, las políticas y las prácticas pueden cambiar, y podemos colaborar entre todos/as para lograrlo. En este sentido, pueden dibujarse dos líneas sobre las que empezar a trabajar.

La primera de ellas es facilitar y desarrollar una colaboración efectiva y un reconocimiento mutuo, en un plano de igualdad, entre los/as académicos/as y los/as arqueólogos/as comerciales. Así, se debería trabajar conjuntamente tanto en las intervenciones (el/la académico/a como apoyo y consultor/a del arqueólogo/a comercial) como en los resultados de las mismas (investigación, publicación y difusión, tanto científica como divulgativa). Del mismo modo, sería necesario incorporar a los/as arqueólogos/as comerciales en ciertas asignaturas de grados y posgrados, a fin de que ofrezcan su visión profesional sobre la Arqueología y formen al alumnado en las gestiones y prácticas necesarias para trabajar en empresas o para la Administración. En esta misma línea, podrían desarrollarse prácticas reales en empresas de arqueología, facilitando la formación empírica del alumnado y su incorporación al mundo laboral.

La segunda línea a seguir es la de facilitar una mayor difusión de nuestro trabajo, tanto por parte de la academia como por parte de los/as profesionales, y tanto a nivel científico como divulgativo. Con todo ello conseguiremos hacer comprender a la sociedad la importancia de nuestra profesión, evitando cuestiones como para qué sirve la Arqueología o quejas sobre la inversión de presupuesto público en patrimonio.

En este sentido, tenemos que ser conscientes de que la Arqueología genera riqueza tanto cultural como económica. El patrimonio es uno de los principales alicientes para muchos/as turistas a la hora de elegir su destino y nuestro país cuenta con una enorme riqueza patrimonial y cultural, y con una importancia turística muy relevante en términos de riqueza nacional (el 10% del PIB).

BIO

Beatriz Marín Aguilera es investigadora FPU del Departamento de Prehistoria de la UCM. Después de los veranos como voluntaria, al terminar sus estudios (2008) y hasta que le concedieron la beca-contrato FPU (2010), trabajó en Castilla-La Mancha en las excavaciones arqueológicas incluidas en los programas de empleo público de la Consejería de Cultura, primero como técnico medio y después como técnico superior. Actualmente, su vinculación con la Arqueología es a nivel de investigación académica.

CARLOS MARÍN SUÁREZ 26

Diario de campo

8.00: Le dijimos al jefe de obra que tenía que avisarnos al menos con 24 horas de antelación de la reanudación del vaciado en el solar. Como era de esperar ha llamado a mi jefe hace 10 minutos y le ha metido prisa porque tiene toda la obra parada por "nuestra culpa". Me toca ir corriendo para allá.

9.30: Va a ser un día caluroso. Es mi primer día en este seguimiento. Sustituyo al jefe, que está de vacaciones. Nada más llegar a la obra me toca discutir con el jefe de obra y con el encargado. Me confunde el acento caribeño del primero. Me parece cubano. Al final reconoce que se le había pasado llamarnos. Ya más tranquilo me dice que es del norte de Venezuela.

10.30: Termina la media hora del "desayuno". Los obreros vuelven a la obra. Es un solar enorme, del centro, que se corresponde con tres números de una misma calle. He leído el informe previo y aquí puede salir de todo. Cuando nos disponemos a meternos en faena se hace un silencio sepulcral. Todos los obreros, el encargado y el jefe de obra me miran atentamente y el maquinista, que conduce una mixta enorme con cazo de 80 cm., me pregunta "¿por dónde empezamos?". Nunca había hecho un seguimiento de este tipo, a lo sumo pequeños sondeos. Me entra un miedo atroz por meter la pata, pero no puedo mostrar flaqueza ni debilidad, sobre todo después de cómo ha comenzado la mañana, cuando he tenido que recurrir a la "responsabilidad" de mi trabajo ante la administración. ¿Por qué nadie nos ha explicado en la universidad cómo se hace un seguimiento de máquina, o la diferencia entre un pilote y un micropilote, o en qué consiste una pantalla de hormigón? ¿No es esta la principal salida profesional de los arqueólogos? Eso sí, no dudaron en contarnos en el doctorado lo mismo que habíamos visto hasta la saciedad durante la carrera. Sobre "pueblos" de la Protohistoria peninsular somos auténticos expertos, pero dudo que aquí me vaya a salir un castro.

Curiosamente de arqueología visigoda o islámica no hemos visto nada. Claro, como nuestro departamento se llama "Prehistoria"...

Atino a balbucear "por allí", señalando hacia un rincón del solar. Parece que nadie ha notado que me tiembla la mano. Cada cazada parece sacar una tonelada de tierra, que se desparrama por los laterales del cazo. Mi miedo se convierte en pavor (¡van a bajar nueve metros!, o lo que es lo mismo, tres plantas de parking). Salen muchos ladrillos macizos (¡joder, son iguales los romanos, que los árabes o los del s. XIX!!). Sé que seguramente se corresponden con los cimientos del inmueble derribado. No obstante paro la máquina cada poco, me tiro al agujero, de paredes bastante inestables, y limpio los perfiles con el paletín a toda prisa, como un loco. Efectivamente, son el relleno para los pies derechos de granito que sustentaban el vigamen de la casa. Es la primera vez que el maquinista trabaja con un arqueólogo al lado. Si le grito no me oye por el ruido (el de la máquina y el de los ocho ferrallas que, pese a su oficio, se han puesto a picar con enormes martillos neumáticos el hormigón que sobra de los pilotes). Al maquinista le cuesta entender que si le digo que pare con la mano significa que pare, inmediatamente, sin dar ninguna mordida más. Según pasa el tiempo, y me voy manchando más y más la ropa, pasa de tratarme de usted a tutearme. No tarda en comenzar con las coñas clásicas: que si sale el tesoro vamos a pachas, que si estamos buscando la tumba de Franco, y demás ocurrencias de dudoso humor. Pero no me queda más remedio que confiar en él y, sobre todo, en su pericia con el cazo. Me pasa por encima de la cabeza cargado de tierra a cada minuto. Hay que estar justo al borde porque el mejor momento para ver es cuando el cazo entra en la tierra, ya que al instante se vuelve a cubrir todo de nuevo con lo que ya está removido. Si se le va un poco el cazo no creo que el casco que llevo me vaya a servir de mucho.

El encargado me ha "cedido" a un peón para el seguimiento. Es el único que está en la plantilla de la constructora. El resto son de subcontratas. Es un chaval rumano muy joven. La verdad es que es majísimo. Al contrario que al maquinista a este sí que le interesa mi profesión. Me pregunta todo el tiempo y me va contando, entre palada y palada, todos los castillos y bosques que hay en su Transilvania natal. Cuando coge algo de confianza me cuenta que al poco de llegar a España, en una obra, todos los peones españoles con los que trabajaba se rieron de él porque les dijo que su país, la Dacia, había sido conquistado por un emperador romano que era español. Me pide que le corrobore el origen hispano de Trajano. Ciertamente el sistema educativo de los países ex-comunistas es bastante superior al nuestro.

12:00: Llega el camión y la mixta se pone a cargarlo con la tierra extraída. Entre el calor del madrileño mes de agosto, el polvo y el ruido de los ocho martillos neumáticos esto parece un infierno. Estamos entre cuatro paredes, las de los inmuebles colindantes y la de la fachada del solar en el que trabajamos porque los técnicos de Patrimonio decidieron preservarla. No hay ni una sombra. Es un agujero. Como arqueólogo no tengo derecho ni a baño, ni a caseta de obra donde cambiarme. Uso el de los obreros por cortesía del encargado. Ellos tienen convenio laboral y todo regulado. De hecho si hiciera mucho calor o lloviera torrencialmente podrían irse a sus casas sin perder el día de sueldo. Yo no.

Aprovecho para hablar con los ferrallas que descansan. Están muy mosqueados porque llevan un mes de retraso en sus sueldos y porque les tienen haciendo un trabajo que no les corresponde. Hacen equilibrios encima de los pilotes de hormigón, como las cabras de los gitanos, con el martillo neumático, que pesa un quintal, con la punta entre sus pies. Tienen que bajar los 90 cm. que sobra de cada pilote, y hay unos setenta por todo el perímetro del solar. Son todos de Guinea-Bissau, menos uno que es de Mali. Se ríen de él porque dicen que llegó en patera. Son gente muy maja y educada. Les voy preguntando y me doy cuenta de que el término "guineano" significa bien poco para ellos. Es mucho más importante la etnia de cada uno (Fula, Mandinka, Papel, Manjaco...). De hecho entre ellos hablan en criollo, que si se presta atención se puede entender algo porque tiene mucho de portugués. Pero si los dos Manjaco hablan en su lengua, el Pepel, que es un guaperas que iba para futbolista, es como si oyera llover. Y a nivel religioso es también curioso: los hay cristianos, musulmanes y animistas, pero todos se apresuran a decirme que no hay problemas religiosos en su país y que allí las mujeres tienen los mismos derechos que los hombres. A uno de los musulmanes, que es licenciado y padre de familia, le preocupa lo del retraso del sueldo, pero no por él, sino porque quiere mandarle dinero a su mujer e hijos para que puedan preparar un buen Ramadán.

De vez en cuando paran, montan miniasambleas y deciden no seguir trabajando hasta que el jefe de su subcontrata no venga con el sueldo y hasta que el jefe de obra no les traiga los EPIs correspondientes (botas de obra tienen, pero no llevan ni casco ni gafas de seguridad). Miro mis viejas botas de montaña y me doy cuenta que la ferralla que piso todo el tiempo las atravesaría como mantequilla. El Pepel, autoerigido en representante, busca mi solidaridad y les digo que tienen razón. El encargado viene a mediar porque la obra lleva retraso. También busca complicidad conmigo y cuando no le oyen les llama "los morenos". Curioso viniendo de un peruano que es de piel tan oscura como estos africanos. Su solución de consenso es mandar al peón rumano a un almacén de obra a por los EPIs. El maliano aprovecha para rezar sobre unos cartones.

Desde luego esta obra, de momento, está siendo mucho más interesante a nivel etnográfico que arqueológico.

13:00: El encargado me dice que hasta por la tarde la mixta no volverá a vaciar y que de momento va a ir haciendo las rampas para poder moverse por el solar. Aprovecho para pasarme por otra obra que hicimos la semana pasada en una calle de aquí al lado. Se trata de un edificio que están restaurando. Fue un sondeo pequeño y rápido, en la portería, para hacer el hueco del ascensor. Tengo que repetir las fotos, están muy oscuras. En esta obra todos los obreros son rusos y ucranianos. A esta hora ya están todos borrachos. Hay litros de cerveza por todos los lados. El encargado, el único español, les ha picado para ver quien traía más alcohol a la obra. Se excusa en que hace mucho calor. Quiero acabar aquí cuanto antes. El encargado me insiste en que no limpie yo el sondeo, que ya lo hace uno de los peones. El peón habla bastante bien el castellano. Se toma la limpieza con mucha tranquilidad y aprovecha para conversar conmigo. Que si estoy casado, que si tengo casa propia, que si llevo mucho trabajando de esto... Le cuento que no tengo casa y que prefiero vivir de alquiler. Se sorprende y me replica que eso es tirar el dinero a la basura y que si quiero me puede recomendar un banco donde dan unos créditos para vivienda que salen muy bien. Le digo que con el sueldo que tengo y la temporalidad de este trabajo nadie me daría un crédito. Se queda con cara de extrañeza cuando se entera de que gano menos que él. Finalmente me pregunta: "¿Y por qué no trabajas de peón?".

Se forma un revuelo, algo pasa. Es el arquitecto. Un tipo mayor, elegante. Todos ponen cara de temor y le tratan de usted, casi con reverencias. Me confunde con un obrero más. Le trato de tú, todos me miran con cara de asombro y él con cara de ira. Antes de que le dé tiempo de abrir la boca me presento: "soy el arqueólogo de la obra". Relaja el gesto y comienza a tratarme de "igual a igual", marcando una clara distancia con el resto de los trabajadores. No sé muy bien cómo acaba hablándome de las películas de Buñuel. Pide papel y boli y hace un dibujo en perspectiva para algo que podría haber explicado en dos frases.

15:00: Sin duda es la peor hora, después de comer y con todo el calor. Vuelvo al solar de por la mañana y avanzamos bastante con la mixta. Le pido al encargado que me deje tiempo para limpiar y dibujar un perfil bastante largo que acaba de dejar la máquina. Serán unos diez metros por dos de altura. Me da media hora. En principio parece todo moderno. Hay un "nivel yonki", con jeringuillas y latas. Claros "fósiles guía" de los ochenta. Pero debajo hay unos muros de ladrillo macizo, seguramente cimentación. Por si acaso quiero dibujarlo y fotografiarlo. Pienso en lo diferente que es aquí el ritmo de trabajo comparado con las excavaciones de verano de los profes de la facul. Y en que por mucho que te expliquen a Harris en la Universidad en el fondo creo que ninguo de ellos sabría desenvolverse en este contexto. Si alguien quiere coger soltura en esta profesión tiene que trabajar en gestión. Es el único sitio que te da rodaje en ese sentido. Evidentemente en media hora no me da tiempo a hacerlo. Era un pequeño engaño para que el encargado se tranquilizara y me dejara trabajar. Cada poco tiempo viene y me dice que tiene a la máquina parada. Pero aquí me queda hasta que nos marchemos.

16.45: ya están recogiendo y me voy corriendo. En esta obra tengo para un par de meses. Quiero ducharme y quitarme todo el calor y el polvo de encima. Además tengo prisa, he quedado por Internet a las seis y media con otros compañeros y compañeras en la librería Traficantes de Sueños. Estamos bastante cansados e indignados con nuestra situación laboral y con la falta de reconocimiento social de nuestra profesión. Creemos que nuestro papel como científicos sociales es importante y que no debemos ser tratados como meros técnicos liberadores de suelo, insertados en el diabólico engranaje de la especulación urbanística y del boom inmobiliario de estos últimos años. Queremos hablar de posibles soluciones. A ver cuántos vienen.

BIO

Carlos Marín Suárez es Doctor en Prehistoria por la Universidad Complutense de Madrid, especializado en la Edad del Hierro. Ha compatibilizado trabajos en arqueología de gestión con la participación en proyectos de investigación. Es miembro de AMTTA (Asociación Madrileña de Trabajadores y Trabajadoras en Arqueología) así como de GEAC (Grupo de Estudios de Arqueología Contemporánea).

ALBA MASCLANS LATORRE

Arqueología, Recortes y Precariedad en Catalunya

Breve crónica del presente y del futuro inmediato de las condiciones de la investigación arqueológica y de las/los profesionales de la Arqueología.

Vivimos tiempos convulsos. Se ha abierto el ánfora de Pandora y parece que la máscara de paternalismo estatal centrado en el bienestar 'común' comienza a desdibujarse y a hacerse cada vez más innecesaria ante las ansias irrefrenables de los lobbies de presión del sector empresarial y financiero, que moldean a su gusto las políticas económicas europeas y nacionales, imponiendo recortes presupuestarios y reformas estructurales en su propio beneficio.

En las siguientes paginas trataré de exponer brevemente cuáles son las condiciones en que estamos trabajando actualmente en el ámbito de la Arqueología en Catalunya y como nos está afectando lo que parece ser el inicio del desmantelamiento del estado del bienestar, centrándome en dos aspectos fundamentales: los recortes y reformas aplicadas a las universidades catalanas y las condiciones de trabajo en las intervenciones de urgencia.

Recortes y precariedad en el ámbito universitario

En el caso del mundo universitario, las medidas de expolio vienen simplemente a acelerar el proceso de reestructuración, para la elitización, la jerarquización y la privatización de las universidades, que hunde sus raíces en los años noventa con la reforma de la LOU de Aznar y con las directrices europeas formalizadas en el llamado Plan Bolonia, ratificado y aplicado el año 2008 de la mano del gobierno de Zapatero. Ni que decirlo, ambas reformas fueron aprobadas pese a una contundente oposición por parte de la comunidad estudiantil y de trabajadorxs de la universidad, así como después de violentas represiones policiales contra estxs.

La nueva estructura universitaria, resultado de las citadas reformas, la presión del sector empresarial y la apelación a la inagotable excusa de la crisis, permiten a gobiernos e instituciones universitarias impulsar políticas que van abiertamente en pos de la *reducción del gasto público y del aumento del capital privado* o, lo que es lo mismo, del aumento de las tasas de matrícula e inversiones empresariales. En Catalunya los recortes están siendo gravísimos, de una magnitud nunca vista desde la mal llamada "transición democrática" en el estado. El Conseller d'Economia i Coneixement, Andreu Mas-Colell, ha presentado ya un paquete de medidas para reducir el déficit que su misma cúpula de políticos, empresarios y banqueros han provocado. Dejando de lado las políticas que hace años que se vienen dando, como la eliminación del año de tesina en las becas FI, la reducción de las becas propias de las universidades, o la reducción del 5% del salario de becarios/as y funcionarios/as. En los presupuestos de este año se han recortado unos 144 millones en las siete universidades catalanas.

Las universidades, cuyos *órganos de gestión*, gracias a las citadas reformas, han caído en manos de los Consells Socials, *híbridos entre administración pública y representantes del poder empresarial*, han traducido los recortes a los eufemísticos Plans de Sostenibilitat que, entre otras cuestiones, contemplan numerosos despidos y recortes entre el Personal de Administración y Servicios (PAS), así como del Personal Docente e Investigador (PDI), lo cual implica prescindir de numerosxs profesorxs lectorxs, asociadxs e investigadorxs postdoctorales. Relacionado con lo anterior, el Gobern pretende rebajar el número de profesorado universitario con contrato fijo de un 70% a un 40%, pidiéndose que se cubran menos de la mitad de las bajas por jubilación y que estos puestos se cubran por temporales, no con plazas fijas.

En la línea de aumentar la inversión privada por parte de la comunidad de estudiantes, en la Universidad Autonona de Barcelona nos encontramos que en menos de diez años se ha triplicado el precio de la matrícula para los estudios de Historia-Arqueología, pasando a costar ahora 21,46 euros el crédito ECTS en los grados, y teniéndose prevista una subida del 7% de cara al próximo curso. Paralelamente, se pretende subir al 30% del coste real de la segunda matrícula a lxs repetidorxs y al 100% del importe a las terceras matrículas. En este sentido, tampoco se salvan lxs estudiantes de doctorado, que han visto aumentadas sus tasas un 280% en un solo año (de alrededor de 100 euros/año a cerca de 500 euros). Por su parte, se pretende eliminar más de 50 másteres considerados 'no competitivos' entre los cuales se cuenta el Master de Arqueología Prehistorica de la UAB, que pasará a realizarse conjuntamente con estudios medievales y antiguos.

A todo lo anterior habría que sumarle los sucesivos recortes procedentes del gobierno español, entre ellos la reducción en los presupuestos del 2011 de alrededor de un 7% de la inversión del Ministerio de Ciencia e Innovación en las partidas destinadas a programas I+D+i respecto al año anterior (ya rebajado respecto al 2009), o la reducción del salario del personal Investigador en Formación (PIF) en fase de contrato y No Permanente (programas Juan de la Cierva y Ramón y Cajal). Por su parte, y como ente investigador parcialmente desvinculado de la universidad, el Consejo Superior de Investigaciones Científicas, que acumula ya en 2011 un recorte del 30% respecto al 2008, a parte de reducir un 20% la contractación de personal, ha eliminado la mitad de becas Jae-Intro y la mitad de las Jae-Predoc este año.

Ante este panorama en que cada vez resultará más difícil acceder a la universidad como estudiante y trabajar en ella como investigador/a y/o docente, en Catalunya se están impulsando Plataformas Unitarias en defensa de la universidad pública aparte de las Plataformas concretas en las universidades y las Asambleas de Facultad. Aún así, consideramos que hace falta una respuesta más masiva y contundente ante una situación que, ya en el campo concreto de la Arqueología, impedirá el correcto desarrollo de la investigación, no solo por que no habrá presupuesto para los grupos de trabajo, sino por que habrá menos investigadorxs, docentes y estudiantes para llevarla a cabo, y la mayoría lo harán, además, en precario.

Precariedad en las Arqueologías de urgencia

En el ámbito de las urgencias la crisis del sector de la construcción, así como la reducción de la inversión pública en infraestructuras del Estado, viene a agravar una situación que ya desde sus inicios era extremadamente precaria. El hecho de que en los años ochenta, durante la creación del Servei d'Arqueologia de la Generalitat de Catalunya, esta se decantara por una gestión *privada* de la Arqueología en lugar de por una pública, provocó que la praxis arqueológica deviniera en un puro trámite cada vez más alejado de la investigación y la difusión social del saber. Las empresas de arqueología se ajustan a las leyes del mercado y, por lo tanto, pasan a competir entre ellas y negociar a la baja el presupuesto de la intervención demandada por la institución pública o privada de turno, lo cual, lógicamente, elimina cualquier posibilidad de dignificar la profesión, proteger a los trabajadores y garantizar la calidad del resultado de los trabajos arqueológicos.

El convenio de Arqueología catalán firmado en el 2008 por CC.OO., al margen de la Asamblea de trabajadorxs de Arqueología, solo sirvió para poner sobre la mesa unos mínimos que ni siquiera son cumplidos en la práctica. En consecuencia, actualmente la mayoría de contratos son de obra y servicio, lo cual permite despedir y contratar a lxs trabajadorxs a voluntad. Paralelamente, al no respetarse ni categorías ni salarios, la mayoría de empleados/as son rebajados a la categoría de auxiliares mientras desempeñan tareas de oficiales o técnicos. Todo ello cobrando sueldos que, muchas veces, no llegan a los seis euros la hora. A lo dicho hay que sumarle las condiciones de higiene y, sobre todo, de seguridad que, en algunos casos, no cumplen con las normativas más básicas, poniéndose en peligro la integridad física de los/as trabajadores/as.

A raíz de la crisis, como es bien sabido, las empresas y la administración pública están parando obras, retrasando pagos y reduciendo costes, lo cual se traduce en el cierre de muchas de las empresas pequeñas de Arqueología, así como en la reducción de plantilla de las más grandes. Así, después de que muchas empresas se han estado lucrando estos años tomando su parte de los beneficios de la especulación urbanística y la inversión en infraestructuras, así como manteniendo a lxs trabajadorxs en condiciones de miseria, ahora, encima, se les dice que "todos se han aprovechado de los años de bonanza" y que ahora "toca abrocharse el cinturón". La realidad es que lxs trabajadorxs de la arqueología no solo no se han estado "lucrando" de los años en que había más trabajo sino, que estos, además, ahora se ven abocados a largos periodos en paro, alternados con contratos que no llegan al mes de duración por los que, encima, se nos dice que tenemos que estar agradecidxs. En todo caso, resulta fundamental hacer una reflexión sobre que nos ha llevado a esta situación así como sobre hacia dónde queremos dirigirnos y cómo.

Una de las vías por las que consideramos que lxs trabajadorxs de la Arqueología podrían tomar posiciones de fuerza que defendieran sus intereses y derechos es la vía de una acción sindical que parta de la unión horizontal y el apoyo mutuo de todxs lxs trabajadorxs del sector y de la lucha por medio del sabotaje, el boicot a las empresas y la huelga. En este sentido sindicatos como la CNT llevaron a cabo hace años reivindicaciones exitosas en empresas de Arqueología como Codex, que supusieron un avance en las condiciones de trabajo en esta empresa.

Por otra parte, más allá de las reivindicaciones en el ámbito concreto, lo que se impone es la necesidad de cambiar totalmente el modelo de gestión del patrimonio Histórico. En contraposición al sistema de gestión privado de la Arqueología, se han propuesto alternativas que pasan por una gestión por parte de la Administración Pública de la misma. Asociaciones como Estrat Jove, el Colectivo de Arqueología Social o la Sección Sindical de Arqueología de CNT de Barcelona se han manifestado a favor de este modelo. Esta gestión pública de la Arqueología, a parte de suponer una mejora en las condiciones de trabajo de los profesionales del sector, implicaría también una mejora en la creación de conocimiento histórico.

Nosotrxs partimos de la premisa de que la Arqueología tiene que fomentar la comprensión de la realidad, el espíritu crítico y la conciencia de cambio. Precisamente porque estamos convencidxs de ello, consideramos imprescindible que esta Ciencia Social pueda ser llevada a cabo en unas condiciones de trabajo dignas y en un marco de investigación de calidad, tanto dentro como fuera de las universidades.

10 de junio de 2011

Agradecimientos: Estrat Jove y CNT Arqueología Barcelona.

BIO

Alba Masclans Latorre es licenciada en Historia por la Universidad Autònoma de Barcelona (2009) y cursó el Master de Arqueología Prehistórica en esta misma universidad (2010). Desde el año 2005 forma parte del Col lectiu d'Estudiants d'Arqueologia Estrat Jove y es miembro del comité de redacción de la revista "Estrat Crític" (ISSN 1887-8687). Actualmente se encuentra realizando el doctorado, como tantxs otrxs en precario, sin beca y trabajando paralelamente fuera del mundo universitario.

ROBERTO ONTAÑÓN PEREDO 28

Arqueología en el mundo real

Introducción

En las líneas que siguen exponemos algunas reflexiones sobre el patrimonio arqueológico y la actividad arqueológica, intentando encuadrar ambos en el contexto administrativo y socioeconómico en el que se desenvuelven. Nuestra aproximación es la de un prehistoriador universitario -aunque no excesivamente académico- "reconvertido" a la administración. Y ese tránsito no está exento de desconciertos, desencantos e incluso desafectos, pero constituye, en todo caso, un estimulante viaje hacia el conocimiento y la práctica integral de la Arqueología, desde la perspectiva que se ofrece a quien, sin abandonar la investigación, dedica ahora la mayor parte de su esfuerzo a otros aspectos tan relevantes de la gestión arqueológica como la protección, conservación y la difusión de este patrimonio.

1. Contexto legal y administrativo

El entramado legal que actúa sobre el patrimonio arqueológico y la actividad con él relacionada en España, desde la legislación internacional hasta las normas de ámbito local, y que se aplica a este sujeto a través de la acción de organizaciones administrativas de escala igualmente compleja (desde organismos supranacionales hasta entidades locales), gravita sobre dos conceptos esenciales, ambos de la mayor relevancia para la gestión de este apartado del patrimonio cultural: su fragilidad y su consideración como un bien de dominio público.

La fragilidad del patrimonio arqueológico le ha hecho merecedor, en efecto, de una especial atención, con apartados específicos en los textos legislativos y normas particulares que facultan a la Administración con "poderes especiales" que dimanan, a su vez, del interés público en la protección de esos bienes. Las consecuencias legales y administrativas de este "dominio público arqueológico", efectivo desde la Ley 16/1985 de Patrimonio Histórico Español, son trascendentales en la "socialización" del patrimonio arqueológico que, a diferencia de otras legislaciones nacionales, es considerado en España un bien común.

Así, además de los apartados consagrados a esta materia en el Código penal y en el marco de las medidas de protección de facto contempladas en el procedimiento administrativo común, las normativas autonómicas –ejerciendo las competencias exclusivas sobre la materia, derivadas de las transferencias asumidas tras la descentralización del estado, que consagra la Constitución Española- han desplegado una serie de figuras legales orientadas a la protección de estos bienes, que tienen además una trascendente proyección sobre el territorio. Este mecanismo administrativo, complejo y aparentemente exhaustivo, no siempre funciona adecuadamente: para dar el máximo rendimiento sus distintos componentes deben estar bien engranados y lubricados con procedimientos fluidos que permitan actuar con la debida prontitud y eficacia ante las muy diversas amenazas a las que está sometido este particular apartado del patrimonio cultural. Y es en la aplicación efectiva de ese aparato legal y administrativo donde este manifiesta claramente sus debilidades. Esto nos lleva directamente a descender desde las instancias teóricas, legislativas y procedimentales, a la consideración de la Arqueología y el patrimonio arqueológico en el "mundo real", donde actúan otros agentes socioeconómicos, diferentes fuerzas y distintos intereses, a veces contrapuestos a la preservación de este frágil patrimonio.

2. El patrimonio arqueológico como integrante del sistema socioeconómico

Haciendo uso de la terminología marxista (que se quiere periclitada por los profetas de la doctrina "neocon", pero que en muchos aspectos no ha perdido un ápice de su valor explicativo), podemos situar al patrimonio arqueológico en la instancia de las "fuerzas productivas" e integrado, fundamentalmente, en el ámbito del Medio Ambiente. De hecho, es así legalmente considerado e incluido, a diversos efectos procedimentales, en el apartado del

Impacto Ambiental. En este contexto, se conceptúa el patrimonio arqueológico como coste de producción, vinculado directamente con la disposición o generación de suelo productivo (en otras palabras, como componente del precio del suelo). Las mayores tensiones y conflictos entre administraciones o entre la administración y los privados derivan de este aspecto esencial. Grandes infraestructuras de todo tipo, procesos de urbanización, explotación agropecuaria y forestal y otros proyectos de "desarrollo" han supuesto y siguen suponiendo hoy los mayores riesgos potenciales para la preservación del patrimonio arqueológico. En esta coyuntura, el equilibrio entre actuaciones de urgencia y preventivas se demuestra muy precario, y la tendencia a primar las conocidas como actuaciones "de salvamento" sobre las protectoras es común, lamentablemente, a muy diferentes situaciones relacionadas con la ejecución de proyectos del tipo de los arriba mencionados, en los que el patrimonio arqueológico es considerado directamente un lastre para "el progreso", y no sólo por promotores y operadores privados, también, desgraciadamente, por diversos agentes de la administración.

También se utiliza el patrimonio arqueológico como recurso turístico y, en consecuencia, se actúa sobre él para convertirlo en un producto del turismo cultural. Estamos aquí ante una consideración muy diferente del patrimonio arqueológico, ahora medio de producción y eventual elemento de dinamización de la economía a escala local, comarcal e incluso regional o estatal. Esta utilización, en la que no prima ya la adopción de medidas de atenuación o corrección de impacto (eufemismo que ha ocultado no pocos casos de destrucción de yacimientos "con metodología arqueológica"), sino su "puesta en valor" para uso y disfrute públicos, no está exenta tampoco de problemas. Todos tenemos en mente casos de sitios arqueológicos conducidos hasta situaciones límite en su estado de conservación por prácticas abusivas de explotación turística, y los de otros que son acondicionados para hacerlos accesibles e incluso más o menos convenientemente "interpretados" para caer finalmente en el completo abandono, una vez agotadas las partidas destinadas a su apertura e inauguración y siendo incapaces sus promotores de mantenerlos en funcionamiento. Sin embargo, no cabe duda de que una estrategia apropiada de adecuación de los yacimientos arqueológicos para la visita pública puede ser muy positiva para el conocimiento y, por ende, la preservación del patrimonio arqueológico, haciendo partícipe de la misma al conjunto de la ciudadanía. En este sentido, nunca resultará redundante el esfuerzo de las administraciones educativas y culturales para acercar este legado patrimonial a quienes son sus depositarios.

En otra esfera diferente, que intersecta a las anteriores, se sitúa la actividad investigadora, en sus modalidades de prospección, excavación, muestreo, estudios de arte rupestre y la profusión de análisis asociados a la disciplina arqueológica, que aporta conocimiento e innovación y acrecienta el registro arqueológico, contribuyendo a su mejor gestión.

En un capítulo aparte debemos situar las acciones incontroladas (expolio, furtivismo, vandalismo, etc.), que, aún hoy, escapan al control efectivo de la administración.

3. Diferentes caras de la Arqueología

3.1. La gestión administrativa de la Arqueología de gestión

Un rasgo caracteriza como pocos la administración arqueológica en España: la existencia de una legislación común y sectorial prolija pero mal aplicada. A la sempiterna falta de medios y de coordinación entre departamentos (incluso dentro una misma institución) se le une la carencia de una inspección efectiva y, sobremanera, la falta de una actividad sancionadora proporcionada y efectiva que ponga coto a los numerosos desmanes que se producen en este campo.

Conflictos de competencias, de funciones, de intereses, autoridades de los tres poderes timoratas en la consideración de la importancia del patrimonio arqueológico... todos ellos concurren en una mala o, al menos, inadecuada gestión del patrimonio arqueológico. A todo lo que acabamos de comentar hay que añadir estudios de impacto sobre el patrimonio arqueológico "en el cajón", o elaborados por técnicos carentes de cualificación profesional (ingenieros, biólogos, en el mejor de los casos, geógrafos), o deficientemente recogidos en evaluaciones de Impacto Ambiental, proyectos de ejecución que no contemplan las prescripciones del Informe Ambiental, o que se ejecutan años después de los informes preceptivos, con importantes variaciones que no se tienen de nuevo en cuenta, planes y proyectos que deberían someterse a evolución de impacto sobre el patrimonio cultural pero no lo hacen… Las disfunciones del sistema son diversas. El damnificado siempre es el mismo.

3.2. La investigación en Arqueología, situación heredada

Un elemento definitorio de la tradición administrativa en materia investigadora es la falta de planificación. La investigación en Arqueología se ha desarrollado durante muchos años, aún ahora, al albur de intereses particulares o institucionales ajenos a la administración del patrimonio cultural, siguiendo programas y ritmos independientes y raramente supervisados por los gestores del patrimonio arqueológico. Por el lado de la administración, cabe señalar al mismo tiempo la escasez o ausencia total de personal cualificado entre sus cuadros hasta fechas recientes. Hasta el desarrollo legislativo y reglamentario de las competencias asumidas en materia de patrimonio cultural por parte de las comunidades autónomas (en el caso de Cantabria, 1998) la administración no ha dispuesto normalmente de técnicos capacitados para efectuar una gestión profesionalizada y eficaz de este apartado patrimonial, dependiendo hasta entonces (y, en ocasiones, también después) de instituciones académicas y profesionales externos que asesoran y prestan servicios a la administración pero que no están sometidos a los criterios procedimentales ni defienden, obviamente, sus mismos intereses. El panorama "sociológico" resultante de esta historia reciente de la investigación es el de una desigualdad evidente entre instituciones (universidades y otros centros de investigación) y arqueólogos que podríamos denominar "alternativos" (asociaciones, investigadores fuera del circuito académico) y que, según la normativa de la Comunidad Autónoma de Cantabria, pueden realizar igualmente actuaciones arqueológicas.

El cuadro administrativo está aún coloreado por un considerable incumplimiento de las obligaciones contraídas por los investigadores responsables al recibir los correspondientes permisos administrativos:

descontrol de materiales, falta de memorias científicas e incluso de informes preliminares y otra documentación requerida. Todo ello, hay que recalcar, en detrimento de un registro arqueológico que estas actuaciones arqueológicas están llamadas, precisamente, a incrementar.

4. Los actores de la Arqueología

Entre el ámbito académico y el sector profesional se han establecido relaciones e interacciones que pueden sintetizarse en tres conceptos: impermeabilidad, injerencia y falta de reconocimiento. Aunque existen casos señeros, muy raramente arqueólogos profesionales terminan por incorporarse a la esfera académica. El tránsito en dirección inversa con carácter definitivo es más raro aún. No escasean tanto, sin embargo, las incursiones de investigadores de la esfera universitaria en la actividad arqueológica de gestión, habiéndose constituido incluso unidades dedicadas a estas tareas en el seno de instituciones académicas. El sector profesional, lógicamente, considera esta irrupción como una intrusión en su campo que constituye, además, una forma de competencia desleal: el equipo material y humano de las empresas de Arqueología apenas puede competir con la infraestructura y el equipamiento de cualquier organismo de investigación, que incorpora, además, al trabajo a becarios y otros precarios que suponen costes de personal mucho más bajos. Además, a la hora de concursar por un contrato, a una empresa de Arqueología le resulta realmente difícil rivalizar contra una marca tan prestigiosa como la de la Universidad. En cuanto a la falta de reconocimiento, resulta chocante oír aún a personas vinculadas con ambientes académicos descalificar el trabajo de empresas o arqueólogos profesionales a los que ellos mismos han formado...

No son precisamente menores los problemas de la Arqueología profesional en España: A la sempiterna falta de una titulación oficial, que sólo ahora comienza a verse reconocida, con las consecuencias que ello supone para el desarrollo de la actividad profesional, se le suma una peculiar sociología de la profesión, que incluye a empresarios, empleados e incluso subempleados interconectados por unas relaciones sociales de producción que evolucionan en su forma y contenido al compás de la propia evolución de la coyuntura económica y del mercado de trabajo. Ello ha generado fracturas en la estructura y conciencia de lo que debería haber sido una "clase" de arqueólogos profesionales que, tras un primer boom empresarial, han experimentado un intenso proceso de reducción y concentración de capital al que ha acompañado una acción organizativa en aumento, en torno a diversos colectivos profesionales (colegios) y laborales (asociaciones de trabajadores). Así, titulados superiores con idéntica cualificación entran (o acaban finalmente) en el mercado de trabajo en posiciones muy diferentes, desde las cooperativas de arqueólogos hasta situaciones de cuasiexplotación por parte de antiguos compañeros de facultad. La competencia es dura y muchas veces desleal, practicando algunos arqueólogos profesionales un verdadero dumping social y económico al "tirar" los precios para acaparar contratos, pagando consiguientemente tarifas deshonrosas a sus empleados.

5. Reflexiones finales

El apretado resumen que hemos intentado en las líneas anteriores nos conduce inevitablemente a una pregunta repetida en diferentes ámbitos: ¿Es posible una verdadera "Arqueología de gestión"? Para dar una respuesta afirmativa a esta cuestión debemos actuar siguiendo al menos tres líneas de trabajo: a) Planificar adecuadamente la administración de la Arqueología (adecuar actuaciones a necesidades y líneas estratégicas); b) hacer efectiva la densa legislación sectorial, utilizando todos los instrumentos administrativos disponibles, incluidos los sancionadores; c) potenciar la conciencia ciudadana de la importancia y valor del patrimonio cultural en general y del arqueológico en particular (educación, divulgación).

Si el patrimonio arqueológico en España es un bien de dominio público, debemos aspirar a que la Arqueología alcance el estatus de una verdadera Arqueología pública, revirtiendo a la sociedad el conocimiento y disfrute de un patrimonio que, en última instancia, a ella pertenece o, más bien, del que es usufructuaria: parafraseando un proverbio indio podemos concluir que no heredamos el patrimonio de nuestros padres; se lo tomamos prestado a nuestros hijos.

BIO

Roberto Ontañón Peredo es Jefe de la Sección de Arqueología y Director de Cuevas Prehistóricas de Cantabria. Sus relaciones laborales con la Arqueología comienzan nada más concluir los estudios de licenciatura, trabajando como arqueólogo subacuático para el Ministerio de Cultura y después, en el mismo régimen de trabajador autónomo, para distintas empresas y administraciones. La incertidumbre laboral y su vocación investigadora le llevaron a la senda de la arqueología académica, dentro de la cual ha seguido escrupulosamente el largo cursus honorum del investigador en España que, tras muchos años como becario pre y postdoctoral, ha concluido como investigador contratado de la Universidad de Cantabria, dentro del Programa Ramón y Cajal. Posteriormente su vida laboral ha dado un vuelco, aparentemente definitivo, hacia la administración de la Arqueología.

EVA PARGA DANS 29

La genealogía del cambio arqueológico

Las reflexiones sobre la arqueología del futuro que quiero introducir en estas páginas no redundan tanto en la problemática de este sector, conocida por muchos de nosotros e imagino que ampliamente recogida en este libro, sino más bien sobre las capacidades y oportunidades que presenta este ámbito, para elaborar una crítica positiva y una estrategia constructiva.

Mi relación con la arqueología se desarrolla desde una perspectiva socioeconómica, es decir, como caso de estudio que ejemplifica las dinámicas de cambio, los conflictos y retos que presentan las transformaciones sociales, institucionales, económicas, etc., pero que también implica re-interpretar los procesos de valorización, las oportunidades en un contexto de conocimiento, la generación/satisfacción de necesidades, trabajar para solucionar problemas y, por lo tanto, en términos de innovación (social).

A pesar de las perspectivas/reacciones que un artículo de opinión pueda suscitar (precisamente porque es opinable) considero que el dinamismo característico de un sector como el arqueológico, lo convierte en un ejemplo idóneo para comprender la lógica del cambio, los retos a los que debemos dar respuesta en términos generales y los errores estructurales de los que debemos aprender.

A través de la arqueología comprendemos nuestro pasado, razón que justifica las necesidades de protección y difusión del patrimonio, pero la gestión del mismo implica resolver contradicciones del pasado con el presente (conservación/destrucción) y con el futuro (procesos de patrimonialización), buscando un equilibrio y una sostenibilidad entre la protección, la creación y la puesta en valor del mismo.

Los requerimientos de protección patrimonial en el contexto español se materializan en un modelo de gestión que comienza a desarrollarse a finales de la década de los noventa del siglo pasado, como resultado de una serie de hitos institucionales (publicación de la Ley de Patrimonio Histórico Español (1985), proceso de modernización de la Administración General del Estado, transferencia de competencias a las Comunidades Autónomas) y socioeconómicos (crecimiento de la demanda cultural, reestructuración de las estructuras productivas de los países desarrollados en torno al sector servicios, la revelación de un próspero sector de la construcción que genera renta y empleo, etc.).

Como resultado, la práctica arqueológica deja de estar relegada al ámbito de la investigación y en los años noventa comienza a desarrollarse lo que habitualmente se denomina como "arqueología preventiva" (también denominada pública y/o de gestión), basándose en las necesidades de protección y difusión del patrimonio.

Esta manera de entender la arqueología, junto con la necesidad de satisfacer una demanda creciente en gestión patrimonial y los limitados recursos administrativos, implicaron la institucionalización de un modelo que potenció la contratación de profesionales, estructurándose así una "arqueología comercial" (o contractual), con un volumen de actividad y un mercado de trabajo en aumento hasta el año 2006.

Además, la práctica arqueológica se caracteriza por una elevada especialización, lo que supone adaptarse al contexto y el establecimiento de relaciones directas con usuarios, clientes, comunidades locales, etc., que tanto son receptores de conocimiento como demandantes y participantes en la creación de conocimiento, trascendiendo así el plano institucional "público" (en términos tradicionales) para convertirse en una "arqueología pública" en su versión 2.0., lo cual plantea otros desafíos, nuevos conflictos y diferentes resultados sobre los que es necesario establecer procesos y modos de participación.

Sí, el sector arqueológico es un ejemplo idóneo de cómo un área de conocimiento, imbricada en una estructura institucional-social (valores, normas, hábitos, leyes), en la que participan múltiples agentes con diferentes objetivos (académicos, gestores, empresas, clientes, usuarios, etc.) es capaz de generar de valor e ir retroalimentándose y adaptándose a los diferentes contextos. Este esquema aporta una visión "micro" (en pequeña escala) del funcionamiento de nuestro entorno inmediato, aportando claves de interpretación de la estructura social, del mercado laboral, de los retos del sector servicios, de las tendencias de las industrias culturales, etc.

Concretamente, la evolución del sector arqueológico, a través de su estrecha relación con el sector de la construcción (importante pilar de la economía española hasta el año 2007 y principal demandante de servicios arqueológicos), ha funcionado como un termómetro de la coyuntura económica española. Además, la compleja estructura de este sector es representativa de los conflictos más habituales en las relaciones ciencia-industria-sociedad (necesidad de masa crítica, problemas de financiación, ausencia de incentivos, etc.).

Por otra parte, la escasa inversión en I+D en esta actividad y la prácticamente nula generación de patentes, a pesar de la elevada cualificación del personal de este sector y de los servicios intensivos en conocimiento que se desarrollan, constituyen elementos suficientes para afirmar que: no es que la arqueología constituya un sector no innovador, sino que el proceso innovador ya no se reduce a un enfoque lineal basado en la producción tecnológica; es el conocimiento el germen dinamizador, resultado de relaciones sistémicas basadas en criterios de confianza, en flujos informales de conocimiento, en la participación activa de los usuarios, etc.; lo que está generando valor (económico y social), impacto en el PIB, mercado de trabajo, demanda social, transformaciones institucionales, etc.

El problema inmediato es que este tipo de modelos, métodos y procesos no son fácilmente identificables, ni cuantificables, por lo que no están formalizados para este tipo de actividades. Este es un handicap recurrente en sectores no manufactureros, como el caso de los servicios (y sobre todo los intensivos en conocimiento), tan importantes para el desarrollo económico y social, pero cuyos procesos de innovación se alejan de los parámetros generalizados y se relacionan con otros factores menos estudiados (estructuras organizativas, diversificación de la oferta de servicios, fuerte especialización, cualificación del capital humano, relaciones de cooperación, etc.), que replantean la naturaleza, la dinámica y el ritmo de la innovación, así como los elementos para su medición, ya que los indicadores establecidos no aportan respuestas.

Así, la problemática del sector arqueológico es representativa de la debilidad estructural con la que se han desarrollado los fundamentos de la economía española (construcción y actividades dependientes de la construcción, entorno productivo basado en PYMEs o más bien microempresas, innovación puramente tecnológica, escasa investigación aplicada, des-regulación de mercados, empleo temporal, modelos flexibles, relaciones informales, escasa organización empresarial, rígidas burocracias, etc.), fundamentos que tienen graves efectos en el contexto actual de crisis económica.

Todas estas reflexiones versan sobre la complejidad de un entorno en el que un sector emergente, débilmente estructurado y organizado, tiene que hacer frente a rápidos cambios y a un contexto de profunda crisis económica. El entorno productivo arqueológico se caracteriza por incorporar un gran número de agentes y empresas atomizadas que ofrecen servicios en un mercado oportunista y dominado, hasta hace poco, por intereses constructivos; inserto en un entorno institucional representado por una gestión política "experimental" y heterogénea (y por ello me refiero a modelos gestores y legales desarrollados por las CCAA de manera independiente y con diferencias significativas); un entorno académico alejado de las necesidades productivas (escasa investigación aplicada o transferencia para este sector); además, el débil asociacionismo entre los agentes que intervienen en el sector (que se ven como competidores), así como las contradicciones de una demanda "intervenida" (los clientes de la arqueología comercial a menudo responden a obligaciones legales) y no incentivada, convierten a este sector en complejo y conflictivo.

Pero la principal oportunidad que tiene este sector es su capital humano, las personas vinculadas a la actividad arqueología tienen una elevada cualificación y un conocimiento especializado; el reto reside en aprender a gestionar ese conocimiento, en integrar los diferentes ámbitos profesionales en una misma "cadena de valor", en dinamizar un área de conocimiento, estructurarla y consolidarla.

A pesar de que este sector presenta múltiples elementos de inmadurez, aporta otros muy demandados en la sociedad del conocimiento, por lo que es necesario reflexionar en conjunto y definir cuáles son las aportaciones de la arqueología a la sociedad, a qué problemáticas se está respondiendo con este conocimiento y a cuáles se podrían responder, cuál es el valor añadido que genera, y cuál es el papel de los distintos profesionales.

Todo ello requiere llevar a cabo un esfuerzo innovador, positivo y sostenible que fomente las buenas prácticas, la protección del patrimonio y una cultura emprendedora a través de la imbricación de los diferentes entornos del sector arqueológico. La gran oportunidad de esta actividad reside en el conocimiento como valor principal, y éste es adaptable, flexible y aplicable a diferentes contextos; es necesario aprender a gestionar el conocimiento y sus capacidades.

BIO

Eva Parga Dans es Licenciada en Sociología por la Universidad de A Coruña y Doctora en Economía Aplicada por la Universidad de Santiago de Compostela. Su trabajo durante los últimos cinco años ha estado vinculado a la línea de investigación denominada "Socioeconomía del Patrimonio" desarrollada en el Incipit (CSIC), analizando el sector arqueológico español y la estructuración de su entorno productivo, desde la perspectiva de la innovación y la transferencia de conocimiento en humanidades, incidiendo en el conocimiento como elemento fundamental para la dinamización de este sector. Los resultados de este estudio se recogen en la Tesis Doctoral: "Innovación y emergencia de un servicio intensivo en conocimiento: El caso de la arqueología comercial", presentada en la Universidad de Santiago de Compostela el 23 de febrero de 2011.

(http://digital.csic.es/handle/10261/32886)

IGNACIO SAÚL PÉREZ-JUANA DEL CASAL

Charla de café, ¿o mejor de cicuta?

No sé si seré la persona más adecuada para poder escribir algo sobre el posible futuro de la Arqueología española, cuando mi propio futuro profesional no está muy claro.

A finales del año 1992 se produjo un cataclismo en el mundo de la Arqueología, no sé si española en general, pero sí en la madrileña, que conllevó que mucha gente dejara su profesión, dedicándose a otras labores, y a aquellos que siguieron en la brecha, les costó salir, pero lo hicieron, para entrar en un período de tiempo en el que las vacas pasaron de ser famélicas a estar algo más que pasadas de peso, gracias a las grandes obras de infraestructuras viarias, así como al desarrollismo de la construcción.

Hoy, esa situación se ha revertido, encontrándonos en un momento similar al citado anteriormente, en el cual las empresas de arqueología andan dándose zarpazos, como lobos hambrientos, para intentarse arrebatar las unas a las otras piezas a cobrar que en anteriores situaciones ni siquiera habrían considerado, como son pequeños solares en manos de particulares. Con actuaciones así, flaco favor nos estamos haciendo los unos a los otros, y mucho menos de cara a la Sociedad, que a fin de cuentas, es para quien deberíamos trabajar.

Al hilo de lo dicho en el párrafo anterior, tampoco es de recibo que dentro de la profesión cada uno vaya poniendo un precio a su trabajo, siempre tirando a la baja, llegando en algunos casos a la baja temeraria, sólo por el hecho de quedarse con un trabajo que se había ofrecido a otra persona, cuando, además, existen unas tarifas aprobadas por el Colegio de Licenciados, aceptadas por todos, pero que luego casi todos infringen a la primera de cambio.

¡Un poco de seriedad, por favor! que luego pasa que cuando vas a presentar un presupuesto a un cliente, lo primero que hace, tras estudiarlo, es empezar con el chalaneo de: "es que es muy caro, ¿no se podría rebajar algo por algún sitio?". Vamos a ser serios: ¿quién le discute a un arquitecto, a un abogado o a un médico un presupuesto o un informe? ¡¡¡Nadie!!! ¿Qué pasa? ¿Los arqueólogos no somos tan profesionales liberales como los citados? ¿No será que la imagen que del colectivo tienen, especialmente los arquitectos, es la de un grupo desorganizado, en el que sus miembros, por muy colegiados que estén, van cada uno a su interés, cosa plenamente aceptable, pero no a costa de menospreciar y, en casos, pisotear a los demás colegas? Dejemos que la cita de Plauto "Homo homini lupus" no se convierta en el motto de la profesión, ya que si nos organizamos un poco, hay campo para todos.

Un aspecto muy positivo, enlazado con lo anteriormente expuesto, es el borrador, que espero vea la luz próximamente, de un convenio laboral, realizado tras grandes esfuerzos por la AMTTA, a la cual quiero dar la enhorabuena desde aquí, que confío venga a dejar claro cuales son los márgenes de actuación de la profesión en todos los campos de la Arqueología, al menos en Madrid, y evitar así las dagas florentinas que vuelan en las reuniones de arqueólogos, y evitar también problemas que hasta ahora han sido comunes en las relaciones laborales con los otros profesionales con los que los arqueólogos nos vemos abocados a trabajar, bien particulares, bien la Administración.

Cambiando de tercio, y como ya he indicado antes, soy arqueólogo de despacho, Arqueólogo de Gabinete cómo me definieron hace ya muchos años, y, por derroteros de la vida profesional, me he dedicado casi desde el momento de mi licenciatura al mundo del material, pasando por todos los estadios del mismo (desde la recogida y lavado, hasta la clasificación, descripción y dibujo), desarrollando esta especialidad de la Arqueología en distintas instituciones y empresas, y esta situación me permite afirmar que da pena ver el poco interés que los arqueólogos ponen en el estudio de las piezas recuperadas en las intervenciones, y la posterior publicación de los resultados obtenidos, privándonos, tanto a sus colegas, como al público en general, de las informaciones derivadas del mismo.

Y aquí quisiera incidir, ya que la mayor parte de las publicaciones que sobre temas arqueológicos se hacen suelen ser sesudos estudios y tratados que a los demás compañeros nos pueden servir de algo, pero que el resto de la Sociedad no puede disfrutar, porque la terminología utilizada es muy técnica, pensada muchas veces para deslumbrar con la retórica, con el uso de modismos propios de la profesión, antes que para poder acercar a la gente llana los conocimientos obtenidos con ese estudio.

No padezcamos de onfalismo crónico, no nos creamos el centro del mundo, y compartamos nuestros saberes con el resto de la ciudadanía, que debería ser el primer objetivo de nuestro trabajo, el de difundir nuestro pasado común.

Por último, y siguiendo con el mundo del material, creo que una de las salidas que la arqueología profesional podría tener, en situaciones difíciles como en la que nos encontramos actualmente, sería fomentar la realización de exposiciones, bien en asociación con las instituciones, depositarias de las piezas procedentes de las excavaciones, bien con el patrocinio de empresas dispuestas a invertir parte de sus beneficios en temas culturales.

Para poder gestionar este tipo de actividades se deberían crear empresas arqueológicas cuya finalidad principal fuera el acercar al público en general el conocimiento de su pasado, mediante la presentación atractiva de los materiales procedentes de las intervenciones, así como con la realización de unas réplicas buenas y de publicaciones adecuadas, que se pondrían a la venta, para poder recuperar parte del dinero invertido en la realización de la muestra.

No hemos de olvidar que el objetivo final de nuestra labor no es otro que el hacer llegar al mayor número posible de personas el conocimiento de nuestro pasado, que a fin de cuentas es lo que significa Arqueología.

BIO

Ignacio Saúl Pérez-Juana del Casal desde hace casi veinte años vive y sobrevive de la Arqueología, ambas cosas, en períodos distintos de su vida laboral, trabajando unas veces para la Administración y, las más, como "mercenario" para empresas del sector. Ha realizado casi todas las labores del gremio: trabajo de campo, que no le gusta; labor de laboratorio, que le apasiona; y, por último, presentación al público de resultados mediante exposiciones, muy gratificante.

FRANCISCO RAMOS MARTÍNEZ   31

¿Y ahora qué? La arqueología que nos espera

Dice la famosa frase que "después de la tormenta llega la calma", y esto es lo que está pasando en el panorama arqueológico actual. La bonanza económica ha acompañado a la primera década del siglo XXI, gracias a (o mejor dicho, por culpa de) la desmesurada promoción y especulación inmobiliaria. Y en la Región de Murcia sabemos de lo que hablamos. Nos guste o no la economía basada en el ladrillo aumentó la demanda de profesionales liberales y empresas del mundo de la arqueología. Pero no solo para las consabidas prospecciones y excavaciones arqueológicas previas a la construcción de edificios y urbanizaciones. Las distintas administraciones públicas (municipales, regionales y estatales) obtuvieron una cantidad ingente de ingresos extra derivados de este tipo de desarrollo. Éstos han ido destinados, en una parte considerable, al desarrollo de grandes infraestructuras como son autopistas, aeropuertos, puertos, líneas férreas, etc, que a su vez demandan profesionales arqueólogos. Y también a inversiones que afectan de manera directa al patrimonio: licitaciones de prospecciones, excavaciones, restauraciones, rehabilitaciones en el Patrimonio Histórico, cartas arqueológicas, planes directores, musealizaciones, etc. Finalmente se han creado instituciones y puestos de funcionarios relacionados con el mundo de la arqueología y el patrimonio para la gestión de toda esta ingente actividad.

Toda esto provocó una sensación de "pleno empleo" en el mundo de la arqueología. Paseabas por una calle de Murcia, Lorca o sobre todo Cartagena y era difícil llevar la cuenta de las excavaciones arqueológicas en las que se estaba trabajando. Las subvenciones para las excavaciones programadas, dirigidas por docentes e investigadores universitarios, eran cuantiosas; y muchos de estos demandaban profesionales en arqueología para ayudarles en los trabajos de campo. La verdad es que teníamos la agenda bastante apretada. Pero ese momento ha terminado.

Actualmente la crisis de la economía mundial, como si de un dominó se tratara, ha afectado de manera directa al profesional de la arqueología. La caída de las inversiones inmobiliarias ha provocado el descenso de las inversiones en cultura, siendo las actividades arqueológicas las más afectadas. Esto ha provocado el cese de actividades de numerosos arqueólogos profesionales y de empresas especializadas en arqueología.

Tenemos razones para ser pesimistas, más aun cuando nuestra política nacional considera cultura únicamente el cine, la música o la tauromaquia (nunca se ha premiado a ningún arqueólogo con la Medalla de Oro al mérito de las Bellas Artes, que se concede desde 1960) y nuestra política regional prefiere gastarse todo el dinero en festivales musicales y bienales de arte contemporáneo sin dejar nada para las actividades arqueológicas.

A partir de aquí tenemos dos opciones, podemos empezar a llorar y a quejarnos entre las sombras o podemos reinventarnos y luchar por nuestro futuro. Yo apuesto por la segunda opción. Hay multitud de oportunidades, están ahí, sólo tenemos que saber mirar.

Un ejemplo. En *Channel 4*, un canal generalista del Reino Unido, se emite desde 1994 (continúa en la actualidad) un programa de televisión llamado *Time Team*. En cada episodio escogen un yacimiento arqueológico y se plantean una serie de cuestiones sobre la gente que allí vivía en el pasado. Un equipo fijo de arqueólogos trata, por medio de la excavación arqueológica de resolver esas cuestiones. Y para ello cuentan con sólo tres días.

Con esa maravillosa excusa tenemos un programa de televisión (que no documental) de arqueología. Alejándose del formato de los documentales con una voz en *off*, y del arquetipo de arqueólogo-aventurero, muestra la realidad de una excavación arqueológica en todo su esplendor. Valiéndose de la complicidad del equipo, reconstrucciones en 3D y un ingente despliegue de medios, consiguen hacer al espectador partícipe de las investigaciones a tiempo real. Al igual que la serie *CSI* nos convierte en investigadores criminalistas, *Time Team* nos convierte en arqueólogos.

Este programa no sólo lleva 17 años en pantalla, sino que se emite los domingos por la tarde a las 5 y media. ¿Os imagináis Telecinco o Antena 3 emitiendo un programa parecido un domingo por la tarde? Pues esa sería la comparación correcta.

El programa ha sido adaptado a la televisión pública estadounidense (PBS) como *Time Team America*, y en España sólo la Televisión Autonómica Catalana (TV3) ha tenido agallas para adaptar el formato con el nombre de *Sota Terra* (Bajo Tierra), que fue emitido en el verano de 2010 con un notable éxito de audiencia.

No quiero que se me entienda mal. No digo que el futuro de la arqueología esté en un programa de televisión. Pero podría ser un comienzo. A estas alturas no creo que nadie pueda negar el legado que Carl Sagan hizo al conocimiento de la astronomía y la astrofísica, o el punto de inflexión que marcó Félix Rodríguez de la Fuente en la conciencia ecológica de todo un país. Necesitamos una figura igual en la arqueología española.

Nuestra labor como arqueólogos debería estar unida a la concienciación de la sociedad con respecto a la investigación arqueológica y el patrimonio cultural. Y para ello necesitamos hacernos un hueco de la forma más adecuada y en mi opinión es la utilización de los medios de comunicación. No es un trabajo baladí, ni a corto plazo, pero es una apuesta segura de futuro. Volviendo a la figura de Félix Rodríguez de la Fuente, en los años 60 no existía en España conciencia ecológica, ni nada que se le parezca. Hoy en día contamos con un Ministerio de Medio Ambiente lo que significa su representación en el más alto órgano del poder ejecutivo del Estado, el Consejo de Ministros. Y parte de ese éxito se lo debemos a la divulgación y a la concienciación a través de los medios de comunicación.

Este es sólo un ejemplo de aplicación y de futuro para los mercados de trabajo de la arqueología y de los arqueólogos, pero existen muchos más. La tecnología avanza a pasos agigantados y la arqueología no debe quedarse atrás. Tenemos caminos casi inexplorados en el mundo de la arqueología como son la realidad aumentada, las representaciones holográficas, la inmersión en realidad virtual, los chips RFID, los códigos QR, el *cloud computing*, las aplicaciones a los nuevos dispositivos que surgen en el mercado, la geolocalización y sus posibilidades, las producciones audiovisuales con recreaciones históricas, los nuevos modelos de negocios (desagregacion, *freemium, long tail*, entre otros) y muchísimas más que seguro que se os ocurren.

En España tenemos buenos arqueólogos, lo hemos demostrado excavando, documentando y publicando. Lo hacemos bien. Es el momento de dar un paso adelante y de que busquemos nuevas oportunidades, nuevos mercados, nuevas vías para el avance y desarrollo de la arqueología.

BIO

Francisco Ramos Martínez (Lorca, Murcia 1978) es socio de Arqueología y Diseño Web SL. Arqueólogo de profesión y vocación. Licenciado en Historia por la Universidad de Murcia en el año 2000. Sus líneas de investigación son el mundo ibérico y las nuevas tecnologías aplicadas a la Arqueología. Ha dirigido 66 intervenciones arqueológicas, ponente en 14 conferencias y es autor de 40 artículos científicos y coautor de un libro. Actualmente sigue excavando, investigando, publicando y difundiendo.

CARME RISSECH BADALLÓ 32

La Antropología Física en el contexto arqueológico

La Antropología Física moderna está interesada en la comprensión de la variabilidad morfológica humana y la relación que hay entre esta variabilidad y el medio ambiente (cultural o biológico) en que viven los diferentes individuos. La Antropología Física siempre ha estado muy relacionada con la Arqueología, la Prehistoria y la Historia, pues sus inicios coincidieron con el descubrimiento de los primeros hombres fósiles en el siglo XIX, los cuales permitieron que la Antropología constatase la variabilidad humana en su amplio espectro. A partir de la segunda mitad del siglo XX, en que aparece la visión actual de la Antropología (la Antropología Física moderna), el estudio de los restos esqueléticos humanos va adquiriendo cada vez más importancia, hasta tener la relevancia actual, que se demuestra con la extensa publicación de artículos y tratados en Paleoantropología, Antropología Osteológica y Forense. Esta importancia también se manifiesta a través de los diferentes medios de comunicación como, por ejemplo, en las famosas series y programas de divulgación televisivos "Bones", "CSI" o "Sota a terra" (este último en la televisión autonómica de Catalunya TV3), los cuales se basan en el estudio de restos humanos para el desarrollo de una trama criminal o histórico-arqueológica, poniéndose de manifiesto la relevante información que se puede extraer de ellos.

El material osteológico en general es importantísimo (o lo debería ser) en cualquier proyecto arqueológico. Los huesos son una materia de investigación tan fructífera como la cerámica, los metales, la arquitectura o cualquier otro campo de estudio, histórico o prehistórico y pueden proporcionar una información clave sobre las sociedades del pasado. Por ejemplo, entre otras cosas, los huesos pueden aportar datos sobre la economía de las sociedades antiguas (alimentación, domesticación, uso de productos secundarios, cría y utilización de animales en trabajos agrícolas), los efectos del medio ambiente en las diferentes poblaciones pasadas, el origen y la evolución de las enfermedades. En concreto, el estudio del material esquelético humano resulta básico en cualquier proyecto arqueológico, pues aporta información directa de los individuos del pasado y sobre sus grupos poblacionales. De hecho, ninguna reconstrucción social puede considerarse completa sin un examen de la estructura física, la dieta, la salud, el crecimiento de los individuos y la demografía de la comunidad.

A pesar de la destacada y demostrada importancia de los restos esqueléticos humanos en los estudios arqueológicos, estos no siempre han sido tenidos en cuenta y no siempre son tratados y considerados como se merecerían. Durante el siglo XIX y principios del XX en España, como en muchos países del mundo occidental, se tiraron muchos esqueletos sin que ni siquiera saliese una pequeña nota sobre ellos en la revista local de arqueología. No es hasta finales del siglo XX cuando se empezó a valorar la totalidad del material esquelético humano sin discriminar alguna parte del esqueleto o de la población. Por ejemplo, en los inicios de la Antropología se valoraban exclusivamente los cráneos de los individuos adultos, de tal manera que los restos postcraneales eran desechados, porque se consideraba que no aportaban información, y actualmente todavía hay quien realiza estudios considerando solo el cráneo y los huesos largos. Hasta fechas recientes los individuos subadultos han sido menospreciados y no se tenían en cuenta en los estudios antropológicos aunque representasen la mitad de la población.

Pese a que actualmente el estudio del material esquelético humano está en auge, a nivel público esta importancia radica mayoritariamente en su aplicación forense, debido a la incidencia legal que tiene y a su utilidad en la resolución de crímenes. No obstante, no se tiene una conciencia pública clara del valor que los estudios antropológicos pueden tener dentro de la Arqueología, quedando el estudio de los restos humanos relegado a un segundo plano. Además de esta falta de conciencia pública en relación a la importancia de los restos esqueléticos de origen arqueológico, se observa también un vacío legal en cuanto a la excavación, conservación y reenterramiento de los mismos. Los restos humanos de origen arqueológico son considerados y tratados por la Ley de Patrimonio como un bien arqueológico más, sin tener una especificación clara sobre ellos. Este vacío legal puede afectar directamente a algunas excavaciones de necrópolis, las cuales pueden ser de destacada importancia, como, por ejemplo, el cementerio medieval judío de Can Roquetes en Tàrrega (Lleida), cuyos restos esqueléticos fueron reclamados por la Federación de Comunidades Judías de España. Este caso se solucionó con la decisión por parte de la Generalitat de Catalunya de que los restos tenían que ser devueltos a la comunidad Judía después de ser estudiados "rápida y brevemente". Otro ejemplo de este vacío legal es la falta de marco jurídico para la excavación de las fosas de la Guerra Civil Española. Debido a la datación de estas fosas, sus restos no pueden ser considerados ni forenses ni arqueológicos, situándose en una laguna en medio de los dos conceptos legales, restos humanos forenses y restos humanos arqueológicos, los cuales implican maneras de actuar diferentes. Dicho vacío legal, junto con la poca importancia atribuida a nivel público a los restos esqueléticos humanos de origen arqueológico, lleva a la poca o ninguna protección de algunos restos importantes, como la necrópolis islámica de Ávila, con casi 3000 tumbas orientadas hacia La Meca datadas entre los siglos XIII y XIV, tratándose probablemente de la mayor necrópolis musulmana de Castilla. Debido a la importancia histórica de los restos y al volumen de información que implicaba este yacimiento, los arqueólogos reclamaron protección por parte de la Ley de Patrimonio, pero fue denegada y los trabajos de construcción, que ya se habían iniciado, continuaron, destruyendo un importante patrimonio de una parte de la historia española.

A veces la presencia de material esquelético humano en las excavaciones sigue constituyendo un problema para los arqueólogos. Debido a la tendencia a infravalorar el material esquelético humano, sobre todo a nivel público, la presencia de un antropólogo en las excavaciones no es obligatoria. Consecuentemente, en las excavaciones no siempre hay a mano un especialista para hacer un informe sobre los restos esqueléticos humanos encontrados. Normalmente, suelen ser los mismos arqueólogos quienes excavan los restos humanos y la mayoría de las veces se ven obligados a realizar ellos mismos un breve informe de los restos. Todavía peor, en algunas de las excavaciones de urgencia debido a la falta de tiempo y dinero, y a las presiones en que se han visto sometidos los directores de la excavación por parte de los constructores, los restos esqueléticos han sido extraídos a pico y pala sin que quedase casi constancia de los mismos. Es necesario, pues, ser conscientes tanto a nivel individual como público de la importancia del estudio de los restos esqueléticos humanos de origen arqueológico. Es preciso valorar cualquier resto esquelético humano. No debería pensarse que, porque se haya descubierto un solo esqueleto no vale la pena hacer un informe de su hallazgo, pues, siempre y cuando se pueda establecer su antigüedad con precisión, contribuye a aumentar el número de especímenes para su estudio. Realmente, olvidarlos y considerarlos de orden secundario está cerrando la puerta a una gran fuente de información sobre las poblaciones pasadas, la cual proviene directamente de los mismos individuos que las formaron. Actualmente las técnicas antropológicas son amplias y cada vez mejores, pudiendo aportar mucha información biológica sobre el individuo, tanto morfológica como molecular, posibilitando la valoración de la salud, la dieta, el crecimiento y maduración, la genética, las relaciones de parentesco, relaciones poblacionales, migraciones, etc. Es, pues, importante tener conciencia pública de la importancia de la aplicación arqueológica de la Antropología y obtener fondos económicos para las excavaciones que contemplen la posibilidad de que en ellas participe un especialista en antropología. De esta manera, ya desde el inicio de la excavación de los restos, se podría obtener datos imprescindibles sobre el individuo, que se pierden una vez extraídos los restos. Es necesario que los restos sean tratados con cuidado y de modo eficiente para su conservación. A diferencia de otros procedimientos arqueológicos, la excavación y extracción del material óseo, si se realiza con el debido cuidado y la debida disciplina, no tiene por qué ser en absoluto un proceso destructivo. De hecho, en algunos casos la excavación del material esquelético garantiza a este una vida más prolongada de la que podría tener si permaneciera enterrado.

En conclusión, es necesario que se incremente la conciencia pública en relación al papel documental de los restos esqueléticos de origen arqueológico, a la vez que proporcionar a los arqueólogos conocimientos básicos de osteología para que puedan abordar de manera eficiente los diferentes restos humanos que frecuentemente se hallan en sus excavaciones. Los restos esqueléticos de origen arqueológico forman parte de la clave para comprender nuestro pasado, y es necesario que su reconocimiento se manifieste tanto a nivel legal como económico.

BIO

Carme Rissech Badalló es Profesora de la Unitat d'Antropologia Física de la Universitat de Barcelona. Es especialista en Paleoantropología y Antropología Forense y autora de numerosos trabajos sobre el desarrollo y estimación de la edad en restos esqueléticos. Ha colaborado con diferentes instituciones y empresas en la excavación y estudio de restos esqueléticos de diversos yacimientos de época tardorromana, ibérica y medieval.

CARMEN GLORIA RODRÍGUEZ SANTANA 33

El futuro es un ejercicio de equilibrio
Una reflexión desde la ultraperiferia

Reflexionar sobre el futuro de la Arqueología en España es un ejercicio que ha resultado más complejo de lo que imaginé cuando recibí esta atractiva propuesta. Pero antes de iniciar cualquier cavilación, creo que no está de más advertir a la lectora, o al lector, de cuáles son algunos de los pertrechos que figuran en mi haber.

Reflexiono desde una tierra más cercana al Cabo Juby que al de Trafalgar, desde un "territorio fragmentado", expresión evocada de forma constante en Canarias porque, en efecto, define con precisión a una Comunidad Autónoma marcada por el hecho insular. Reflexiono, pues, desde una España en la que no hay ni un solo yacimiento paleolítico, ni neolítico, ni fenicio (por mucho que a algunos duela), ni celta, ni íbero... Fue en el siglo XIV cuando las repúblicas mediterráneas y los reinos ibéricos bajomedievales ubicaron a este Archipiélago en la cartografía del mundo conocido, y lo incorporan al occidente cristiano. Antes, otras culturas llegadas desde el continente africano se asentaron en estas islas, hicieron suyo este paisaje y alumbraron unas formas de vivir en sociedad que las hace excepcionales y convierte en estéril cualquier intento de encasillamiento en esos cajones de la Historia que tanto nos ayudan a encontrar referentes.

Reflexiono desde una región definida como ultraperiférica que comparte una Carta Magna y una Ley de Patrimonio Histórico con esa otra España continental e insular mediterránea, con esas otras comunidades autónomas que han sabido elaborar con mayor diligencia un cuerpo jurídico que en las islas resulta obsoleto y que no hemos sido capaces de desarrollar, y en donde cualquier intento de modificación queda bloqueado por algún agente neutralizador.

Reflexiono sobre el futuro de la Arqueología en España en julio de 2011... ¿Puede alguien sustraerse a Assange y *WikiLeaks*, a

Hessel y los indignados del 15-M, a Moody's y los mercados, a *Twitter, Facebook* y las revoluciones del mundo árabe? ¿Se puede seguir transitando como si nada pasara, contemplando desde la barrera a este Primer Mundo que se aferra desesperadamente a un modelo económico que ya no parece dar más de sí? Es imposible no prestar atención a todos estos embates porque sus consecuencias se filtran por todas las rendijas de nuestra cotidianeidad, más vulnerable de lo que imaginábamos.

Y reflexiono desde un museo, un espacio que custodia el fruto de un largo programa de investigación y valorización de la Zona Arqueológica Cueva Pintada de Gáldar (Gran Canaria), con la responsabilidad, asumida, en la conservación, investigación y comunicación de ese rico y singular Patrimonio Arqueológico Canario y con el recuerdo (nunca añoranza) de una época en la que la investigación era la única meta que debía perseguir. Reflexiono sobre el futuro desde una edad que permite afirmar con rotundidad que cualquier tiempo pasado no fue mejor (aunque también es sano confesar que a veces caigo en la fácil e imperdonable tentación de la lamentación estéril). Años que me han permitido ver cómo, al igual que los tan denostados especuladores bursátiles o inmobiliarios, la arqueología también ha sido cautiva de la ambición, el exhibicionismo, la desmesura, la inversión sin reflexión, careciendo, las más de las veces, de la necesaria planificación a medio y largo plazo.

Con todos estos condicionantes (otros muchos quedan en mi personal curriculum oculto), en lugar de intentar seguir una línea argumental (quizás Juan José Millás se preguntaría ¿qué diablos querrá decir línea argumental?), quiero quedarme justamente en la encrucijada de caminos en la que creo que nos encontramos y ver qué hay alrededor. Porque si hay algo que hoy me resulta indudable es que la arqueología se ha convertido en una encrucijada a la que no sólo llegan las personas que a ella se consagran (las que excavan yacimientos de cronología y naturaleza diversa y "estudian con metodología arqueológica" los vestigios que en ellos se recuperan) bien al contrario, a ese cruce están llegando, por vías completamente alternativas, una gran variedad de disciplinas que, hace apenas unos años, nada tenían que ver con este mundo. Si desde la segunda mitad del siglo XX se fue imponiendo una arqueología multidisciplinar volcada hacia las ciencias que, sorprendentemente, muchos aún se empeñan en seguir llamando "auxiliares", hoy son otros campos los que se han incorporado a la arqueología. Esta nueva forma de entender la transdisciplinariedad posiciona a la arqueología en otra escala, en la que puede servir de palanca para impulsar, desde la rehabilitación de centros históricos urbanos, la reactivación turística de entornos rurales o la ordenación del territorio, hasta la búsqueda de referentes de prestigio e identidad "nacional".

Y me gustaría vivir un futuro en el que se asuma definitivamente esta realidad compleja, y, sobre todo, se encuentre el equilibrio de fuerzas adaptado a cada realidad arqueológica. Hay que vislumbrar un futuro con políticas patrimoniales que permitan que en ese cruce no se produzcan colisiones, que la planificación estratégica, el concepto de escala de proyectos, la adecuación entre necesidades y recursos, sean proporcionados. Asumir, en suma, la necesidad de vertebrar esas redes que confluyen en la implementación de proyectos en los que la arqueología es protagonista, pero no la única protagonista. No está de más señalar que la generalización de la evaluación permanente de proyectos será la vía que permitirá comprobar la pertinencia de las actuaciones, o, en el caso de que proceda, reconducir la toma de decisiones y los procesos que de ellas se derivan.

En esta encrucijada, quiero imaginar un cuerpo jurídico consensuado y adaptado a la realidad en la que vivimos, con comisiones técnicas paritarias que establezcan las líneas de inversión en función de intereses científicos, técnicos y también sociales. Imagino ese futuro, en el que las TICs reinarán de forma indiscutible, con una documentación racionalizada, con protocolos que, ya de cartas arqueológicas, ya de inventarios de los museos, permitirán el uso racional de la información, rentabilizando el trabajo de los profesionales, y la consulta de las personas interesadas.

Y en ese futuro, las personas habrán recuperado protagonismo frente al objeto, el yacimiento, la ley, el edificio... El re-descubrimiento de los públicos en la década de los ochenta del pasado siglo (que puede condensarse en la muchas veces citada sentencia de Trevor

Pearce: "las personas son más importantes que los objetos", referida a los museos) trajo consigo la presentación de proyectos cargados de toda suerte de declaraciones de intenciones sobre la dimensión del patrimonio arqueológico, como ámbito abierto a la participación ciudadana, con contenidos comprensibles, y en los que términos como difusión, transparencia, protección, didáctica, accesibilidad..., etc., ocupaban un lugar destacado en el discurso de todas las personas implicadas en todo género de proyectos: desde las que asumían la responsabilidad política de impulsarlos hasta las que se ocupaban del diseño en el más mínimo detalle de su concreción. Pero, si bien es sencillo hacer declaraciones de intenciones, no lo es tanto llevar a buen puerto este planteamiento, especialmente si se desea conciliarlo con esos múltiples intereses que concita hoy el patrimonio cultural. El presente es un puro desequilibrio en el andamiaje de la gestión del patrimonio arqueológico y de los equipamientos a él vinculados (yacimientos visitables, centros de interpretación, museos y parques arqueológicos).

Sin embargo, quiero imaginar un futuro en el que existirá una conciencia de la relevancia del papel jugado por todas las personas implicadas en este género de proyectos, de que la investigación y la innovación (y en consecuencia, la inversión) no debe ceñirse exclusivamente a las colecciones de bienes muebles o a los yacimientos arqueológicos, sea cual sea su naturaleza, sino también debe extenderse a la protección y conservación y, de una forma especialmente intensa, a todas aquellas disciplinas que contribuyen a hacer accesibles los contenidos vinculados con la arqueología. Una accesibilidad que no es sólo física o intelectual, sino también sensorial y emocional. Serán pocos los que seguirán pensando que la investigación en torno a la cultura material, o a que las huellas del ser humano en el paisaje deben ser priorizadas, y seremos más los que veamos la pertinencia de empezar a equilibrar los esfuerzos para llegar, de verdad, a la sociedad a la que nos dirigimos.

Y en ese afán, la ambición y la generosidad desempeñarán papeles privilegiados. ¿Términos contradictorios? Hace ya años, José Antonio Lasheras y María Ángeles Hernández, hablaron de ambición refiriéndose a los proyectos museísticos, pero, sobre todo, de generosidad, para olvidar la satisfacción profesional, y buscar la de las personas que nos rodean, relegando los intereses individuales para satisfacer los generales. Recuerdo bien cómo quedaron ancladas esas dos cualidades referidas a los museos porque no suelen ser evocadas al hablar de sesudos proyectos. ¡Cuánta razón tenían y siguen teniendo! La generosidad será posible porque se combinará con dosis de humildad, de deseos de compartir, de sumar talentos y no de excluirlos. Como señala José María Bermúdez de Castro, dilapidar el talento que nos hace humanos es simplemente una tremenda frivolidad. La ambición residirá en la búsqueda de esa excelencia que debe presidir toda labor profesional, compartiendo responsabilidades y dejando que las personas que se consagran a la enseñanza, al diseño, la comunicación, la arquitectura, la planificación paisajística, el turismo cultural, la informática, las gestión de comunidades en las redes sociales, etc, se integren en nuestros equipos de trabajo, enriqueciendo a esta arqueología de encrucijadas, que concita intereses tan diversos.

Una reflexión desde la ultraperiferia y quizás también desde la ingenuidad: el futuro es un ejercicio de equilibrio.

BIO

Carmen Gloria Rodríguez Santana (Las Palmas de Gran Canaria, 1963), es Dra. en Geografía e Historia (Universidad de La Laguna, Tenerife). Trabaja como conservadora de museos del Cabildo de Gran Canaria - Museo y Parque Arqueológico Cueva Pintada (Gáldar, Gran Canaria). Inició su trayectoria investigadora como arqueozoóloga, pero su carrera profesional e investigadora se ha orientado en los últimos años hacia la museología, en especial a los temas vinculados con la comunicación global del patrimonio cultural.

IGNACIO RODRÍGUEZ TEMIÑO 34

Arqueología con futuro

Siempre regresamos al futuro. Hablar de lo por venir es un ejercicio de prognosis social inevitable en tiempos inciertos como los que vivimos ahora, dentro y fuera de la arqueología. Pero no voy a tratar del futuro, me interesa la arqueología y la gestión del patrimonio arqueológico de ahora.

Los efectos de la crisis económica global en quienes se dedican al ejercicio profesional de la arqueología, traducidos en la caída del volumen de encargos, son una de las notas más significativas del panorama actual. Pérdida de trabajo que se torna dramática en un colectivo tan desprotegido y desproporcionado como este.

La impronta neoliberal en la gestión del patrimonio arqueológico ha extendido la lógica del mercado a los proyectos preventivos, obligando a profesionales y empresas a competir entre ellos, no por ver quién presenta el más adecuado a los requerimientos científicos de la intervención, sino por ver quién lo hace más barato. El sistema ha situado a los promotores en el fiel de balanza para elegir la propuesta ganadora, ante una administración ausente o, en todo caso, complaciente.

Esta forma de proceder ha expulsado del mundo de las actividades arqueológicas preventivas a muchos buenos y muy bien formados profesionales, a favor de otros con menor grado de preparación y responsabilidad profesional. La arqueología preventiva no debía seguir siendo el banderín de enganche de licenciados en paro; tampoco era un éxito de gestión el hiperdesarrollo de excavaciones, aunque a las administraciones les saliesen casi gratis, como he repetido hasta la saciedad. Lo lamentable es haber llegado a este estadio no por un viraje voluntario y razonado en la gestión del patrimonio arqueológico, sino como consecuencia de la crisis económica. El boom del ladrillo nos catapultó y la recesión nos ha hundido. El ritmo de destrucción de trabajo no puede sorprender a nadie: es el correlato de lo que está pasando en el resto de sectores ligados a la construcción. España se ha regodeado en ser un país de albañiles y camareros y ese tipo de apuestas siempre pasa factura, lo lamentable es que la paguemos quienes no tenemos culpa.

Sin embargo, esto no debe suponer la imposibilidad de seguir trabajando como arqueólogos, pero para ello considero que será necesario reinventarse. Antes de proseguir debo primero contar algo de mi experiencia actual, en el Conjunto Arqueológico de Carmona (CAC), unidad administrativa dependiente de la Junta de Andalucía. El primer yacimiento en España, por cierto, en abrir sus puertas a la visita pública, institucionalizando esa función. Y debe recordarse que fue una iniciativa pionera privada, donada al Estado cuando llevaba ya casi cincuenta años de andadura ininterrumpida.

El CAC tiene capacidad para contratar a personas externas a la administración para el desarrollo de actuaciones, programas o proyectos, que lo precisen. No tenemos mucho presupuesto, pero el que nos dan lo empleamos en buena medida en cubrir estas necesidades.

Durante los últimos cinco años, hemos venido invirtiendo una parte sustantiva del dinero, que nos asigna la Consejería de Cultura, en la creación de un sistema de información arqueológica sobre la plataforma de un sistema de información geográfica, al que hemos bautizado con el poco original nombre de SICAC. Para ello se ha contratado a una empresa especializada en levantamientos cartográficos que, a su vez, como condición del pliego del contrato, debía contar con una/s persona/s con perfil profesional desarrollado en arqueología, pero que tuviese/n conocimientos avanzados de sistemas de información geográfica (esta última condición se la imponía la empresa a la lista de candidatos). Fue difícil encontrar personas con esa preparación que no trabajasen ya. En la actualidad, a raíz del éxito del SICAC, esta empresa ya tiene concertados otros contratos para diseñar sistemas análogos al SICAC, para otras instituciones andaluzas y del resto del Estado. El arqueólogo que contrataron sigue con ellos. Él, como el escaso grupo de profesionales con los que comparte un nivel experto en el manejo de sistemas de información geográfica, adquirió ese conocimiento de manera autónoma, buscando cursos que no estaban pensados para arqueólogos.

En otro proyecto destinado a la valorización de un segmento de la necrópolis, el entorno de la tumba de las Guirnaldas, llegamos a la conclusión –algo tarde por cierto- de que las explicaciones podrían ganar en capacidad transmisora si las diseñaban expertos en comunicación. Quienes trabajamos allí somos arqueólogos, conservadores de patrimonio histórico o de museos, incluso doctores y especialistas en mundo romano, pero debíamos contar con personas especializadas en la transmisión de nuestros conocimientos. Existe cierta desconsideración, entre los arqueólogos, sobre la especificidad del hecho comunicativo. No me refiero solo a una cuestión de diseño, sino de adecuación de la interpretación de un bien al público no experto. Nos pusimos en contacto con diversas empresas. Prácticamente en casi ninguna hay arqueólogos trabajando en ellas, mucho menos aún siendo sus empresarios. Finalmente la premura de tiempo desaconsejó incluirlos en el proyecto para no retrasarlo mucho más, pero ese es un camino que tenemos voluntad de recorrer.

En 2007 encargamos a una empresa un estudio de público. No se trataba de los habituales basados en la concepción del bien como recurso turístico (que también se han realizado), nos interesaba sondear el grado de comprensión de nuestros mensajes por el público visitante. Las técnicas de este tipo de trabajos son bien conocidas, encuestas cualitativas, seguimientos, test, etcétera; pero no había en Andalucía ninguna empresa que hubiese realizado nunca este tipo de indagaciones. Fuera de la comunidad, se cuentan con los dedos de una mano. Para llevarlo a cabo hubo que enseñar esa metodología de trabajo a una empresa del sector. Creo que es el único que han hecho y, con posterioridad, no han mostrado mayor interés en desarrollar/ ofertar ese tipo de investigaciones.

Como acabo de exponer, una de las principales preocupaciones que tenemos, quienes trabajamos en el CAC, es aumentar el grado de satisfacción y comprensión de los mensajes que emitimos. Lo cual resultaba especialmente difícil con los escolares. El sistema de visitas concertadas atenuaba la masificación pero su desarrollo apenas variaba resultando tedioso, sobre todo para esos usuarios. En fin, la cuestión mejoró cuando una empresa decidió explotar ese filón teatralizando las visitas escolares. Contratan directamente a través de las AMPAS y, actualmente, tienen prácticamente reservados todos los días lectivos del curso escolar (llevan con ese monopolio cinco años). Trabajan de forma casi exclusiva el CAC, al que han unido otros monumentos históricos de Carmona, gestionados por el Ayuntamiento. No resulta ocioso decir que esta empresa es una rama de otra, de mayor enjundia económica, dedicada al ocio adulto. Se han estancado en una rutina, más o menos cómoda. No parecen muy interesados en ofrecer productos de mayor calidad, profundizando sobre los aspectos de la interpretación patrimonial necesarios para ofrecer un servicio más adecuado al segmento al que va dirigido.

Aunque, en los últimos meses han emergido dos pequeñas empresas más que buscan abrirse camino compitiendo por ese mercado, siguen dominándolo de manera hegemónica. De hecho, debo señalar que ha sido esta empresa la que ha generado la demanda; las otras dos, se limitan de momento a trabajar cuando les llaman.

Como en realidad la mediación de estas empresas nos permite ocuparnos de otros sectores del público, hemos comenzado a trabajar con los escolares del ciclo infantil (tres, cuatro y cinco años), que caen fuera del interés y de las posibilidades de acaparamiento de estas empresas. Con ellos (el alumnado infantil), nuestra intención es que la primera experiencia de contacto con un museo sea lúdica (oír un cuento, pintar o escarbar en recipientes llenos de arena para sacar lo que hemos enterrado previamente, con la única idea de comunicarles que bajo el suelo hay cosas viejas y «bonitas»). La respuesta de los colegios ha sido fantástica y entregada. Solo en Carmona hay 350 alumnos de estas edades y volvemos a estar desbordados de trabajo. Queremos encontrar empresas que se dediquen a esta tarea con rigor y seriedad o, por lo menos, que quieran intentarlo, pero de momento las respuestas han sido muy tímidas.

¿Qué conclusión extraigo de todo ello? Que debemos abrirnos a nuevos campos laborales, con una cualificación profesional solvente, adaptada a las necesidades variables, pero cada vez más exigentes, emanadas de la gestión y valorización del patrimonio arqueológico, en particular, e histórico o cultural, en general.

Estas nuevas necesidades requieren habilidades y conocimientos que quedan extramuros de las enseñanzas universitarias, tanto en los grados como en los másteres. Estos últimos, ante la devaluación que experimentan los estudios sobre arqueología en los itinerarios para la obtención de grados, procuran compensar con asignaturas que, no hace tanto tiempo, se estudiaban en la carrera o se aprendían con el desarrollo investigador. Contingencia que -por otro lado- apuntala las obligaciones docentes de la abundante plantilla de profesores, poco variada y nada flexible, que puebla nuestras universidades. Con lo cual, quienes quieran aventurarse por caminos profesionales están obligados a caminar ellos solos, con la preparación que hayan podido conseguir al margen de las titulaciones universitarias, incluída la mayoría de los másteres.

Como siempre, la cuestión tiene más matices y resulta bastante más compleja en detalle, pero los trazos gruesos de la situación podrían, en mi opinión, ser los esbozados.

Cuando me enfrento a una clase, en algún máster de posgrado, me pregunto qué hacen allí, qué esperan y, si quieren trabajo como arqueólogos o gestores patrimoniales, por qué no hacen otra cosa, como preparar oposiciones o buscarse la vida con el ejercicio profesional. Deseo aclarar que no creo en generaciones «ni-ni» y demás leyendas urbanas, pero estoy convencido de que falta más iniciativa.

Supongo que tener las necesidades básicas cubiertas, o casi cubiertas, por el entorno familiar favorece posturas más cómodas y seguidistas de las conductas mayoritarias. Si todos se apuntan a un máster, ¿por qué no yo? Ser emprendedor/a es bastante más arriesgado y necesita buenas dosis de autoconfianza.

Sin embargo, quiero creer que con el dinero que les cuesta cualquier máster de medio pelo a tres o cuatro personas, pueden crear una sociedad cooperativa, u otra fórmula societaria adecuada, y lanzarse a identificar y rellenar huecos en la oferta cultural. Proyecto que tendrá mayores posibilidades de éxito si combinan diferentes formaciones (arqueología, historia del arte, arquitectura, diseño, etcétera), que les permitan ofrecer una cartera de servicios nuevos y distintos. Sé que no es fácil, tampoco estoy prometiendo la *dolce vita*. Como señalaba un análisis económico reciente: «[l]a cultura es un gigante mediático, un enano estadístico y un gusano económico» (*Diario de Sevilla* de 25/04/2011), pero estoy convencido de que con perseverancia, ilusión, audacia y capacidad de trabajo, al cabo de unos años, tendrán un nicho productivo.

Espero que no se me malinterprete y pido disculpas, si hay quienes sientan que esta intervención es insensible a su situación personal. Pero, en todo caso, veo absolutamente improductivo lamentarse por la pérdida de puestos de trabajo en las excavaciones preventivas y, aunque siga habiendo obra pública y privada, tenemos que aspirar a cualificar nuestro papel en la gestión y la mediación cultural. En ello va nuestro futuro y el de la arqueología.

BIO

Doctor en Historia. En la década de los ochenta fue arqueólogo municipal en el Ayuntamiento de Écija (Sevilla); a comienzos de los noventa, entró en la Dirección General de Bienes Culturales de la Consejería de Cultura, donde ha trabajado en diversas áreas, siempre relacionadas con la gestión del patrimonio arqueológico. En 2002, fue nombrado jefe del Departamento de Protección del Patrimonio Histórico de la Delegación Provincial de Cultura en Sevilla. Desde 2005 es el director del Conjunto Arqueológico de Carmona.

M. CARMEN ROJO ARIZA 35

"¿Cómo quieres que conozcamos, si no nos lo explicas?" La didáctica y el futuro de la arqueología

Hablar de la Arqueología española hoy resulta un tema tan amplio que me obliga necesariamente a centrarme en un aspecto en concreto de la práctica arqueológica. De este modo, pese a los tiempos de incertidumbre económica que corren que suelen llevarnos casi automáticamente a que nuestro discurso gire en torno a la llamada "arqueología de empresa" y, en consecuencia, a su relación con el mundo inmobiliario y el impacto de la crisis arqueológica en los últimos años, con todas las consecuencias que ello implica, el hilo conductor de esta contribución va a ser la relación entre la Arqueología y la Sociedad. Se trata de un aspecto bastante olvidado en los círculos académicos: el de la didáctica y la difusión del patrimonio arqueológico y que considero uno de los principales déficits de no sólo nuestra disciplina sino de buena parte de las Ciencias Humanas (CC.HH.).

Esta deficiencia que señalo contribuye a explicar la imagen que proyecta la Arqueología en el público general y, además, su consideración como algo inútil. ¿Cuántos de nosotros no han escuchado el clásico "qué bonito" o "para qué sirve" a su interlocutor en cualquier charla cuando hacemos referencia a nuestra profesión? Podemos, pues, decir que nos encontramos ante una incongruencia ciertamente curiosa. La Arqueología interesa, atrae y tiene un cierto toque de "glamur" y, por qué no, romanticismo, pero... ¿de dónde viene esta visión casi peyorativa? ¿cuánta gente sabe exactamente en qué consiste? ¿por qué este desconocimiento?

Desde mi punto de vista, una buena parte de estas preguntas pueden responderse si tenemos en cuenta el papel casi nulo que se le ha dado a la difusión y la didáctica del patrimonio arqueológico en el mundo de la Arqueología.

De hecho, no deja de resultar alarmante el hecho que mayoritariamente aquellos que se dedican a este campo no son profesionales de la Arqueología, lo cual no sería negativo per se si no fuera porque tampoco se establece un diálogo entre éstos y quiénes suelen hacerse cargo de esta parte de la disciplina (periodistas, arquitectos, diseñadores, pedagogos, etc.); e incluso aunque desde la propia disciplina arqueológica se acepta que el Museo –en sus diversas tipologías- es el espacio por excelencia de presentación de parte del patrimonio arqueológico, ¿quiénes son exactamente aquellos que se dedican a dicho campo? Y la lista vuelve a ser más o menos similar a la enunciada unas líneas más arriba. Y es como F. Xavier Hernàndez y Xavier Rubio Campillo afirman en su artículo "Interactividad didáctica y museos" en el volumen 8 de la revista *Enseñanza de las Ciencias Sociales*, una buena parte de los medios académicos en CC.HH. se rigen por los principios de una tradición industrial-burguesa, de marcado carácter elitista.

¿Qué implica este posicionamiento? ¿Cómo nos afecta en la formación? Desde mi propia experiencia, como estudiante de una licenciatura en Historia y posteriormente de un Máster en Arqueología, esto se traduce, por ejemplo, en que de 420 créditos cursados, más de la mitad de ellos obligatorios, tan sólo 17 (menos de un 6%) tuvieron una relación con el campo de la didáctica y la difusión del patrimonio. Dicha relación no fue estrictamente directa con la Didáctica de la Arqueología y su Difusión, sino que se trababa de un tema sacado a colación en el marco de un temario más amplio que hacía referencia a la "Didáctica de la Historia" (6) y a la "Didáctica del Patrimonio y de la Museología" (6), mientras que al tema de gestión de proyectos y difusión se hizo referencia en las citadas asignaturas y también en "Museología y Difusión" (5). Evidentemente ninguna de estas materias tenía un carácter troncal u obligatorio, pues en los dos primeros casos se trataban de asignaturas de libre configuración y en el último una optativa de Máster. Huelga decir que en los planes de los actuales grados de Arqueología tampoco se hace mención a la didáctica, ¿se ha de suponer que se tratará en los créditos destinados a gestión?

Creo que es precisamente esta situación la que pervierte, en cierta medida, la visión de los profesionales de la Arqueología de todo lo relacionado con la Didáctica y la Difusión, a las que consideran como algo "pseudocientífico", sin olvidar un cierto desconocimiento de las herramientas que les permitirían entablar un dialogo con la sociedad en general. Todo ello contribuye a la desvalorización de la Arqueología, y lo agravante del caso es que dicha desvalorización es una de las causas que subyacen en la destrucción del patrimonio arqueológico, ¿por qué la sociedad ha de proteger algo que no conoce?

Por poner un ejemplo práctico de lo que he enunciado: el pasado 2 de septiembre de 2011 saltó a los medios el hallazgo de una importante villa romana en La Sagrera a raíz de la obras de construcción del AVE en dicho barrio barcelonés. Vivimos en una "sociedad informacionada", parafraseando a M. Castells sobre el impacto de las nuevas tecnologías en nuestro *modus vivendi*. Por lo tanto, es bastante normal que casi automáticamente surjan iniciativas que reclaman la preservación de este elemento patrimonial en la conocida red social Facebook *Per la preservació "in situ" de la villa romana de la Sagrera* ("Por la preservación 'in situ' de la villa romana de la Sagrera"). Centrémonos en los comentarios: uno de los arqueólogos se queja de la política cultural catalana, aduciendo además que a la sociedad sólo le interesa conservar aquello que sale en los medios a lo que uno de los usuario responde, magistralmente, "y cómo quieres que nos enteremos, si no sale en la prensa?".

Y aquí está el error del arqueólogo, pues al demonizar a los medios de comunicación, su postura refleja una constante en nuestra profesión que el desconocimiento generalizado de las herramientas con las que cuentan para entablar un diálogo con la sociedad que nos rodea y valorizar así los restos arqueológicos, sean esto de la naturaleza que sean. Es en posturas como esta, en las que puede tener su origen en la ausencia de formación el ámbito de didáctica del patrimonio, porqué arqueología consiste en explicar nuestro trabajo al viandante que pase por la calle y pregunta qué hacemos, al grupo de escolares que asisten al yacimiento en una jornada de puertas abiertas, etc. Además, al mismo tiempo, la breve respuesta nos pone de manifiesto cuanto menos dos cosas: ambas en relación con el rol social del arqueólog@. Una primera, y bastante importante, es que la sociedad le interesa la Arqueología y quiere conocer de mano de sus profesionales qué es, cuáles son sus metodologías y técnicas y para qué sirve. Y la segunda que está en relación con la primera es que es tarea de la propia Arqueología de hacer llegar al público general su importancia como disciplina y la necesidad de preservación del patrimonio arqueológico. Podríamos, pues, decir que, parafraseando este usuario, que la propia Sociedad declama "¿cómo quieres que conozcamos, si no nos lo explicas?".

Y es aquí donde entra en juego Didáctica del Patrimonio, que debemos entender como el conjunto de herramientas que nos permiten explicar el máximo número de cosas a un máximo número de persona de una forma fácilmente compresible, recogiendo una premisa que definió ya Comenius en su *Didáctica Magna* al definir la didáctica como "el artificio o ciencia universal que ayuda a enseñar todo a todos los hombres con rapidez, energía y eficacia". Dicha idea la recogen buena parte de los profesionales de la Didáctica del Patrimonio en sus obras, Laia Coma y Juan Santacana en su *Cookbook of heritage* (2010) sobre la didáctica afirman que tiene la tarea de traducir todos y cada uno de los lenguajes que nos permiten interpretar el Patrimonio a otro lenguaje comprensible para todos los usuarios. Las herramientas para llevar a cabo dicha tarea de la selección de contenidos, las dinámicas interactivas, etc. variaran en función de la naturaleza del objeto a interpretar. Ahora bien, lo que caracteriza a todo proceso de intermediación didáctica es que debe basarse en una metodología rigurosa y, sobre todo, tener en cuenta la investigación científica en relación a aquello que se quiere hacer accesible y comunicar al público. Contrariamente a lo que piensa gran parte de la comunidad arqueológica, Didáctica no es un espectáculo a ofrecer –puede tener un componente lúdico a fin de facilitar la comprensión del mensaje- sino que se trata de un conjunto de herramientas que se ofrecen a la sociedad para que tenga los mecanismos de interpretación y comprensión del patrimonio.

No se debe, pues, olvidar para quiénes hacemos Arqueología, con qué fondos y, en última instancia, a quién pertenece el Patrimonio Arqueológico. No en vano, recogiendo una idea de F. Xavier Hernàndez, nuestra formación como ciudadanía depende en buena medida de nuestro acceso al patrimonio. De esto modo, no es osado afirmar que la llave del cambio social está en parte en manos de la Arqueología y la relación que queramos establecer como arqueólog@s con el destinatario de nuestro trabajo, esto es, la Sociedad.

Nota final. Quiero expresar mi agradecimiento a los profesores, investigadores postdoctorales así como a los predoctorales – algunos compañer@s y amig@s- que han contribuido a mi formación didáctica que como ya he indicado era bastante deficiente antes de entrar en contacto con éstos y, en especial, a la Dra. María Feliu Torruella y las Sras. Laia Coma Quintana, Victoria López Benito y Tània Martínez Gil.

BIO

M. Carmen Rojo Ariza es Licenciada en Historia y Máster en Arqueología por la Universidad de Barcelona. Desarrolla su investigación entorno a la Arqueología de la aviación republicana, así como la aplicación de nuevas tecnologías a la interpretación y difusión del patrimonio, en especial de la Guerra Civil española, en el seno del grupo de investigación Didáctica del Patrimonio, Museografía Comprensiva y Nuevas Tecnologías (DIDPATRI), donde trabaja como becaria predoctoral FPU.

JORGE ROLLAND CALVO   35

De los sistemas expertos a prácticas democráticas en arqueología

1. Me asomo a estas charlas de café desde una de las puertas que dan acceso a la sala. Mi posición es más bien periférica, por distintos motivos y avatares, pero en cualquier caso se dirige hacia el sentido contrario de esa sala, o más bien hacia su suelo, ese sustrato que la acoge y la supera, el campo social y, expresado de un modo más profano, la realidad, aunque no pierdo de vista que somos arqueólogos y aqueólogas los que probamos a dialogar en este entorno. La pregunta sobre el futuro de la arqueología la exploro, pues, intentando apegarme a ese ámbito e intentando incidir en él. Me muevo, así, en el llamado ámbito de la difusión y específicamente en el de la didáctica, aunque voy a preferir llamarlo pedagogía.

2. El término de difusión de la ciencia, como el de la divulgación y otros (proyección social y papel social y político de los investigadores, por ejemplo), es muy problemático. La difusión, como concepto y práctica, asume la generación o producción de conocimiento y destrezas por parte de los expertos y su distribución posterior entre los profanos de la sociedad, pretendidamente separada del campo científico, con diversos fines. Se puede apreciar entonces una separación ontológica y epistemológica, con consecuencias prácticas (en definitiva políticas y constitutivas del orden social, diremos aquí conformistas), entre los que en un principio saben y los que no. Cuando ciertas personas (aunque cada vez son más) se interesan por los problemas de la *difusión* de la arqueología y los de la disciplina en un sentido más global (como por ejemplo el desinterés hacia el pasado y el llamado patrimonio arqueológico, las concepciones erróneas del vulgo, los expolios, saqueos y mercado de piezas arqueológicas, la falta de renovación teórica y metodológica o, directamente, de estudiantes e investigadores, sin olvidar lo pírrico de los presupuestos públicos y privados dedicados a la financiación de proyectos e intervenciones), siempre se plantea lo mismo, al menos con relación a nuestro *papel social*: no llegamos

adecuadamente a la gente, no vendemos bien la moto que hemos elaborado en el taller. Con ello, sin embargo, se escamotea un problema básico y, en mi opinión, real, que es cómo *producimos* el conocimiento y nuestras prácticas, y no tanto cómo los *distribuimos*. He aquí, de nuevo, el espíritu, intención y comportamiento clásicos y liberales de la economía política a la hora de explicar una realidad (economía política, y por tanto reflexión sustanciosa, en el mejor de los casos...).

3. Antes de entrar a valorar lo que en mi opinión es el fondo de este carácter problemático de la difusión (es decir, básicamente, cómo entendemos la disciplina y su relación con la realidad), quiero dejar claro que los problemas a los que aludía, sobre la falta de interés y de presupuestos, las concepciones equivocadas, la destrucción ilegal y legal de los yacimientos y demás, no son los únicos, al menos en mi caso y en el de aquellos con los que trabajo. Decisivamente me planteo cómo consumimos objetos, cómo son los paisajes urbanos y rurales, de qué maneras gestionamos los mecanismos de identificación colectiva común y ajena, qué nos preguntamos sobre la realidad y cómo incidimos, consecuentemente con ello, en ella, qué pensamos del pasado, cómo lo moldeamos y cómo nos ligamos a él o, por el contrario, cómo lo rechazamos, a quién pertenecen los yacimientos y quiénes y cómo deciden sobre ellos; problemas, todos ellos, que afectan al ámbito de la difusión (o en el que la arqueología puede decir mucho), que es la realidad social, digamos general o global. Por tanto, preguntémonos en el siguiente punto por lo que veo como el fondo de los problemas que encuentra la arqueología cuando difunde y pretende mejorar en esa difusión, para, posteriormente, abordar cómo lo hacen algunos proyectos y cómo pienso que, en otro sentido, lo podemos hacer otros.

4. ¿Por qué fracasa, pues, la arqueología a través de la difusión en el ámbito de algunos de esos problemas, o actúa sólo en un sentido ocultamente conformista? ¿Qué subyace a muchas concepciones y actuaciones en torno a la difusión? La arqueología, como otras disciplinas, tal y como la solemos entender, es un *sistema experto* que priva a la gente de su capacidad para entender, analizar,

escudriñar y decidir individual o colectivamente, y que le (en verdad, nos) condena a un mero papel de receptores y consumidores de las *motos* de los expertos. Son los científicos los que hacen ciencia y después, por diversos motivos y razones (en algunos casos, más o menos loables), deciden mostrarnos sus tesoros e, incluso, nos enseñan *cómo es el pasado* (que no es poco). Por supuesto, esto casa perfectamente con las dinámicas que generan otros sistemas de saber y, más en general, los sistemas disciplinarios (en el sentido foucaultiano) de la sociedad; piénsese, en este sentido, en el quehacer (hoy -desde hace tiempo...-, poder) coercitivo y judicial, de la actuación política, la medicina, la producción de alimentos, el arte y, cómo no, la educación, todos ellos sujetados y sometidos a los planteamientos y actividad de los expertos y al reconocimiento de su autoridad, privándonos (en parte -no conviene echarle la culpa de todo a la dirección...) de nuestra capacidad para generar mecanismos individuales y comunitarios de gestión y resolución (autogestión). Por eso considero que la arqueología y su difusión forman parte, claramente, de los procesos de conformación y reconformación del orden social.

5. Muchos de los proyectos de difusión en arqueología, en efecto, permiten apreciar la articulación, cuando no dicotomía, entre expertos y profanos. Esto implica primeramente una acción didáctica meramente transmisiva: "Pregúntenos lo que desee, nosotros respondemos"; "esto se hace así y esto es así. El próximo día, si lo hay, cuando venga, se lo repito"; "con el texto y las ilustraciones que le propongo no tiene más que memorizar los datos para conocer su pasado". En otros casos prevalece la exclusividad del experto en la custodia de los restos: "Venga usted al yacimiento, que yo se lo enseño..."; "¿Quiere conocer las pinturas de sus antepasados? Yo se las muestro". A ello se añaden otros dejes, más o menos logrados, como el exhibicionismo narcisista y, a menudo, masculinista de las destrezas (en el caso de la arqueología experimental aplicada a la difusión) y la búsqueda de un mero sentido estético y de un afán virtuoso en el uso de las técnicas del grafismo, reconstrucciones y audiovisuales (cartelería, escenografía, materiales didácticos de yacimientos y museos), por ejemplo. Todo ello permite en muchos

casos que la gente conozca algo sobre el pasado, que algunas chicas y chicos se creen nuevas ideas sobre la arqueología y sueñen con ser algún día profesionales, que los municipios y las empresas tengan otro producto más que ofrecer a sus visitantes y turistas, y que estos puedan consumir cultura y eructar algún dato o anécdota después de comerse un cadáver en un asador.

Y muchas cosas más, pero, mientras tanto, en mi opinión, la gente no aporta prácticamente nada al conocimiento, está desconectada de sus realidades y fundamentos históricos, no participa y sólo obedece, delega y confía (en un sentido casi religioso). Además, *olvidamos* que las luchas de ayer guardan semejanzas (y diferencias) con las de hoy, que el poder y las jerarquías no son naturales, que la materia es utilizada para imponer calladamente múltiples determinaciones, y no sólo que los arqueólogos están sin trabajo, que tengo que hacer algo con mi excavación y sus resultados para que no me tachen de parásito o de que somos "los del pincel" que hacen perder tanto dinero a los constructores, cosas, por lo demás, bien graves.

6. ¿Cómo vamos, pues, a solucionar los problemas mencionados, interesantes para muchas personas y colectivos (más o menos concienciados), si seguimos pendientes de la difusión o distribución del saber, ignorando, deliberadamente o no, las concepciones de fondo, el propio medio y las dinámicas de la producción de los conocimientos y prácticas arqueológicas, insertadas en los sistemas expertos? Aquí tendremos que pronunciar una frase manida pero no por ello menos defendible: otra arqueología es posible. Una arqueología que no sólo muestra, se exhibe y enseña, sino que implica a la gente en su desenvolvimiento y se inserta en el campo social, rechazando la división entre especialistas y profanos. Aunque este enfoque se ha tratado en algunos proyectos (comunitarios, poscoloniales...), quiero insistir en que esta arqueología ofrece instrumentos y conocimientos para que la gente construya sus aproximaciones particulares al pasado, como parte de un esfuerzo por construir democrática, colectiva y libremente una crítica del presente inspirada en el análisis histórico. Defiende un discurso histórico que no hay que creerse, sino discutir

con rigor a partir del planteamiento de distintas opciones y matices, de nuevas vías y de datos.

7. Esta arqueología no pretende ser la de la difusión, sino la de la formación de individuos y masas críticas, implicadas en contextos históricos y vinculadas (consciente, comprometida o científicamente, como se prefiera) con sus tramas y problemas. El trabajo en este sentido con un sector particular de la realidad, las poblaciones más jóvenes, nos lleva a plantear una pedagogía de la historia, la arqueología y las tradiciones populares que va más allá de la didáctica de la ciencia, en la que entran muchos de los conceptos y prácticas a los que me he referido; una pedagogía crítica alimentada por un espíritu democrático y contraria a los sistemas expertos.

En nuestros proyectos, esta pedagogía se articula en un eje fundamental, que es el trabajo (descripción, análisis, reflexión y acción) con la materia, primordialmente con objetos, yacimientos y paisajes arqueológicos (o réplicas). El trabajo con la materia no supone acabar en ella (como tampoco supone excluir otras dimensiones); permite explorar, más bien, sus relaciones con la actividad humana y la formación, transformación y, en su caso, subversión o alteración del orden social a lo largo del tiempo y en distintos lugares. En este sentido, y sin menoscabo de otras interpretaciones elaboradas por los participantes, insistimos en la comprensión de la materialidad como resultado y medio para la acción. Es decir: la materialidad, léase objetos o arquitectura, por ejemplo, en efecto es resultado de la actividad pero también es un medio crucial para ella, y no sólo por cuanto media entre el ser humano y la naturaleza, sino también porque, una vez nace, a lo largo de sus complejas biografías enseña y obliga, junto a otros aspectos y de un modo práctico, no sólo discursivo, a ser y estar en el mundo de determinados modos, incluyendo decisivamente las relaciones de poder. Así, la arqueología nos invita a acceder a aspectos y estructuras del pasado que han sido muy relevantes pero que se han mantenido y se mantienen en estado latente, olvidadas y escondidas, *enterradas* en este sentido peculiar.

Además, entendemos que esta pedagogía crítica entraña un conocimiento y reconocimiento de la alteridad, de otras gentes y otras experiencias, es decir, de los caminos alternativos a los hegemónicos actualmente, lo que supone relativizar la fatalidad de los desarrollos capitalistas. Finalmente, a través de talleres y prácticas de análisis, reconstrucción y uso de la cultura material (incluyendo la tecnología del fuego, los alimentos, la arquitectura, la vestimenta o las vajillas) hacemos un inestimable ejercicio de las capacidades manuales de cada uno y de un grupo, así como de las posibilidades de relación con el medio y con los demás. Esto nos abre las puertas al "do it yourself" o *hazlo tú mismo*, a usos más libres a los que estamos acostumbrados de la tecnología y de los productos y, en cierto modo, a ser menos serviles de las pulsiones consumistas y los objetivos encarnados en ellas.

8. Sin ninguna pretensión de imponer el enfoque y los planteamientos expuestos aquí, y con todo el respeto a la encomiable y digna actividad que realizan unos pocos profesionales en el ámbito de la difusión y la didáctica, creemos que de este modo podemos contribuir al tratamiento y solución de algunos de los problemas mencionados más arriba, así como a construir un modo más democrático de relacionarnos con el conocimiento.

Agradezco, muy sinceramente, la oportunidad de participar en estas charlas, así como su paciencia, a Jaime Almansa y los aciertos que tenga el producto final, si los hay, a Pilar Cucalón, que gracias a su enorme saber e incisiva mirada antropológica ha hecho revivir antiguas páginas de distintas lecturas sepultadas en mi mente y, gracias a otros gestos, ha aportado nuevos nutrientes (además de ánimos) al impulso con el que he escrito esto ahora, así como, muy calurosamente, muchos de los planteamientos recogidos aquí se los agradezco al equipo de Bustar project, con cuyos miembros, en realidad, comparto la autoría de este texto.

BIO

Jorge Rolland Calvo (Madrid, 1978) es profesor de enseñanza secundaria y doctor en Historia, en el itinerario de Prehistoria, por la Universidad Complutense de Madrid. Ha participado en distintos proyectos de arqueología prehistórica y contemporánea, incluyendo entre estos últimos el de los destacamentos penales franquistas del ferrocarril Madrid-Burgos en la Sierra de Madrid (especialmente el caso de Bustarviejo). Ha desarrollado y desarrolla, además, distintas actividades didácticas en arqueología, entre las que destaca su participación en el colectivo 'Nómadas del tiempo', junto a Álvaro Falquina y Lucía Oliveros, y cuenta con distintas publicaciones sobre arqueología teórica (política, marxismo, arqueología pública). Realizó su doctorado en el marco de un proyecto hispano-ruso de arqueología de la Edad del Bronce en el Consejo Superior de Investigaciones Científicas.

ARTURO RUIZ RODRÍGUEZ

De la heterotopía al lugar común del conocimiento

Durante la Transición solía dibujar Peridis en su tira diaria para El País un agujero que mostraba el lugar de la clandestinidad. En él la caricatura de Santiago Carrillo dejaba asomar la cabeza diariamente en un intento de hacer real socialmente la legalización del PCE. Peridis había construido con su agujero negro una heterotopía en la perspectiva conceptual foucaultiana que abría un espacio cerrado y obscuro que representaba el lugar otro, el contralugar de la política, el silencio. El paso del tiempo político en España llevó al olvido la clandestinidad forzada por el Franquismo, pero no así el agujero negro de Peridis que acogió la perdida de la voz pública, una forma de invisibilidad como la clandestinidad, para recibir a aquellos que habían sido desplazados del poder y asomaban la cabeza antes de desaparecer del espacio público. La heterotopía construida mostraba de forma metafórica en la imagen del agujero negro, el otro lado de la política, el lugar del olvido social. El mundo que se desarrolla al otro lado del agujero puede ser también visto como una metáfora de la historia de la arqueología, y no solamente porque el subsuelo sea la imagen literal del espacio donde tradicionalmente interviene el arqueólogo, sino porque es el reino del topo, el lugar en el que los arqueólogos han padecido, hasta hace no mucho tiempo, el síndrome del animal ciego cuyos síntomas se establecen en la obsesión por vivir en los espacios subterráneos y además hacerlo con la ceguera de quien tiene una perspectiva limitada e inocente de su objeto de trabajo. El lugar subterráneo del agujero negro de Peridis ha tenido también un segundo espacio asociado: los museos arqueológicos, otro lugar cerrado y silencioso, que es referencia paradigmática de la heterotopía de Foucault, pues es un lugar que guarda todos los objetos, que acumula todos los tiempos y que tradicionalmente se cierra a toda innovación que no desarrolle la colección: su objetivo único y perfecto. Sitios ocultos bajo la tierra que, al no recibir tratamiento de conservación, una vez estudiados volvían a la tierra e instituciones que enterraban objetos en vitrinas y almacenes han configurado los lugares de la arqueología por más de un siglo hasta que en los años setenta se inició el cambio epistemológico que ha creado las nuevas condiciones desde las que pensar el futuro de la arqueología.

Por otra parte, el agujero negro de la arqueología, al cerrarse al resto de la sociedad de modo elitista, ha creado mitos, hermosos literariamente, que sin embargo han promovido la emulación, segregando el objeto arqueológico de su método, diluyendo los límites entre la profesionalidad del arqueólogo y el interés del aficionado y haciendo de este último un "arqueólogo" siempre que sienta atracción por la sorpresa del hallazgo, la historia que puede ser poseída e imaginada y las colecciones de tiempos. Hace pocos meses un aficionado me escribió para contarme que había encontrado la Atlántida en Jaén, cuando esta tierra era aún un espacio por el que el mar llegaba hasta la Sierra de Segura, (significativamente un medio de comunicación local había dado el mismo tratamiento a esta noticia que al hallazgo y excavación del primer palacio ibérico en Puente Tablas). Traté de explicarle la imposibilidad de hacer coincidir en el tiempo los hechos que proponía o que debía ser crítico con hacer objetivo de conocimiento los mitos. El hombre no se amilanaba hasta que advirtió que yo le había dicho también que ser un investigador en arqueología era fruto de un largo proceso de trabajo que incluía años de formación, horas de trabajo en el campo y en los laboratorios e incluso algún rito de paso como la presentación de la Tesis Doctoral. Me dijo que yo no había entendido nada, que descubrir la Atlántida no exigía tan larga historia de trabajo, sino intuición e imaginación. Perdidos en la heterotopía de la arqueología, algunos aficionados confunden el rigor y la práctica de la investigación, con la narración novelada y transfiere los límites que debieran existir entre él y el profesional a los que le separan de sus mitos: arqueólogos de cine o novela a los que debe emular. De todos modos, reconducir el potencial que contiene la atracción social hacia la arqueología, limpiándola de mitos y misterios, es una de las más importantes apuestas de la arqueología del futuro. Con proyectos como FORO MMXI se ha desarrollado una experiencia en Cástulo en la que se articula el trabajo arqueológico con un programa de voluntariado que lleva a la excavación a decenas de aficionados y el uso de tecnologías innovadoras.

Como un auténtico tsunami varios hechos han destruido desde la década de los setenta la heterotopía de la arqueología tradicional y con ello han puesto en cuestión la ceguera del topo. Así cabe entender como una metáfora que la mirada del arqueólogo dejara de visualizar la penumbra de lo subterráneo y descubriera que el espacio arqueológico también estaba en la superficie; con los estudios de la arqueología de la arquitectura se ha comenzado a valorar que el objeto de la arqueología es la naturaleza destruida, y no la posición de los restos arqueológicos respecto a la superficie de la tierra; es decir que el objeto de trabajo debe ser valorado por su naturaleza cualitativa y no por su metodología. Tal vez ese sea el primer hecho a valorar de la ruptura epistemológica de la arqueología, pero hay que añadir otros factores más: el segundo ha sido la ruptura con el objeto arqueológico como referencia de unidad mínima de trabajo de la disciplina, lo que se ha hecho definiendo una escala superior que se visualiza en el territorio y el paisaje. El efecto ha sido inmediato al desplazar las tipologías de ser el objetivo de la arqueología tradicional a ser en cambio una fase del proceso de análisis. El tercer caso de interés que apunta hacia la arqueología del futuro en el marco de la ruptura bachelardiana viene dado desde la desmitificación del objeto arqueológico, que ha promovido cierta democratización de las colecciones de referencia al incorporar al elenco de materiales arqueológicos los objetos invisibles o menospreciados estéticamente, alejando con ello el trabajo arqueológico del de otra disciplina la Historia del Arte cuyos límites eran difusos: pólenes, elementos químicos, carbones, semillas, huesos, etc. Existen también factores sociales a añadir en la deconstrucción de la heterotopía de la arqueología tradicional que han de consolidarse en el futuro: en primer lugar la profesionalización del arqueólogo, para evitar el intrusismo, lo que implica colocar a cada agente del proceso de trabajo arqueológico en su lugar y asegurar el control riguroso en la intervención. En segundo lugar consolidar la transferencia de resultados a la sociedad haciendo partícipe al arqueólogo de toda la cadena operativa a través de su integración en la interdisciplinaridad de la comunicación en sus diversas variantes. Y ya que se plantea el tema de la interdisciplinaridad, la tercera cuestión debería ser la apertura consensuada disciplinalmente del método arqueológico a las ciencias experimentales y a las nuevas tecnologías, no como meras técnicas auxiliares añadidas coyunturalmente en el proceso de trabajo, sino como parte del equipo arqueológico básico; ello para ampliar las bases de conocimiento de la disciplina y desarrollar técnicas que superen las actividades de registro anacrónicas y que suponen un esfuerzo añadido inútil.

En todo caso, es básico para establecer las nuevas bases conceptuales, que la arqueología no olvide la importancia del debate teórico en la conformación futura de la disciplina y que el logro de los últimos años ha consistido en romper un marco conceptual limitado que solamente reconocía el valor de la investigación arqueológica si se supeditaba a la Historia como disciplinar auxiliar. En realidad esa Historia culta, pues la que se construye desde la arqueología era historia analfabeta, claro, no era realmente la Historia, como disciplina global, sino la historia de los documentos escritos. Sin embargo, una larga tradición decimonónica había relegado la historia arqueológica a aquellas etapas de la historia donde no existían fuentes de información escrita o donde, si existían, las fuentes arqueológicas estaban obligadas a supeditarse a ellas y no a fortalecer ambos nichos de conocimiento en un encuentro dialéctico.

Recientemente hemos desarrollado un trabajo de reconocimiento y recuperación del escenario de la batalla de Baecula, caracterizado por tratarse de un proyecto fundamentalmente de prospección superficial intensiva en el que la escala del lugar de trabajo se multiplicaba en relación a los espacios habituales de intervención arqueológica intensiva: 500 has para el escenario principal de la batalla y hasta un eje de 9 km. para los lugares extremos del escenario secundario: campamentos, caminos y por supuesto un oppidum indígena. El proyecto ha resultado de especial interés por el desarrollo de un doble diálogo. Primero por la integración de las tecnologías cartográficas (GIS o GPS) con la prospección arqueológica en un trabajo directo y compartido en el campo; en este marco cabe añadir la reivindicación de instrumentos "diabólicos" para el arqueólogo tradicional como el detector de metales, en relación directa con la estratigrafía del lugar. El segundo diálogo del proyecto ha sido construido entre las fuentes escritas y las fuentes arqueológicas sin pretensión ninguna de jerarquías entre ellas o dependencia de unas con otras, en una dialéctica abierta que corrige continuamente las hipótesis de cada campo del diálogo. El éxito del proyecto ha sido extraordinario por lo que supone trabajar con registros de prospección, habitualmente considerados de segundo nivel, que sin embargo en tan amplias escalas recuperan un alto grado de rigor, a lo que se añade la importancia de trabajar con instrumentos tecnológicos que permiten en tiempo real visiones globales de escenarios tan amplios, correlacionando los objetos en su espacio histórico. Por otra parte, el citado diálogo entre los dos tipos de fuente ha sido muy enriquecedor porque en una primera etapa las fuentes escritas condujeron a los lugares potenciales que podían constituirse en escenario de la batalla y las fuentes arqueológicas corroboraron el sitio con la prospección y la cartografía. Posteriormente reconocido el lugar descrito en las fuentes arqueológicas, se trabajó en la construcción de hipótesis, que dialécticamente se han corregido con los textos de Polibio y Tito Livio, hasta visibilizar gran parte de los movimientos de la batalla.

La última acción en Baecula consiste en realizar la transferencia del conocimiento hacia la comunidad local a través de un programa de recuperación de la memoria, perdida esta por el olvido histórico del lugar de la batalla. Reintegración, sostenida en la identidad colectiva, sostenida en programas de educación, y el beneficio económico basado en programas de empleo e iniciativas privadas, que ha de producir la conversión del conocimiento arqueológico en patrimonio, que es el último escalón del trabajo arqueológico: hacer socialmente visible lo invisible.

BIO

Arturo Ruiz Rodríguez es Catedrático de Prehistoria de la Universidad de Jaén y Director del Centro Andaluz de Arqueología Ibérica. Vinculado a la universidad desde 1974 y especializado en arqueología ibérica desde el Doctorado. Presidente de la Comisión Andaluza de Arqueología de 1985 a 1995. Ha participado en proyectos europeos como AREA, EPOCH o CARARE y excavado en sitios arqueológicos iberos como los santuarios de El Pajarillo o Castellar, necrópolis de Gil de Olid, Hornos de Peal, Piquia o La Noria, oppida como Puente Tablas, torres como Cazalilla o escenarios de batalla como Baecula. Ha elaborado y asesora en la actualidad el proyecto "Viaje al Tiempo de los Iberos".

MARÍA RUIZ DEL ÁRBOL MORO

Sobre la Arqueología como Ciencia Social y su utilidad presente y futura

Estas líneas apuntan algunas reflexiones sobre la situación de la Arqueología y el quehacer del arqueólogo en el contexto de las Ciencias Humanas y Sociales. Entiendo aquí la Arqueología como una práctica unitaria, que abarca no sólo la investigación científica, sino la necesaria conexión de esta con campos como la planificación y la gestión territorial y patrimonial, a través de los diversos canales de transferencia del conocimiento, así como los aspectos vinculados a la trasmisión y difusión de los resultados. Desde esta perspectiva no se atendería a la tradicional distinción entre "arqueología de investigación" y "arqueología de gestión", que no hace sino enfrentar la necesaria reflexión que toda práctica profesional debe llevar aparejada frente a una "acción" que se adjudicaría a unos pocos.

Cualquier reflexión actual sobre la Arqueología no debe olvidar, por otra parte, el enorme interés que suscita nuestra disciplina. El quehacer cotidiano del arqueólogo es una cuestión que deja indiferentes a pocas personas. Un ejemplo pedestre puede ser la cara de sorpresa que suele poner la gente cuando digo que soy arqueóloga (cara que nunca ponen si digo que soy enfermera o abogada). Frente a este, un ejemplo más serio y significativo es el éxito que cosechan las diversas iniciativas de los miembros de la Línea de Investigación "Arqueología y procesos sociales" del Centro de Ciencias Humanas y Sociales del CSIC en las diversas *Semanas de la Ciencia* y que se articulan en torno a demostraciones prácticas del trabajo de los arqueólogos. Ni que decir tiene que la excavación es una de las actividades que despierta mayor interés entre los participantes de esas *Semanas*.

Este interés contrasta, sin embargo, con la enorme ignorancia que existe sobre el carácter, desarrollo y fundamentos de la disciplina, tanto entre el público en general como, muchas veces, también entre el especializado y más cercano a nuestro ámbito. En el caso del público general, seguramente, si pidiéramos a alguien que nos dijera el nombre de un arqueólogo famoso, prácticamente la mayoría mencionaría todavía a "Indiana Jones", o a "Lara Croft", en el caso de los más jóvenes. Se trata de un desconocimiento que sin duda afecta por igual a otras ciencias pero que, sin embargo es, en mi opinión, especialmente grave en el caso de las Ciencias Humanas y Sociales, dado que estas se enfrentan constantemente a la justificación de su "utilidad" o su "rentabilidad". En términos generales se puede decir que se consideran unas ciencias "fáciles" (en el marco de la distinción tradicional entre "ciencias" y "letras"). Esto facilita el hecho de que, de manera especial en el campo de la Arqueología, el terreno esté abonado para el afianzamiento de diversos mitos y la acción de diletantes, curiosos y esotéricos.

Frente a esto, y paradójicamente, nos encontramos hoy en día en un momento en el que las Ciencias Humanas y Sociales han adquirido un gran dinamismo (cambios en los planteamientos científicos, interdisciplinariedad, convergencia entre intereses científicos y políticas públicas, investigadores comprometidos con la difusión de sus resultados, etc.) pero que se enfrentan, sin embargo, a diversas presiones. Parafraseando a Domingo Plácido podríamos decir que la Arqueología (él se refería a la Historia) se encuentra atrapada entre la aureola de la erudición reposada y las urgencias actuales. Hoy en día domina en muchos sectores de la sociedad la idea de que las Ciencias Humanas deben preservarse, pero al precio de "reciclarse", homologándose en lo posible con las demás. Se trata de una idea peligrosa, ya que compromete tanto la calidad del trabajo como el rendimiento social, político y cultural que se les debe exigir.

En este marco la práctica arqueológica (en su complejidad e integridad disciplinar) corre el riesgo de verse engullida por el utilitarismo y por la trivialización de los contenidos. Un buen ejemplo es lo que ocurre a veces con el Patrimonio Cultural, un caso cotidiano en el que la "urgencia" y la "reflexión" se enfrentan día tras día. Por ejemplo: cuando se habla de Patrimonio cultural la búsqueda de nuevas formas de aprovechamiento, dirigidas a la diversificación de los recursos culturales, ha llevado a que, lamentablemente, en muchas ocasiones, se utilice el Patrimonio para finalidades más lucrativas que culturales. La Arqueología (y la Historia) se emplean muchas veces como un decorado cultural y, por tanto, de simple prestigio. Así, de una filosofía conservacionista (basada en el mito de la Arqueología como "ruina", los museos como colecciones de hallazgos) hemos pasado directamente a la cultura del entretenimiento y los parques temáticos (a la "experiencia cultural"). Es preciso reconocer que el pasado tiene un valor que va mucho más allá de la investigación científica, y en esto se incluye la utilización de este pasado por diversos grupos, de acuerdo con intereses muy variados. Sin embargo, también, si hoy es posible hablar de la rentabilidad económica, además de la social, del Patrimonio, es porque en las últimas décadas se han sucedido importantes cambios en los conceptos y en las disciplinas que nos informan. Y en esto la Arqueología tiene mucho que decir, no sólo por su implicación en la investigación y protección de gran parte del Patrimonio Cultural, sino muchas veces por su papel como productora del mismo.

En este contexto se inserta de lleno la cuestión de la "utilidad" de nuestro trabajo, la relación entre la investigación y la gestión arqueológicas, el papel de la transferencia de conocimiento y nuestra capacidad para "rentabilizar" y justificar el papel de nuestra disciplina como uno de los motores de innovación social. En esto tendrá mucho que decir el tipo de divulgación de la Arqueología que hagamos, nuestro papel en ella como arqueólogos e historiadores. La clave del asunto está, volviendo a recurrir a Domingo Plácido, en crear un auditorio para "ideas difíciles", algo muy distinto de los frecuentes intentos de facilitar su comprensión simplificando la realidad o aludiendo sistemáticamente a los tópicos. Esto obliga a aceptar que la Arqueología es una disciplina difícil y que su dificultad radica, sobre todo, en que implica la continua vinculación entre el pasado y el presente. La clave estará en el esfuerzo que hagamos por contribuir a la explicación de la especificidad de la Arqueología como Ciencia Social y su papel y utilidad presente y futura.

BIO

María Ruíz del Árbol Moro es Científico Titular del Centro de Ciencias Humanas y Sociales del CSIC dentro del grupo de investigación "Estructura social y territorio. Arqueología del paisaje". El eje fundamental de su labor profesional como arqueóloga son los paisajes antiguos, a través de diversas líneas de trabajo: por una parte, las vinculadas a la investigación de los procesos de organización territorial romanos en el NO peninsular; por otra, aquellas relativas a la valoración de áreas de estudio como paisajes culturales, parte esencial del patrimonio cultural y eje para la creación de nuevos recursos socioeconómicos.

MARGARITA SÁNCHEZ ROMERO

Planificando las políticas públicas sobre patrimonio arqueológico en Andalucía

En la Dirección General de Bienes Culturales de la Junta de Andalucía estamos inmersos en estos momentos en la elaboración del III Plan General de Bienes Culturales, un documento de planificación que nos servirá de diagnóstico de la situación actual y en el que expresaremos nuestra idea de cómo deben ser las políticas públicas en lo que se refiere a la tutela del patrimonio histórico. Entendemos que la elaboración de un plan debe convertirse en una oportunidad de reflexión, replanteamiento interno y formulación de propósitos como respuesta a los cambios del entorno económico y social. Debemos avanzar en los criterios de actuación sobre los bienes culturales, hacia la evolución del concepto de patrimonio y la consolidación de los distintos agentes que intervienen en aspectos relacionados con su uso en el territorio. En este contexto nuestro propósito es revisar los aspectos conceptuales, las directrices y los principios fundamentales, además de la definir nuevos instrumentos administrativos.

En Andalucía, los precedentes de la planificación de las actuaciones sobre el patrimonio histórico, y en especial el arqueológico, los tenemos en dos Planes Generales de Bienes Culturales (1989 y 2000) y un Plan Estratégico para la Cultura en Andalucía (2007-2011). El contexto legal actual parte de la Ley 1/1991 de Patrimonio Histórico de Andalucía y de dos reglamentos, de un lado el Reglamento de Actividades Arqueológicas de 1993 y, de otro, el del mismo enunciado en 2003. Estos tres documentos normativos son los precedentes de la, actualmente en vigencia, ley 14/2007 de Patrimonio Histórico de Andalucía, cuyo reglamento se encuentra en fase de tramitación.

La administración cultural en Andalucía ha prestado siempre un especial interés al patrimonio arqueológico, en los más de veinticinco años transcurridos desde el traspaso de competencias desde el estado central a la autonomía hemos vivido el desarrollo del denominado Modelo Andaluz de Arqueología. Esta estrategia de ordenación trabajó a varios niveles: el de investigación, con la implantación de elementos como los proyectos de investigación, la perspectiva territorial en los estudios arqueológicos, los estudios arqueométricos y el análisis histórico de tipo procesual y diacrónico. El de las instituciones, con la creación de la Comisión Andaluza de Arqueología; el de la transferencia del conocimiento a través de las Jornadas de Arqueología Andaluza y la publicación del *Anuario Arqueológico de Andalucía* y las Memorias de los Proyectos. El mayor éxito de este modelo, sin duda, fue la toma de conciencia de que las distintas acciones de la tutela: investigación, protección, conservación y difusión debían ser partes integrantes de un solo proceso. En ese momento la práctica arqueológica se realizaba sólo desde las universidades y, aunque no siempre se derivó una vinculación inequívoca del conocimiento generado con las acciones de tutela, supuso una importante evolución en los procedimientos administrativos, al establecer la necesidad de investigar bajo un proyecto general, crear un sistema de aprobación de proyectos mediante comisiones asesoras y disponer la obligación de presentar públicamente los resultados de la investigación.

Las actuaciones sobre el patrimonio arqueológico en Andalucía se han caracterizado por un enorme dinamismo, vinculado en parte con el fenómeno inmobiliario y constructivo, y que ha generado un volumen de actividades arqueológicas que ha sobrepasado cualquier tipo de previsión. Hemos asistido a la ampliación del bien sobre el que intervenimos, ya no se restringe a unos determinados yacimientos que se excavan con un interés científico, sino que se extiende por todo el territorio y está presente en nuestras ciudades. Este hecho ha provocado una evolución positiva en las herramientas de protección (leyes del patrimonio histórico, de medio ambiente, del suelo), de identificación y diagnóstico (inventarios, catálogos, cartografías, SIG, cartas arqueológicas) y en los agentes que intervienen en su tratamiento.

Pero no toda la actividad que ha acompañado a la arqueología en estos años es fruto de lo anterior. A ello hay que añadir los nuevos conceptos que acompañan a la actual manera de concebir y actuar sobre el patrimonio arqueológico. Cuestiones como entender que es un factor de desarrollo social y económico, que las actuaciones que se lleven a cabo deben de ser socialmente rentables, y que los bienes patrimoniales y sus valores han de conservarse para las generaciones futuras, son asuntos que están directamente vinculados con muchos de los trabajos arqueológicos realizados en los últimos años. Así, el producto de la actuación sobre el patrimonio arqueológico es, en realidad, la suma de muchos agentes, situaciones, condiciones, necesidades y requerimientos.

En este contexto, en nuestra estrategia de planificación partimos del convencimiento de cuál es la misión institucional de la Dirección General de Bienes Culturales, a saber, la tutela del Patrimonio Histórico que comprende las acciones de la protección, la conservación, la investigación y la transferencia del conocimiento. Pero además, esta misión la ejercemos en un contexto de relaciones entre el patrimonio, la sociedad y el territorio, unos vínculos que, aunque reconocidos a lo largo de los años, distan mucho de ser equilibrados y de estar completamente resueltos, sobre todo desde la actuación administrativa.

La planificación en materia de patrimonio arqueológico nos sitúa ante una serie de retos. El primero de ellos tiene que ver con la propia definición de las tareas de tutela frente a esta nueva realidad. Es necesario hacer un ejercicio de análisis interno, ya que, junto al importante y muy positivo desarrollo de la normativa sobre autorizaciones y de la protección generada en torno a las actuaciones arqueológicas, debemos replantearnos y revisar algunos criterios y objetivos, y adaptar a la nueva situación algunos de los sistemas diseñados en lo que se refiere a sus denominaciones, en las formas procedimentales de autorización y, sobre todo, en la integración y difusión del conocimiento en ámbitos complejos como las ciudades. Debemos mejorar la coordinación de las distintas acciones que forman parte del proceso de intervención sobre el registro arqueológico, con la integración y correlación de las distintas tareas de la tutela. Hemos, en definitiva, de impulsar la aplicación efectiva de todas aquellas herramientas del marco normativo patrimonial, pero también las de los ámbitos urbanístico y ambiental, como acciones básicas que permiten proteger y controlar las actuaciones que puedan repercutir en la conservación de los bienes arqueológicos.

Un segundo reto tiene que ver con la promoción del conocimiento como eje vertebrador de las actuaciones de la tutela. Es necesaria la puesta en marcha de nuevos instrumentos y fórmulas que ayuden a paliar determinadas carencias y en algunos casos deben ser impulsadas desde la propia administración. Hemos, por ejemplo, de definir herramientas y sistemas para integrar la investigación en ámbitos tan complejos como nuestras ciudades históricas y para hacerlo debemos fomentar el estudio de los materiales procedentes de las excavaciones realizadas en ámbitos urbanos, dimensionando su verdadera importancia para el conocimiento histórico.

Como tercer reto fundamental necesitamos fortalecer el sistema de documentación y acceso a la información. El futuro sin duda pasa por cambiar las modalidades de publicación y potenciar el uso de las TIC para mejorar tanto el acceso como la rapidez de la publicación, facilitando su uso tanto en gestión como en investigación. En la actualidad trabajamos en un portal de investigación que integre la publicación on-line del *Anuario Arqueológico de Andalucía* y las Cartas Arqueológicas Municipales; además, las Memorias de Arqueología se publican ya en formato digital. Por otra parte, en ese contexto de transferencia del conocimiento estamos fomentando las revistas científicas relacionadas con la arqueología y dependientes de Conjuntos Arqueológicos; a las ya existentes *Cuadernos de la Alhambra* y *Cuadernos de Medina Al-Zahara*, se une la de reciente creación *Menga. Revista de Prehistoria de Andalucía*, promovida por el Conjunto Arqueológico de los Dólmenes de Antequera, y se está gestando *Itálica. Revista de Arqueología Clásica de Andalucía*, que cerraría el ciclo de las publicaciones arqueológicas en nuestra comunidad, todas ellas con vocación de excelencia y publicadas de forma bilingüe. Pero además, las cuestiones de organización, acceso y gestión de la documentación se trabajan a través de *Mosaico*, un sistema de información para la gestión integral y electrónica de los bienes culturales, de base informática, que ya está dando resultados en los procesos de protección con las primeras incoaciones de Bienes de Interés Cultural, y que nos sigue demandando esfuerzos para que se implante plenamente y alcance su pleno rendimiento.

El cuarto de los retos tiene que ver con las relaciones que mantenemos con una sociedad que reclama que el patrimonio ejerza el rol que le confiere ser tanto un recurso para la cultura como un capital económico. La primera de las funciones está relacionada, entre otras cuestiones, con la construcción de identidades sociales, con valores simbólicos, con el servicio a la educación y a la ciencia, con el estímulo de la conciencia ciudadana o con los valores sensitivos y de disfrute. Como capital económico, el patrimonio está relacionado con la inserción en el sistema productivo, incluyendo la generación de rentas e incluso de empleo y, particularmente, con la inserción en el tejido local a través de la participación en el desarrollo regional. Lograr que estas demandas sociales sean canalizadas correctamente y promover la relación entre patrimonio y sociedad es un objetivo de tutela y, por consiguiente, es un trabajo que debe ocupar un espacio significativo en las tareas de gestión.

Este empeño nos llevar a promover como elemento de futuro el impulso radical de la cooperación con otros agentes, ya que la tutela de los bienes arqueológicos demanda interdisciplinaridad, aporte de recursos especializados, apoyo tecnológico, utilización de servicios, etc., que no son propios de la misión de la administración cultural y que deben ser realizados por agentes externos (Universidades, Centros de investigación...). Además, deberíamos hablar no sólo de desconcentración y delegación de competencias a servicios periféricos de la Consejería de Cultura, sino también de conceder mayores posibilidades de intervención a las corporaciones locales o de participación de la ciudadanía (Grupos de Desarrollo Rural, colectivos ciudadanos...) en distintos aspectos de la gestión del patrimonio arqueológico.

Y todas estas estrategias deben definirse con criterios en permanente actualización, con la innovación como elemento fundamental, reflejada no sólo en la incorporación de nuevas tecnologías, productos y métodos, sino también en la preocupación por dar respuesta a las inquietudes de la sociedad actual en lo que se refiere a las políticas de igualdad, a las relaciones de género o a la resolución pacífica de conflictos.

Este artículo no hubiese sido posible sin el trabajo y la reflexión de Sandra Rodríguez de Guzmán, Joaquín Hernández de la Obra, Rocío Izquierdo de Montes e Isabel Santana.

BIO

Margarita Sánchez Romero es Directora General de Bienes Culturales en la Consejería de Cultura de la Junta de Andalucía. Prehistoriadora, es Profesora Titular de la Universidad de Granada y ha centrado su carrera investigadora en la Arqueología del género y la edad.

JESÚS SESMA SESMA 40

El futuro de la arqueología navarra

Para intentar describir los rasgos fundamentales del estado de la Arqueología en Navarra es preciso tener en cuenta su estructura político-administrativa, su evolución histórica reciente y la naturaleza de su Patrimonio Arqueológico. Navarra es una comunidad autónoma uniprovincial, lo que simplifica, para bien y para mal, sus mecanismos de funcionamiento. Cuenta con una pequeña superficie, aunque superior a sus provincias limítrofes, y una población desigualmente repartida y no muy numerosa. Esta situación y su tradicional condición de gestión autónoma han hecho que su administración tenga un carácter particular.

Navarra ha sido una de las últimas comunidades en redactar su propia ley de Patrimonio Cultural, la Ley Foral 14/2005, la cual no ha tenido después de 5 años desarrollo reglamentario alguno. Frente a otras áreas como el Medio Ambiente, que han optado por una prolija normativa, en Cultura ha ocurrido lo contrario. ¿Desinterés por parte de los gobernantes? Probablemente sí, pero quizás es que nunca ha hecho demasiada falta... Una ley clara y con unos sólidos principios, como lo es la 16/1985 del Patrimonio Histórico Español, no requiere muchos complementos legales, en una comunidad acostumbrada a funcionar de forma un tanto autárquica y con un fuerte peso de las relaciones personales.

La estructura formativa, administrativa y empresarial de la Arqueología en Navarra se ha mantenido casi constante a lo largo de los últimos 25 años. Comenzando por la primera faceta, esta comunidad cuenta con dos centros universitarios presenciales, pero únicamente en uno de ellos -la Universidad de Navarra- se imparten contenidos relacionados con la Arqueología, en la carrera de Historia. La situación actual no es esperanzadora, pues a la drástica reducción de las matriculaciones en los últimos años hay que unir la desaparición de asignaturas, en relación con la implantación del Plan Bolonia. No existen cursos de postgrado que vengan a paliar la citada carencia. La formación de personal investigador especializado tampoco ofrece un panorama muy halagüeño. En los últimos 25 años se han defendido 6 tesis doctorales en esta materia y en adelante, en razón de lo indicado, el panorama no puede sino ir a peor. En definitiva y dejando de lado la bondad de la formación impartida, donde solo cabe mencionar la total ausencia de contenidos relacionados con la gestión del Patrimonio, se advierte una clara disfunción entre la demanda creciente de mano de obra cualificada y la oferta que desde las universidades se está generando en los últimos años.

En lo que respecta al conocimiento, hay que señalar cómo desde el año 1989 se viene elaborando el Inventario Arqueológico de Navarra, que, mediante el sistema de contratas, va cubriendo el objetivo de catalogar el Patrimonio inmueble regional a un ritmo lento pero constante. En la actualidad se encuentran inventariados 4.601 yacimientos y se ha prospectado aproximadamente el 65% del territorio de la comunidad. Además, entre 2006 y 2010 se ha elaborado el Catálogo Megalítico de Navarra, ante la urgencia suscitada por la declaración de estas manifestaciones prehistóricas como BIC por ministerio de la Ley.

Como principal elemento de protección del Patrimonio Arqueológico se cuenta, al igual que en el resto del país, con la declaración como Bien de Interés Cultural. En Navarra son pocos los yacimientos declarados, 8 zonas arqueológicas en total, en su mayor parte de época romana. Se da además el agravante de que ninguna de ellas cuenta con un PEPRI que precise su normativa urbanística de protección, tal y como determina la Ley. Respecto al resto de categorías legales de protección, no se ha declarado ningún Bien Inventariado ni Zona Arqueológica de Cautela. Resulta llamativa esta escasa actividad de protección legal, que debe achacarse a problemas administrativos, escasez de personal, conflictos por la limitación de usos y derechos de los terrenos y en general a la falta de voluntad por parte de los gestores del Patrimonio. A ello habría que sumar que en muchas administraciones municipales persiste la idea de que la protección del Patrimonio Arqueológico es una tarea de las autoridades autonómicas.

La información de la Arqueología navarra se nutre en la actualidad, en un porcentaje que ronda el 90%, de las intervenciones preventivas o de urgencia, El sistema no difiere demasiado del practicado en el resto del Estado español: promotores (públicos o privados) que convienen los servicios de profesionales-empresas del sector ante un determinado proyecto que conlleva un impacto sobre el Patrimonio Arqueológico. El diálogo competitivo es lo que determina quién, cómo y por qué se interviene, actuando la Administración competente en materia de Cultura como garante del cumplimiento de los requisitos técnicos y legales mediante el sistema de licencias e inspecciones. Pero este planteamiento propio de la economía de mercado chirría cuando se actúa sobre bienes que cuentan con la condición legal de dominio público. La fuente de financiación de los trabajos, el grado de exigencia a los promotores, el destino de los restos exhumados, la investigación y difusión de lo descubierto, etc. son objeto de una casuística no regulada expresamente, que hace moverse a las distintas partes implicadas en un grado de incertidumbre que provoca no pocas tensiones. Éstas alcanzan su más clara expresión en las actuaciones en la ciudad, por el hecho de que resultan más visibles (¿quién puede realmente estar al tanto de lo que está ocurriendo con el Patrimonio Arqueológico en unos terrenos alejados de los núcleos de población, en los que además el acceso está vetado en razón de la seguridad de las obras?). En Navarra la situación tuvo su máximo exponente en la construcción en Pamplona durante 2002-2004 del aparcamiento de la Plaza del Castillo. Esta actuación motivó una importante controversia social, que tuvo un peso hasta entonces impensable en los medios de comunicación. Valgan como ejemplo las 78 noticias de portada, 836 en páginas interiores y 263 artículos de opinión y cartas que generó en los medios de comunicación escrita. Pero también repercutió en la vida política de la Comunidad, con dos frentes antagónicos volcando sobre este tema sus discrepancias, no solo sobre el Patrimonio Cultural, sino también sobre el modelo de ciudad y la toma de decisiones públicas. Este hecho hizo que la Arqueología estuviera durante algún tiempo en boca de todos, siendo utilizada para fines ajenos a la función social que debería cumplir. En definitiva, se convirtió en un instrumento, a la vez que acabó por generar desconfianza hacia las actuaciones de la Administración.

La práctica de la Arqueología preventiva/de urgencia ha tenido un efecto positivo en Navarra: ha permitido profundizar en el conocimiento de épocas, zonas y fenómenos culturales que hasta la expansión de las grandes obras públicas, la renovación urbana o la restauración monumental permanecían en la sombra, si no en el más completo olvido. Piénsese por ejemplo en el mundo funerario medieval, el hábitat al aire libre de la Prehistoria Reciente o la cultura material de época moderna-contemporánea, por citar algunos ejemplos.

Se ha puesto en tela de juicio desde ámbitos universitarios la escasa validez científica de estos trabajos y su excesivo costo. Como en todos los ámbitos del conocimiento, existen trabajos de valor muy desigual; esto no tiene forzosamente que ver con los presupuestos manejados, presupuestos que, no se olvide, retribuyen el trabajo de profesionales formados para el ejercicio laboral. Otra cuestión bien distinta es que la investigación no cuente con el apoyo financiero debido. A partir de 1996 la Dirección General de Cultura del Gobierno de Navarra dejó de conceder subvenciones para intervenciones arqueológicas programadas. Esto ha hecho que en la actualidad la investigación "pura" se encuentre relegada a ámbitos muy reducidos, al no haberse sabido adaptar a las nuevas políticas de subvenciones, redirigidas hacia vías de la actuación arqueológica vinculadas con las políticas de empleo (contratación de personal en paro), la puesta en valor del Patrimonio y la formación en escuelas-talleres, más acordes con los nuevos planteamientos de la gestión patrimonial. Baste recordar cómo en los últimos 15 años se ha intervenido en otras tantas fortificaciones medievales, excavando, documentando, conservando y recuperando para la colectividad un tipo de restos olvidados y que desde entonces han alcanzado una repercusión social inmediata.

Pero este tipo de intervenciones también presenta sombras. La temporalidad y la precariedad de las condiciones de trabajo, expresada en la política empresarial de falsos autónomos, carencia de un convenio del sector, etc. –problemas que no han podido superarse pese a los intentos desplegados desde el correspondiente colegio oficial- se han instalado en un colectivo, que además se ha visto sacudido por la actual crisis del modelo productivo. Es cierto que nos hallamos ante un mercado laboral limitado, con 5 empresas dedicadas en Navarra a este tipo de servicios y un número de profesionales que no sobrepasa la cincuentena, pero de ellas depende en gran parte la generación de conocimiento histórico y la ampliación del Patrimonio a descubrir, los dos pilares en los que se fundamenta la función social de la Arqueología hoy en día.

La otra gran carencia tiene que ver con la falta de difusión de los resultados a todos los niveles. Cada vez son más los restos inmuebles que se exhuman sin que su existencia trascienda, los trabajos que quedan sin publicar, los objetos que duermen, desconocidos, en los almacenes... Y la gente de a pie se pregunta: ¿Qué pasa con todo lo que se encuentra? ¿Para qué sirve hacer Arqueología? ¿Por qué siempre ésta encarece y retrasa los proyectos? Es evidente que la Arqueología tiene pendiente una de sus principales tareas: difundir sus trabajos a todos los niveles y hacer comprender el valor de sus fines. Algo que legalmente queda bien determinado, pero que no ha calado en la sociedad. Al menos, desde nuestra perspectiva, en buena parte de la sociedad navarra.

BIO

Jesús Sesma Sesma es desde 1994 doctor en Historia por la Universidad de Navarra. Ha sido profesor asociado del Departamento de Historia de dicha universidad, donde ha impartido la asignatura de Arqueología. Desde 1996 ejerce su profesión como arqueólogo de la Dirección General de Cultura del Gobierno de Navarra, donde desempeña el cargo de Jefe de la Sección de Arqueología.

RAMÓN TEN CARNÉ 41

El futuro pasa por una arqueología sostenible

El futuro de la arqueología tiene que ser bueno, no puede ser de otra manera, otra cosa es la percepción que pueda tener cada uno de nosotros en función de la buena o mala experiencia o de la práctica personal o de la institución, universidad, empresa o situación de paro en que nos encontremos en este mal momento económico global y español en particular.

La arqueología tiene futuro, pero no sabemos si para muchos o para pocos. Hubo un momento que parecía que se podían crear empresas, consultorías, investigar; había comunidades autónomas, ayuntamientos que precisaban de profesionales de este sector y por tanto las universidades tendrían muchos más alumnos y se precisaría más profesorado.

Si miramos treinta años atrás, había pocas universidades y pocos profesores en el ámbito de la prehistoria, arqueología e historia antigua y en el campo de la historia medieval no se oía hablar de arqueología; había algún arqueólogo en Diputaciones provinciales y directores y conservadores de museos.

Aunque no lo parezca, el salto cualitativo adelante efectuado es importantísimo con la aparición de las comunidades autónomas y sus servicios de arqueología o Patrimonio cultural, los ayuntamientos democráticos y la creación de muchas más universidades y plazas de investigación en el CSIC, investigadores Icrea, becas Ramón y Cajal e institutos de investigación ligados a las comunidades autónomas.

Han crecido las misiones arqueológicas en el extranjero y aparecieron las empresas de arqueología, las consultorías de patrimonio y las empresas que trabajan en el ámbito del patrimonio cultural y museos.

Asimismo los ayuntamientos han intervenido en la musealización de yacimientos, instaurando plazas de arqueólogo o técnico de patrimonio municipal y personal en los centros de interpretación.

Por lo tanto tenemos un panorama de la práctica arqueológica muchísimo más amplio que hace unas décadas.

La percepción actual, está marcada por la falta de actividad económica en muchos campos y los recortes presupuestarios de las administraciones estatales, autonómicas y locales, junto al mal momento financiero del sistema bancario y de cajas de ahorro del estado español.

El estado de las autonomías ha potenciado junto a los ayuntamientos democráticos una proliferación de yacimientos adecuados para la visita, siendo necesaria una racionalización por períodos y territorios. Se ha establecido y desarrollado un control de la práctica arqueológica y del furtivismo y del comercio ilegal, así como un papel muy importante en la transformación de la legislación de patrimonio, adaptándola a las necesidades futuras.

Tenemos una mejor preparación de los técnicos, pero también falta de ilusión y falta de un cierto altruismo; a veces somos demasiado materialistas y encerrados en nosotros mismos.

Falta cierta planificación de la investigación, con desfase y poco feeling entre administraciones y universidades. Las universidades e institutos de investigación a veces se aíslan de la realidad y de las necesidades sociales y ciudadanas e investigan para ellos mismos.

Últimamente aparecen comisiones de investigación autonómicas entre administraciones y agentes sociales, no tan sólo para rentabilizar recursos, sino para abrir y optimizar nuevos y viejos frentes de investigación arqueológica. La universidad ha de encontrar su camino y lugar en esta nueva sociedad.

Hemos de ser conscientes del papel que ejercen las comunidades autónomas en la protección del patrimonio arqueológico tanto a nivel de planeamiento urbanístico y de catálogos de protección, como en los estudios y evaluación de impacto ambiental y en la musealización de este patrimonio. En contrapartida, existe un cierto aislamiento autonómico en el campo de la investigación.

También hay que constatar el gran avance de las nuevas tecnologías que inciden tanto a nivel de aprendizaje como a nivel de las nuevas bases de datos y su distribución, ya no disponemos de datos encerrados, sino libres y accesibles para todos, lo que nos lleva a una nueva dimensión de la difusión de este patrimonio arqueológico y de los sistemas de publicación. Por un lado, tenemos que todo el mundo puede utilizar estos datos y, por lo tanto, hemos de incorporarlos a la red o darlos a las administraciones competentes con el máximo rigor y precisión, ya que instantáneamente son consultables por otros investigadores y serán la base de una divulgación a gran escala.

Queda por resolver el status profesional de los arqueólogos y el posible papel de un Colegio de arqueólogos y el papel de las empresas de arqueología y el papel empresarial del sistema universitario.

Nuevas perspectivas, mejores o peores que las actuales, con la creación de agencias de patrimonio cultural en las administraciones autonómicas para la gestión patrimonial, se abren a nuevos caminos, y en Cataluña se está en proceso de instauración.

El futuro de la arqueología quiere:

- Arqueólogos y profesionales preparados.
- Universidades avanzadas y ágiles con grados de arqueología y másteres punteros pero realistas.
- Centros de investigación en sintonía con la sociedad con trabajos de investigación transversales y que solucionen problemas reales.
- Actualizar la legislación a las necesidades y cambios realizados en la práctica arqueológica.
- Inventarios y bases de datos interactivos, digitales.
- Enseñar el patrimonio arqueológico para todos los niveles y que expliquen las diferentes épocas y en todos los territorios.
- Recursos y gestión adecuada a la realidad.

- Administraciones con las ideas claras.
- Recursos adecuados a las necesidades reales, para solucionar problemas.
- Interacción entre el urbanismo, el paisaje, el medio ambiente, la planificación del territorio y el patrimonio arqueológico.
- Acercar de forma real el patrimonio arqueológico a la sociedad a través de musealizaciones sencillas y fáciles de comprender y museos que expliquen realmente conceptos y la sociedad que nos ha precedido.

En suma, que la arqueología en todas sus fases, campos y momentos ayude a crear profesionales aptos para la docencia, la investigación, la gestión patrimonial, la difusión de este patrimonio y a su vez incida en el conocimiento histórico de las diferentes culturas a nivel especializado y de la sociedad en general y que contribuya a crear un paisaje comprensible, sostenible y duradero en un territorio ya bastante convulsionado.

BIO

Ramón Ten Carné es Jefe del Servicio de Arqueología y paleontología. Generalitat de Cataluña. Licenciado con grado en Prehistoria e Historia antigua por la Univesidad de Barcelona (1977), ha desempeñado diferentes cargos en el servicio de Arqueología de la Generalitat de Cataluña. Es también profesor en materias de patrimonio cultural y arqueológico diferentes en másters y miembro de diferentes patronatos de museos y varios órganos colegiados de la Generalitat de Cataluña.

ANTONIO CARLOS VALERA
42

Quatro questões à "Arqueologia Espanhola"

Emitir opinião sobre o presente e futuro da Arqueologia Espanhola é, para mim, tarefa árdua, mas que, simultaneamente, se apresenta algo facilitada. Se por um lado a distância relativa, a descontextualização e os níveis de desconhecimento que esta acarreta tornam difícil uma análise crítica consistente, bem informada e fundamentada, por outro, esse mesmo olhar distante encontra-se mais "liberto" para abordar determinadas temáticas. Enfim, é o velho problema da objectividade *vs* subjectividade e das vantagens e desvantagens da observação participada.

Mas este estar "liberto" não significa estar num plano de total neutralidade. Pelo contrário, o que acontece é encontrar-me dentro de outro sistema de referências, ao qual inevitavelmente vou ter de recorrer. Assim, nos assuntos escolhidos acabo por reflectir um pouco a situação portuguesa, pois é à luz desta que olho o exterior.

Pensando nos assuntos que me ocorrem e no aspecto melindroso que alguns podem assumir, achei que, por cortesia, as minhas observações se poderiam apresentar essencialmente sob a forma mais simpática de perguntas. Assim, em face do curto espaço disponível (e que esta introdução se encarrega de encurtar ainda mais), resolvi questionar a Arqueologia Espanhola com quatro perguntas genéricas (que vou, por vezes, desdobrando em outras mais específicas).

a) Existe uma Arqueologia Espanhola?

Uma área de conhecimento é um complexo sistema integrado que apresenta diversas dimensões. O da investigação fundamental, a sua expressão aplicada e a correspondente sociologia profissional, a sua dimensão de formação, a sua organização administrativa, o seu quadro legal, o seu retorno e enraizamento social e, no caso da Arqueologia, a sua vertente patrimonial. Qualquer abordagem ao problema das práticas científicas e da produção de conhecimento terá que ser enquadrada por uma sociologia da ciência, ou seja, pela análise da relação recursiva que se estabelece entre produção e condições sociais objectivas de produção do discurso científico.

No caso espanhol, a avaliação da dinâmica de funcionamento deste "sistema" terá que considerar as condições objectivas resultantes da regionalização autonómica, a qual poderá gerar (e gerou, segundo julgo saber) quadros organizacionais e "tradições" (no sentido do *habitus* de Bordieu) distintos, que não podem deixar de se reflectir nas dinâmicas da investigação, da profissão e do retorno social, ficando a ideia de que se podem gerar distintas "arqueologias espanholas".

Por exemplo, tenho a noção de que numas regiões a procura gerada pelo ordenamento do território e desenvolvimento sustentado tem sido respondida através de um modelo mais empresarial e liberal, enquanto noutras a resposta foi mas centralizadora ou tutelar.

Estão convenientemente pensados e avaliados os efeitos positivos e negativos (que certamente haverá de ambos) desta compartimentação institucionalizada, e da diversidade que gera, na dinâmica disciplinar à escala nacional?

b) Está a Arqueologia a atingir os seus desígnios sociais em Espanha?

Esta será, talvez, a pergunta mais importante das quatro que coloco. De facto, estou convicto que o desenvolvimento, crescimento e sustentabilidade da disciplina, nomeadamente da sua vertente profissional, são correlativas do seu enraizamento e valorização do retorno social que proporcionam. Colocando as coisas pragmaticamente e numa tónica de avaliação sócio-económica, a questão é a seguinte: que (ou quanto) está a sociedade espanhola disposta a pagar pelo conhecimento produzido pela Arqueologia e pela salvaguarda e valorização do património arqueológico?

Tenho actualmente em execução um projecto que enquadra, precisamente, um estudo deste género: o de elaborar cenários de "produtos e custos disciplinares" e questionar universos regionais de portugueses sobre o que pensam e como valorizam essas propostas, por forma a ter uma noção do valor, das expectativas e dos interesses concedidos pelas populações às questões da Arqueologia. Opiniões que podem agir retroactivamente sobre as propostas, permitindo que a sociedade possa participar activamente na construção do retorno social que a Arqueologia deve proporcionar, operacionalizando o conceito de Arqueologia Pública.

Porque, na realidade, uma sociedade só está disponível para sustentar aquilo que valoriza e do qual beneficia, caberá à Arqueologia(s) Espanhola(s) interrogar-se se, nas suas diversas vertentes, se tem vindo a consolidar no seio da sua sociedade; se, para utilizar uma terminologia política, tem vindo a reforçar a sua base social de apoio numa dimensão compatível com o volume de investimento que essa mesma sociedade tem feito no sector.

Trata-se, como disse anteriormente, de uma pergunta fundamental para a consciencialização das várias dimensões do desempenho social do arqueólogo e para a definição das suas estratégias de actuação, pois uma área de actividade que dependa essencialmente de um normativo impositivo, mas socialmente incompreendido e indesejado, é uma área a prazo, vulnerável às primeiras dificuldades sociais (como se parece ser o caso actual). A dignidade e a valorização profissional não são uma inerência de qualquer profissão; são uma construção sociológica. Como têm os arqueólogos espanhóis trabalhado essa construção?

c) Como é que a emergência de um mercado e o desenvolvimento da sequente vertente aplicada da disciplina actuam no desenvolvimento disciplinar?

Estou em crer que, tal como em Portugal, o "mercado de arqueologia" é em Espanha, numa elevadíssima percentagem, constituído por pessoas ou entidades que têm os seus projectos condicionados por medidas de minimização. Nestes contextos, e numa sociedade que valorize pouco a actividade e não lhe reconheça retorno social, a Arqueologia é frequentemente perspectivada como despesa e não como investimento, sendo enquadrada em estratégias de minimização de custos. Que consequências tem este enquadramento para a profissão e para a produção disciplinar?

Falando na linguagem do Mercado, se a qualidade não é desejada fica dependente da exigência das tutelas do património e da sua capacidade de fiscalização. E essa capacidade não se traduz apenas na disponibilidade de meios humanos, mas igualmente na qualidade científica dos mesmos. Têm essa exigência e fiscalização sido adequadas?

A experiência portuguesa de Arqueologia Empresarial tem resultado numa acumulação de dados produzidos por uma prática redundante, tendencialmente não problematizante, sem enquadramento teórico reflectido e alheia às relações de dependência que se estabelecem entre o contexto social e discurso. Para muitos profissionais, a sua actividade resume-se a escavar e produzir relatórios, a maioria dos quais não publicados. E mesmo quando se procura ir mais além, fica-se frequentemente pela repetição de algumas ideias feitas, pouco acrescentando de inovador para além dos "novos dados".

Por outro lado, a substituição de equipas ou a actuação descoordenada de múltiplas equipas num mesmo contexto arqueológico é uma "prática de mercado" que, precisamente por falta de coordenação e liderança, não beneficia das mais valias associadas à pluralidade de olhares, recolhendo apenas os aspectos negativos de uma actuação desorganizada, descontextualizadora e sectária.

A situação agrava-se com a frequente impreparação científica das equipas relativamente às especificidades dos contextos intervencionados, o que para além das implicações óbvias na qualidade do trabalho (nomeadamente ao nível da problematização teórica orientadora das intervenções), se traduz numa tendência cada vez mais acentuada para um trabalho eminentemente técnico (contribuindo para o enraizamento da ideia de estatuto neutro das "maneiras de fazer").

Uma das soluções há muito advogada é o desenvolvimento de uma articulação estreita entre Empresas e Universidades que permita aprofundar cientificamente projectos que se iniciam como emergências, que envolvam alunos com um dos seus possíveis mundos de saída profissional, que fomentem a troca de informação sobre inovação e necessidades (promovendo diálogo entre teoria e prática). Conheço, em ambos os lados da fronteira, várias experiências em que, na sequência de trabalhos empresariais, Empresas e Universidades colaboram. Mas a sensação que retenho é de que essa colaboração é frequentemente "dicotómica", com o trabalho realizado primeiro pela empresa e aproveitado depois pela Universidade, sem que exista um relacionamento integrado do princípio ao fim de intervenções e que ultrapasse as circunstâncias do "caso a caso", do projecto a projecto, para se estender a colaborações em matérias estruturantes para a organização e funcionamento da investigação, do ensino e da prática profissional.

De que forma se tem estruturado a relação entre o mundo empresarial e o académico na Arqueologia espanhola? Que iniciativas de aproximação se tomaram? Quais os seus níveis de sucesso e suficiência? Estão ambos os "mundos" suficientemente amadurecidos para poderem celebrar uma relação em pé de igualdade, mutuamente proveitosa e socialmente consequente?

d) Como tem a Academia acompanhado, na sua organização interna da disciplina, a dinâmica disciplinar e sócio-profissional da Arqueologia?

A Arqueologia tem sofrido nas últimas décadas profundas alterações a vários níveis. Como em muitos outros países, em Portugal uma dessas dimensões é o "aumento demográfico" exponencial de arqueólogos, aumento que responde a dois factores interligados: à emergência de uma "procura social" por Arqueologia (seja ao nível da implementação de políticas de ordenamento do território e salvaguarda patrimonial, seja ao nível das ofertas de turismo cultural) geradora de mercado e suporte da profissão; à autonomização disciplinar na Academia e à multiplicação de cursos e pós-graduações por várias universidades.

Em Espanha, contudo, e segundo julgo saber, a Arqueologia não existe como disciplina organicamente autónoma na grande maioria (senão na totalidade) das Universidades. Que consequências (com os seus benefícios e constrangimentos) tem esta situação na produção de conhecimento disciplinar e na formação profissional?

Por outro lado, se em Portugal a autonomização da disciplina no sistema académico se operou (com custos e benefícios) num momento em que o mercado e a dinâmica profissional despontavam, alimentando e sendo alimentada por essa procura, em Espanha, uma eventual evolução para a autonomia académica com a criação de cursos de Arqueologia (intenções de que já ouvi pontualmente falar) seria feita em contra ciclo, correndo o risco de contribuir para agravar os problemas sócio-profissionais já existentes no sector e que, em contextos de concorrência desregulada, agrava igualmente a qualidade da Arqueologia praticada (como se tenho observado em Portugal).

Como está o futuro da Arqueologia a ser pensado em termos da sua organização na Academia? Que interesses estão a ser equacionados na ponderação do problema?

Epílogo

Naturalmente, muito mais (e sobretudo mais detalhadamente) haveria a dizer (a questionar), por exemplo a participação nesta dinâmica dos centros de investigação do CSIC (que não têm paralelo em Portugal), mas o espaço disponível terminou. Resta-me agradecer o convite e esperar ter contribuído de alguma forma para estimular a reflexão em torno destes assuntos, algo que não deve ser encarado como um momento em que todos nos disponibilizamos a isso, mas sim uma prática permanente que deve integrar a nossa actividade quotidiana como arqueólogos e pessoas formadas numa ciência social.

BIO
António Carlos Valera. Director do Núcleo de Investigação Arqueológica (NIA) da ERA Arqueologia S.A. Licenciado e Mestre pela Universidade de Lisboa, Doutorado pela Universidade do Porto, desenvolve investigação sobre a Pré-História Recente desde 1987. Actualmente investiga recintos de fossos e práticas funerárias no Sul de Portugal. Foi director do Departamento Técnico da ERA e tem publicado sobre temas relacionados com o ensino e organização profissional da Arqueologia e desenvolvido actividade editorial na área.

EVA ZARCO MARTÍNEZ 43

Excavar en tiempos revueltos

Nos ha tocado vivir la crisis del ladrillo y, mientras unos resisten enlazando trabajos precarios o no tan precarios, otros han tenido que abandonar su carrera dentro de la arqueología en busca de un empleo más estable. Las grandes empresas, que ya consiguieron superar anteriores baches, se mantienen a duras penas con pequeñas obras, teniendo que expandirse a otras provincias y presentando presupuestos mucho más ajustados para poder sostenerse en un mercado cada vez más competitivo.

Durante los "buenos momentos" en los que se excavaba sin recordar que se trataba de "arqueología preventiva", la oferta laboral era tal que había trabajo para todos, los que ya contaban con cierta experiencia y los recién licenciados. Todos subimos al gran carro de la construcción disfrutando de la amplia oferta laboral, conscientes del negocio que nuestro trabajo suponía para las empresas, pero aun así aceptando unas condiciones laborales no del todo acordes con la boyante situación del momento. Pero todo lo bueno acaba y una vez terminada la M-30 el volumen de trabajo desciende de forma vertiginosa. En este contexto surge la Asociación Madrileña de Trabajadores y Trabajadoras en Arqueología, formada por todos aquellos trabajadores descontentos con las condiciones laborales que las empresas ofrecían, y conscientes de la necesidad de elaborar un convenio que regulara las relaciones entre empresa y trabajador.

Unos años nos separan ya de este momento reaccionario y la situación apenas ha mejorado, de hecho hemos ido a peor. Algunas empresas han pasado ya por el juzgado a raíz de inspecciones de trabajo por parte de la Seguridad Social y ha quedado claro que, en la mayoría de los casos, el arqueólogo que estaba realizando su trabajo como autónomo debería haber estado dado de alta como trabajador por cuenta ajena, porque la adscripción a la Seguridad Social no depende de lo que quieran ni la empresa ni el trabajador, sino de las condiciones contractuales entre ambos: si el trabajador utiliza las herramientas de la empresa y tiene un horario impuesto por la empresa obviamente debería estar dado de alta en el régimen general; sin embargo, si el trabajador necesita sus propias herramientas para realizar el trabajo y lo lleva a cabo con un horario definido únicamente por su propio interés, entonces sí que podría trabajar como autónomo para la empresa.

Aunque estos procesos judiciales deberían haber dado un giro a las relaciones contractuales propuestas por las empresas, no se han producido cambios importantes en la proliferación de contratos por cuenta ajena. Por el contrario, hemos conseguido un nuevo sistema de trabajo en el que el arqueólogo es totalmente autónomo, alquila la herramienta a la empresa y cobra por el trabajo realizado. No me refiero al pago por horas del trabajador sino al pago por metros cúbicos excavados. Aunque ninguno de los casos me parece un método correcto, el pago por tierra extraída acentúa el carácter de "liberador de terrenos" del arqueólogo contra el que hemos de luchar, ya que desvirtúa la definición del arqueólogo como investigador que deberíamos defender.

Aunque sabemos que la labor en pro de la negociación no ha cesado, también es cierto que la actual reforma laboral puede que trunque las esperanzas de todos aquellos que vivimos los inicios de la AMTTA con ilusión y ganas de sacar el proyecto adelante. Aunque las trabas para la consecución del convenio frenen nuestro proyecto, no deberíamos dejarlo de lado, e incluso deberíamos avanzar en otras vías, como la legislativa.

Todos nos quejamos de la baja calidad de los informes y las memorias, de la escasa investigación que sigue a las excavaciones arqueológicas y de la falta de publicaciones y aunque podríamos buscar culpables en diferentes ámbitos, empezando por nosotros mismos, deberíamos concentrarnos en la búsqueda de una solución. Aparte de las actuaciones individuales que podrían llevarse a cabo para mejorar la calidad de nuestro trabajo, existen otros factores globales que nos afectan como colectivo, como la falta de un Reglamento que imponga unas normas de forma igualitaria para todo el sector. La Ley de

Patrimonio Histórico data de 1985 y, desde entonces, cada autonomía ha desarrollado la suya propia, pero como toda ley necesitan de un Reglamento que desglose y amplíe los artículos de la Ley y que obligue al cumplimiento de la misma. Con el desarrollo de este texto, como se ha hecho en comunidades como Andalucía o Aragón, se podrían detallar unos protocolos de actuación, así como establecer unas exigencias mínimas en los proyectos y en la elaboración de informes y memorias para mejorar la calidad de los trabajos y también, por qué no, agilizar las relaciones con la administración. Para ello debemos actuar, no como empresas ni como empleados, sino como colectivo interesado por un bien común: la mejora de la calidad de los trabajos arqueológicos. Ya sea como asociados o como colegiados, tenemos que buscar un interlocutor válido al que solicitar una reglamentación de la ley de Patrimonio Histórico en nuestra Comunidad. Hasta ahora no hemos conseguido hacernos escuchar en ningún foro, o no han querido escucharnos pero, al igual que con el convenio, no podemos abandonar este proyecto hasta conseguir algún avance.

Estas propuestas no son nada nuevo, generaciones anteriores de arqueólogos se han planteado las mismas cuestiones que estoy exponiendo y no con mejores resultados, pero en vez de dar por sentado que la situación no va a cambiar por más empeño que le pongamos, deberíamos actuar de forma conjunta para buscar soluciones. Es cierto que somos jóvenes, que no tenemos tanta experiencia como anteriores promociones, que no llevamos años tratando con la administración, que lo hemos tenido fácil porque sólo hemos conocido una crisis. Pero también es verdad que somos conscientes de todo ello; que asumimos que tenemos menos experiencia porque, sí, somos jóvenes; pero también sabemos que nuestras ganas de actuar pueden reactivar el anhelo de todo el sector por la mejora de la arqueología, tanto en sus aspectos laborales como en los cualitativos.

También es cierto que encontramos siempre las mismas trabas a la hora de actuar: la falta de cohesión y el miedo. Nunca hemos tenido conciencia de grupo. Es muy corriente la crítica entre compañeros pero no la crítica hacia nosotros mismos que tan poco nos gusta practicar: nosotros siempre excavamos mejor, sabemos manejar más programas que nadie, entregamos las mejores memorias y tenemos más publicaciones (obviamente no estoy hablado de mí). ¿Quién no ha oído críticas hacia otros arqueólogos? Aunque parezca algo secundario, la desunión que tenemos como colectivo afecta directamente a nuestra proyección frente a la sociedad y ante otros sectores laborales. La imagen que damos es la de unos aficionados sin unas normas de actuación fijas, en parte por la escasa difusión que hacemos de nuestra profesión, pero también por la falta de una normativa rigurosa que convierta nuestro trabajo en la arqueología de gestión en la asistencia técnica que deberíamos ser. Parte de esta desunión se manifiesta también en la distinción que se hace entre arqueólogo de campo e investigador, como si fueran dos figuras independientes y excluyentes, cuando en realidad el buen profesional es aquel capaz de llevar a cabo las dos etapas del trabajo arqueológico. Si seguimos fomentando esta diferenciación, y lo hacemos desde la universidad, continuaremos perpetuando una visión errónea de la arqueología en la que el arqueólogo de campo es incapaz de completar su trabajo en la excavación. Igualmente el arqueólogo de campo ve en la universidad grandes investigadores que se han quedado atrás en cuanto al proceso de excavación y documentación se refiere. Debemos superar estas barreras ideológicas para conseguir una colaboración entre empresas y universidades, tanto para la ejecución de proyectos de investigación, como para la formación de nuevos profesionales que sean capaces de llevar a cabo el trabajo de campo y la investigación y posterior publicación.

Por último quisiera destacar un mal común del que adolecemos, el miedo. Comenzamos ya en la universidad, cuando no reclamamos nuestros derechos por miedo al suspenso, pero también porque no sabemos si vamos a tener que pedirle trabajo a ese profesor en un futuro no muy lejano. Seguimos con miedo cuando no le decimos las cosas claras a nuestro superior en las empresas en las que trabajamos; tenemos miedo a denunciar a la empresa por despido improcedente porque no sabemos si podremos volver a trabajar como arqueólogos después. Dependiendo del grado de responsabilidad que tengamos, tendremos miedo a enfrentarnos a proyectos para los que no sabemos si estamos preparados. Tenemos miedo al "qué dirán", a las listas negras, al fracaso, a la inestabilidad, a tener que dejar la arqueología... Supongo que es algo común, si no miedo, sí respeto. Y supongo que con el paso de los años el miedo se va perdiendo, al menos eso espero.

BIO

Eva Zarco Martínez es tesorera de la Sección de Arqueología del Ilustre Colegio de Doctores y Licenciados en Filosofía y Letras y en Ciencias de Madrid. Se ha dedicado principalmente a la arqueología de gestión en la Comunidad de Madrid en varias empresas, como contratada y también como falsa autónoma. Los dos últimos años ha tenido el placer de formar parte del Equipo de Investigación de Carranque y dar las prácticas del Máster de Arqueología de la UAM. Actualmente trabaja como autónoma, a pesar de haber sufrido una inspección de trabajo.

SALOMÉ ZURINAGA FERNÁNDEZ-TORIBIO

Del romanticismo del pincel a la flor de la patata: Hacia una arqueología socializada

Depende del punto de vista en que piense la arqueología: la teórica (entendida como la que se lleva a cabo de manera institucional desde un museo o desde la Universidad, desde los despachos para gestionarla, enseñarla, exponerla o investigarla), y la práctica (entendida como toda actividad de gestión o investigación, y que realice prospección o excavación, pero ejercida directamente sobre el terreno), me vienen una ideas u otras. Es por eso que me voy a centrar (habiendo pasado de puntillas por varias de ellas) en las que he conocido.

Cuando en 1996 obtuve la beca de la Academia Española de Historia y Bellas Artes en Roma, conocida como la Academia de Roma, defendí un proyecto llamado *La recuperación del patrimonio arqueológico y su difusión en el entorno social*, en la línea de la *socialización de la arqueología*, la devolución a la sociedad de lo sacado a la luz e investigado por los arqueólogos. En aquella época yo desconocía la denominación de *Public Archaeology* (P.A.) -bien es sabido que aún no se habían formulado los postulados-, posteriormente he constatado, hasta donde mis estudios y preparación llegaban, que mis ideas compartían parte de lo que después se definiría como P.A.; aún así me gusta más hablar de "arqueología socializada". A día de hoy mi opinión sigue siendo la misma. Revertir a la sociedad en el sentido de publicar, difundir y divulgar la tarea de los arqueólogos, sea esta resultado derivado de trabajos de carácter de investigación privada tales como tesis doctorales, de arqueología preventiva, de urgencia, de investigación científica, de proyectos interdisciplinares etc., para que el público consumidor de estos resultados esté informado con transparencia sobre a qué se dedican los fondos y qué presupuestos se destinan en materia de cultura arqueológica, cómo se gestionan y por qué se llevan a cabo unos proyectos y no otros. Pero al parecer, aún hoy, la divulgación no parece estar muy bien vista. A nivel académico, está extendida la opinión de que se rebaja el nivel científico de lo estudiado, se sigue escuchando sobre alguien que publica un libro cuyo lenguaje resulta ameno y está claramente dirigido a un público no especializado.

Revertir, -este punto siempre me ha parecido importante pero en la actualidad sigue sin desarrollarse y ponerse en marcha-, a través de la educación en materia de protección del patrimonio arqueológico.

Debería existir una asignatura contemplada en los planes formativos de la ESO en la que se impartiera esta materia. Si se incluyó la educación vial en primaria, por qué no se ha contemplado la educación "patrimonial". Si la arqueología del futuro contemplara esta vía, se sentarían las reglas básicas de la defensa del patrimonio sobre poblaciones reales y se educaría a posibles futuros furtivos, consiguiendo varios objetivos: por una parte se les habría instruido como defensores del patrimonio -posibles futuros gestores-, y, por otra, habrían entendido que la arqueología no es solo excavar, acabándose así con el romanticismo del pincel. No conozco a nadie que habiéndose enterado de mi profesión no haya exclamado alguna vez: "¡qué bonito!"; "¡Uy, qué suerte!"; ¡Es lo que me hubiera gustado ser a mí!"; "¿Qué paciencia con el pincelito, no?"

La idealización de la profesión sigue siendo tan actual como cuando me licencié hace ya unos cuantos fines de curso. Es inevitable el sentimiento romántico que aún despierta en el gran público al que se le vende nostalgia, la nostalgia del pasado en ese comercializar con el mismo. No nos engañemos si se sigue pensando así es porque no se ha hecho mucho, o lo suficiente, para cambiar esta visión. A pesar de que la arqueología se reinventa a sí misma en cada nueva denominación que se autoaplica, hoy por hoy, el gran público sigue quedándose con la actividad romántica en la que se descubren cosas sin más. Y más aún, hay veces que me da la impresión de que en España, al menos en la prensa, parece que la arqueología es sólo una y esa una es *Egipto*.

Dicho esto, se me ocurren otros pensamientos de cómo percibo la arqueología y su futuro. Un futuro sujeto a decisiones políticas y, en determinados ámbitos, un futuro estancado, con la misma visión unilineal del objeto, que no resulta innovadora y que se mantiene fuera del circuito de las nuevas aplicaciones, tendencias y teorías generales de la Arqueología.

La implicación de las comunidades, ya sean urbanas o rurales, en la defensa del patrimonio arqueológico es beneficiosa a la larga para todos. Un caso práctico, la musealización de un yacimiento (es una acto preventivo en sí, lo valorizas, luego previenes de su deterioro con las diferentes actuaciones que se llevan a cabo, y la comunidad en la que está inserto se implica en su defensa de una u otra forma) debe verse como una inversión de futuro que, si no genera beneficios a corto plazo, no pasa nada, puesto que los dará a la larga. Los políticos muy miopes prefieren inversiones que generen grandes réditos enseguida, olvidando que la inversión en cultura ofrece resultados que se ven a largo plazo. Es una gestión lenta y necesaria, como una lluvia fina que va calando poco a poco. La cultura es un elemento muy fácil de politizar en el que todo parece estar referenciado a un calendario de inauguraciones. En esta línea la arqueología preventiva redundaría en beneficios a toda la comunidad -sociedad en general-, puesto que no sólo se evitarían expolios impunes y auténticas devastaciones en yacimientos arqueológicos como ocurre en la actualidad en Andalucía -un ejemplo de ello sería el caso *TERTIS* al que se dio "carpetazo", por cierto-, que es la Comunidad Autónoma que mayores robos/daños de este tipo sufre como atestigua el Grupo de Patrimonio Histórico de la Guardia Civil.

Hay muchas arqueologías y estas están continuamente reinventándose: *arqueología industrial, de género, de la muerte, experimental, del conflicto, etnoarqueología,* etc. Esta última, sin perder de vista la arqueología socializada, me parece bastante interesante para comprender los procesos de reconstrucción del pasado. Bien es verdad que no todos los investigadores comparten los trabajos de este tipo y ni se aproximan a los fundamentos antropológicos que muchas veces nos conducen hacia el modelado del pensamiento arqueológico. Tampoco todos los arqueólogos comparten la idea de usar analogías etnográficas, al considerarlas quizá una vuelta a principios del siglo XX cuando en época colonial se recurría con frecuencia a los paralelismos etnográficos. Quizá puedan resultar peligrosas si se abusa de ellas y si se olvida el verdadero objeto de estudio, pero creo que por lo general sirven para ampliar horizontes. De modo generalizado, la disociación de arqueólogos y antropólogos en nuestro país es evidente y es aún más patente entre los arqueólogos que trabajan en museos arqueológicos donde, dedicados (si se les deja) a la investigación arqueológica, no se aproximan en su pensamiento ni al contenido de un sencillo manual de antropología, existiendo un gran distanciamiento de la idea del pasado que tienen ambos y, por consiguiente, de la construcción del mismo. Si en los museos arqueológicos no existiera tal desinterés por la antropología para generar discursos quizá el resultado se vería en unas plasmaciones museográficas menos estáticas y estéticas.

Por otra parte, tratando de escribir estas líneas y dado mi viraje hacia el campo museístico ejercido desde la función pública, he adquirido otro punto de vista de la arqueología. El concepto "polisémico" de la arqueología en el que todo vale. En mi opinión, en este ámbito institucional dicho concepto está desvirtuado tal y como se han venido presentando hasta ahora determinadas colecciones. Creo que algunos museos arqueológicos se perciben aún como museos de historia con retazos de museos de historia del arte en los que una opinión diferente se considera un ataque a la institución. Pensar que determinadas colecciones sí pueden desgajarse al reordenarse el museo con la argumentación debida y un proyecto científico de calado que así lo avale; por ejemplo la colecciones de Edad Moderna del Museo Arqueológico Nacional (MAN), y si pueden trasladarse a otro museo o museo *ex novo* no tiene por qué ser un disparate cuando hay antecedentes en la historia museística de nuestro país y ejemplos en instituciones de alto nivel en el extranjero. Parte de las colecciones del Museo de América formaban parte de los fondos fundacionales del mismo MAN. Si no, siempre se podrá evitar la denominación de arqueológico y podemos plantear llamarlo Museo de Historia Nacional. Siguiendo con las colecciones de Edad Moderna, si recordamos las salas donde se exhibían (en la actualidad, el museo permanece cerrado por remodelación y rehabilitación del edificio, no por reordenación de las colecciones), aparecían objetos privativos de la realeza y nobleza: esculturas, algo de mobiliario y amplias colecciones de vajillas de cristal y de lozas provenientes del Buen Retiro, La Granja, Talavera, etc., *en las que se observa en un plato una escena bucólica de la serie de la flor de la patata.* Presentando las colecciones de esta manera no estamos añadiendo más que confusión sobre el vocablo: arqueología. ¿Cómo defender la arqueología en un museo de inicial carácter decimonónico cuyo halo perdura en el siglo XXI, si no se ofrecen otras visiones de las edades Media y Contemporánea que un rosario de cruces, jarrones, artesonados, tapices y porcelanas? No añadamos más confusión diciendo que *"el Louvre o el British..."* ¿Es qué se denominan museos arqueológicos nacionales? No. Las palabras no son inocentes y los nombres no se improvisan. Tal y como están concebidas las colecciones en algunos museos, la arqueología se desvirtúa, el objeto se petrifica de tal manera que pierde toda posible lectura vívida de la sociedad que lo fabricó, y del uso sacro o profano que le confirió. Se le eleva a la categoría de lo sublime y al final los museos nos dejan tan solo arqueología de la belleza. Como anécdota real, en mi ámbito laboral, este mismo año he escuchado decir, en los siguientes términos, de unos molinos de mano y otros objetos en piedra, que 'eran piedras muy feas', por contraposición a otras colecciones que posee el departamento, mucho más bonitas y que entonces no merecían mucho miramiento. Pero entonces ¿de qué arqueología estamos hablando y qué queremos proyectar? Si amplías el punto de vista hacia otras disciplinas, el enfoque cambia y puede resultar enriquecedor. Me viene a la cabeza un ejemplo que comentaba Santiago Mora (2007) sobre la renovada exposición del Museo del Oro de Colombia, donde el uso de los conocimientos etnográficos de Reichel-Dolmatoff, aplicados a la lectura de los objetos, hizo posible un cambio en la presentación del pasado, en la que se incluyó la visión cosmológica. La arqueología en los museos, y los museos arqueológicos, deberían renovar su discurso, hacerse nuevas preguntas, atender nuevas necesidades y tener en cuenta los cambios de la disciplina al moverse la arqueología viva profesional por otros caminos muy diferentes a la dictadura de las tipologías, épocas y estilos.

Quiero mencionar brevemente el uso político de la arqueología en museos que se ven inmersos en cambios de gran envergadura. La presión con la que se trabaja, la imposición de agentes externos, el concepto de museo del siglo XXI, el cambio de dirección museística, la imposición de discurso por determinados pensadores, el cambio de proyecto museográfico, etc., junto con la presión política en la carrera por hacer suya la obra iniciada durante el mandato electoral, hacen que a veces se sienta que se ha perdido la coherencia. Por ejemplo, en un museo en proceso de reforma arquitectónica (otra cosa es de reforma de pensamiento y planteamiento del discurso arqueológico y, por ende, del museográfico), muchas veces, son los calendarios programados por acontecimientos políticos los que marcan determinadas inauguraciones. En el momento de acabar estas líneas se anuncia el adelanto de elecciones generales en España y el Museo Arqueológico Nacional anunciaba una semana antes una inauguración parcial para finales de noviembre de 2011, ¿simple coincidencia?

Para finalizar me gusta pensar en una "futurible" arqueología antropológica, que sea el todo donde la etnoarqueología sea una parte, y ambas confluyan en una arqueología socializada, puesto que la hacen visible a los ojos de la sociedad a la que no excluyen. Ya no tenemos meros artefactos en vitrinas, sino objetos hechos por el ser humano dentro de un contexto ritual, social, ecológico, ambiental, sexual, económico, técnico, etc. Para mí, la frase de Willey y Phillips *la arqueología o es antropología o no es nada* es bastante representativa del camino hacia el que debe ir la arqueología, sin olvidar nunca su proyección social para tender ambas hacia una mayor integración. El visitante del "hecho arqueológico" (yacimiento, museo, aula arqueológica, etc.) va a ver lo que otros -los expertos-, han asumido y pensado ya antes y, lo que otros hicieron, construyeron y/o fabricaron, mucho antes. En el museo el objeto no debe quedarse inerte en la vitrina, sino que debe cobrar vida, y el visitante, debe salir con -si no un poco más de conocimiento-, con un poco más de comprensión sobre el pasado; es decir, que no sólo haya caminado por unas salas con recreaciones estéticas, sino que lo visto -y presuntamente leído-, le haya suscitado al menos una pregunta, una sola.

BIO

Salomé Zurinaga Fernández-Toribio es arqueóloga y trabaja actualmente en el Departamento de Documentación del Museo Arqueológico Nacional. Además, ha trabajado en varios proyectos arqueológicos (y museográficos) a lo largo del Nilo, sobre Egipto, Sudán y Etiopía. En los últimos años ha trabajado sobre la Campaña de Salvamento de Nubia y su incidencia en los Medios de Comunicación con especial énfasis en la prensa escrita.

JAIME ALMANSA SÁNCHEZ 45

Analizando el futuro de la arqueología española

Cuarenta y cuatro textos, variopintos pero convergentes. Hace ya varios años que vengo dándole vueltas a esta idea, con diferentes formatos y diferentes nombres. Al principio, en mi etapa "académica" pensé en hacer un recorrido teórico por la arqueología española con los exponentes de diferentes tendencias. Pasó el tiempo sin decidirme del todo, a pesar de tener muchas notas al respecto, y con el tiempo no me pareció tan atractivo. Un día, repasando papeles, encontré esas notas y pensé en retomar el proyecto. Ya había pasado mi bautizo comercial en la M-30 madrileña y eso de la teoría no me convencía tanto, pero me empezaba a apasionar todo el mundo de la profesionalización y la gestión. Mis nuevas notas giraban más en torno a las diferencias regionales desde una perspectiva un poco más amplia, pero se quedaron en eso, notas. Entonces pasé mi exilio en Londres y esos meses me hicieron reflexionar mucho, desde la perspectiva de la nueva Arqueología Pública británica. A la vuelta, el panorama había cambiado considerablemente. La crisis era incipiente, la academia no pintaba bien y el ámbito comercial lo hacía aún peor. Había que decidirse por algo y las circunstancias me llevaron a crear mi propia empresa, con el ánimo de poder emprender todas esas cosas que tenía en la cabeza y que no encontraba otra forma de sacar adelante. Así surgió la editorial y con la editorial, viejas y nuevas ideas que intentar emprender. Por desgracia, no se trata de un negocio muy próspero y menos en estos tiempos de crisis, pero hay ciertas cosas que no se pueden dejar pasar y esta era una de ellas.

Nos encontramos en un momento crítico, un punto de inflexión para el futuro de una disciplina que nunca ha tenido un impacto social explícito, pero que ha formado parte de la vida diaria de mucha gente, especialmente en los últimos treinta años. De hecho, hace exactamente treinta y dos años, un artículo de *El País* llamado "Se incrementa en España el número de excavaciones arqueológicas" (*El País* 20/09/1979) ya hablaba de "una especie de revitalización de la arqueología, ciencia bastante arrinconada y polvorienta, o en la revelación a la luz pública de una labor oscura y callada que se venía realizando desde hace tiempo". La arqueología ha cambiado de un modo espectacular en estos años, a todos los niveles. ¿Por qué seguimos estando arrinconados y polvorientos? ¿Por qué le seguimos pareciendo al público oscuros y callados?

El objetivo de los textos de este libro es aportar un poco de luz a estas preguntas, pero sobre todo abrir la vía para el debate y unas respuestas que nos puedan quitar el polvo, sacar del rincón, darnos luz y voz. Y siguiendo con la tónica del libro quiero comenzar este análisis con una pequeña historia pseudo-biográfica que sirva como resumen a los grandes temas y problemas que debemos abordar.

--

Entonces llegó ese día en que dije: "Mamá, quiero ser arqueólogo"

Tengo grabada a fuego una tarde de mediados de los noventa en la que estábamos haciendo los equipos de la Liga Marca y un amigo nos propuso subir a hacer el *gamba* con la bicicleta a las minas romanas. Yo no tenía ni idea de qué iba el asunto, ni me importaba. Un par de años después estaba como loco excavando en un yacimiento relacionado con esas minas (el de la portada) a mis tiernos dieciséis.

Entonces lo tuve claro. Quería ser arqueólogo. Al año siguiente continué colaborando en el mismo yacimiento y me matriculé en la Universidad. Allí intenté leer todo lo que llegaba a mis manos y participar en todo lo que mi tiempo me permitía.

Cinco años después, con la licenciatura en la mano y muchas ganas de seguir investigando, probé fortuna en una empresa de arqueología. En un par de días ya me empezaba a dar cuenta de un problema que jamás me había planteado... ¿Qué es eso de "silo"? ¿Es un estrato horizontal o vertical? ¿Qué se fumó Harris? A pesar de haber invertido los veranos en excavar y prospectar por toda la península, encontrarse frente a un silo, solo, con tu pico y con tu pala, con una helada considerable que dejaba el suelo como cemento y la presión de un tiempo que corre en tu contra, es toda una experiencia. Se supone que era arqueólogo pero no estaba preparado para eso.

Entre máquinas y peones pasé varios meses con nuevas ofertas de trabajo casi todas las semanas que me acercaban a otra realidad; los sueldos. Yo trabajaba por 900€ y eso no lo mejoraban en casi ninguna empresa. Pero claro, cobrar por algo que siempre habías hecho gratis era una pasada. Esa experiencia me estaba haciendo encontrarme con una arqueología de la que había oído hablar pero poco y para mal. Curiosamente, más adelante descubrí que se trataba del 98% de la arqueología que se practica en España.

Pero como dije, yo me moría por seguir investigando y la empresa no ofrecía esa oportunidad. Mi rol era el de excavador. Pronto me di cuenta de que el rol de la empresa era el de liberar terreno. Por eso decidí seguir trabajando desde casa en cuestiones que me interesaban con medio pie aún en la Universidad.

Mientras tanto, la posibilidad de colaborar en el Colegio profesional y en un proyecto en Etiopía me llenaban de esperanza. Los días de calor en la cata se hacían más llevaderos con nuevos proyectos en perspectiva. Y estos proyectos se hicieron realidad a la vez que mi contrato se desvanecía.

El balance en la empresa no había sido del todo malo. Adelgacé y gane fuerza. De arqueología aprendí mucho, no todo bueno. Pero sobre todo, tuve la oportunidad de conocer a gente interesante.

Etiopía fue el punto de inflexión en mi vida. La oportunidad de trabajar en un proyecto internacional sobre un tema totalmente diferente a lo que acostumbraba a ver en España. El ambiente de trabajo era excelente aunque, como siempre en arqueología, precario. De cualquier modo, desde entonces, Etiopía representó mi forma de evadirme de la realidad con otra un poco diferente.

Colaborando con el Colegio fui adentrándome en otro problema que hoy me parece muy grave; el colectivo, o la falta de él. No fueron pocas las reuniones a las que tuve la oportunidad de asistir junto con otra docena de compañeros. En un colectivo que por aquel entonces sobrepasaba los dos mil profesionales, menos de una cuarta parte estaba colegiada y sólo un puñado participaba de las actividades. No porque no pudieran, sino porque no querían. "¿Para qué sirve colegiarse?" Era la frase más común que oía en esos tiempos. Obviamente, los beneficios palpables eran más bien escasos. A los cursos se podía ir sin ser colegiado, el seguro de responsabilidad civil lo podías contratar por tu cuenta y los servicios jurídicos no sabían bien de qué iba nuestro trabajo. Pero por aquel entonces yo ya tenía claro cuál era el principal valor de estar colegiado: Pertenecer a un colectivo.

Las circunstancias del desarrollo de nuestra profesión habían diluido esa idea. Ya no era necesario colegiarse y todos los intentos de control por parte de la administración o el propio colectivo (adjuntar presupuestos al proyecto, visado, etc.) habían caído en saco roto. Ni el control ni el autocontrol eran herramientas efectivas en esos tiempos y prueba de ello fueron varios episodios que reafirmaron mis utópicas ideas sobre un colectivo fuerte y unido.

Mientras tanto, probé suerte como autónomo. Durante varios meses, buena parte de mi vida se desarrolló entre museos y bibliotecas donde tuve la oportunidad de conocer otros ámbitos de nuestro trabajo. Un trabajo, sin embargo, que requería de un gran esfuerzo opositor para poder acceder a él. Pocas plazas, muy difíciles de conseguir, o temporalidad e incertidumbre. Esas eran las opciones.

Pero mi obcecación por la investigación seguía viva y por eso continué con el programa de doctorado. Al fin y al cabo tenía unas notas más o menos buenas, un currículo interesante y un tutor de esos que quitan el hipo. Mi mayor problema estaba en la temática y es que quería hacer una cosa llamada *Public Archaeology*, sobre la que siempre me solían decir que "en España toda arqueología es pública por definición". Mi solución fue coger el dinero que había ahorrado trabajando y emigrar a Londres donde podría estudiar eso de verdad.

Recuerdo mi primera reunión con el coordinador del curso. Lo primero que pensé fue dónde narices me había metido. No entendía la mitad de lo que decía. Después, cuando tuve que explicar mi trabajo, todo lo demás me pareció indiferente. Por primera vez en mucho tiempo no tenía que explicar nada, simplemente decir lo que quería hacer.

Y así transcurrió el año. Conociendo a gente sobre la que había leído, temas en los que jamás había tenido la oportunidad de profundizar y un Instituto de Arqueología con más recursos que muchas universidades españolas. Pero el año se acabó rápido, más de lo que hubiera querido.

Volví a España por convicción, con fuerzas y con un master. Terminé mi trabajo de doctorado y leí el DEA. Todo empezaba a ir sobre ruedas y entonces, mi última oportunidad de tener una beca predoctoral se resolvió en tragedia: No.

¿Qué hacer cuando te encuentras en una situación similar? El trabajo en empresa ya no era fácil de conseguir y mi currículo no ayudaba en ese aspecto; había dejado de lado ese sector durante mucho tiempo. Cuando me comentaron que los sueldos estaban todavía peor que cuando me fui, tampoco me dio demasiada pena. Investigar ya no era una opción viable puesto que no estaba dispuesto a dejar un par de años en blanco por el simple hecho de leer una tesis que sólo me iba a abrir un par de puertas. El mundo se derrumbaba a mi alrededor. Demasiados años para cambiar de tercio y sin posibilidad de rematar la faena.

Por momentos me arrepentí de muchas cosas. Desde esas mañanas en las que subía con la bicicleta a ver si habían vuelto los arqueólogos al pueblo, hasta ese "no, creo que debo leer esta tesis en España". Pero aunque los arqueólogos miremos mucho para atrás, era hora de mirar hacia delante. El desencanto del Colegio profesional se volvió a tornar esperanza con el nacimiento de AMTTA y además, tenía demasiados proyectos pendientes que no podía dejar por un momento de bajón. Al fin y al cabo ese camino de piedras, que tantos tropiezos nos marca, también nos hace fuertes.

En plena crisis decidí montar una empresa diferente, que ofreciera todo eso que nadie más ofrecía. Servicios innovadores y el marco de un programa de investigación que los justificaba. Al principio la sensación fue la misma que tuve al encontrarme frente al silo por primera vez. No estaba preparado para la ingente cantidad de burocracia y cuentas que había que llevar. Ser autónomo era un juego de niños comparado con una SL. La mayor parte del tiempo se la dedicaba a Hacienda, en vez de preparar proyectos y venderlos. Es más, durante más de un año así fue. Sobrevivir a un mercado en crisis ultracompetitivo me enseñó otras cosas. Por un lado, que el campo era para los valientes: Presupuestos hasta un 60% menores a los míos (que consideraba justos, e incluso baratos a veces), que explicaban cómo los sueldos habían seguido bajando en mi ausencia y esa inútil literatura gris que en pocos casos cambiaba de color. Por otro lado, que no se espera investigación de una empresa, por mucho que los políticos se llenen la boca con la transferencia de conocimiento y la palabra "innovación". Pero sobre todo, que vivimos en una sociedad que sigue sin valorar nuestro trabajo, que sigue sin saber lo que hacemos y que seguramente hayamos perdido por nuestro halo elitista y chulesco.

Hoy, que pese a las pérdidas sigo sobreviviendo, me pregunto: ¿Merecemos algo mejor cuando ni siquiera nosotros mismos nos valoramos? Si tengo que sacar una conclusión personal de todo esto es la necesidad de un COLECTIVO, con mayúsculas, unido y fuerte, que nos dé dignidad laboral y valor social. ¿Parece fácil?

--

Escribir 1.500 palabras y contar todo lo que te gustaría es muy difícil. Con "mi vida" como ejemplo comienza el análisis de este libro, las conclusiones de unas charlas de café que van poniendo de manifiesto todos esos detalles que nos corroen por dentro día a día, pero sobre los que muchas veces no actuamos.

Termino "mi vida" clamando por un colectivo unido y fuerte. Casi con la desesperación de un hombre agonizante que se resiste a dejar las cosas como están. O la de un hermano de familia numerosa y mal avenida que echa de menos las cenas de Navidad en paz y armonía. Por muy estúpido que pueda parecer, uno de los lastres de nuestra profesión está precisamente ahí. Es más, seguramente sea nuestro mayor lastre. Somos buenos arqueólogos por lo general y cada vez mejores, pero esa mezcla de excesiva (auto)crítica y rencillas de patio de colegio, ponen de manifiesto una situación compleja e incluso "falsa".

Resulta obvio hablar de los matices entre el blanco (del todo va bien) y el negro (del todo va mal). La arqueología española tiene muchos problemas, pero también muchos puntos fuertes, como hemos podido ir viendo a lo largo de estas páginas. Es cierto que la Universidad no nos ha preparado para muchas cosas, pero es la misma Universidad que nos está permitiendo llegar a donde estamos llegando. Es cierto que la investigación española resulta deficiente en comparación con la de otros países, pero tenemos muchos más proyectos punteros e investigadores de impacto que hace no tantos años, y con esfuerzo la situación parece ir mejorando. Es cierto que el mundo comercial es un ogro neoliberal que nos ha hundido en el pozo del capitalismo radical y la precariedad, a pesar de ser una disciplina orientada al conocimiento y el ámbito público. Aunque no se pueden decir muchas cosas buenas de esta situación, no podemos olvidar el nuevo campo laboral que se ha abierto y las oportunidades que representa. Es cierto que la Administración no ha hecho demasiado por regular nuestro sector y racionalizar las cosas, pero para los recursos con los que cuenta, el progreso legislativo y administrativo de los últimos años ha sido extraordinario. Es cierto que una gran parte de la sociedad nos ignora a pesar de estar presentes en sus vidas, y es nuestra falta, pero se están dando pasos de gigante en ese sentido y siempre hay tiempo para componer nuestra imagen social e inculcar una mayor valoración del Patrimonio. Y es cierto que no hemos sido capaces de conformar un colectivo unido y fuerte, pero hay varias iniciativas que nos van acercando poco a poco a ese objetivo y seguimos trabajando en ello con fuerza.

Dentro de todo ese "gris" siempre suenan más los problemas, sobre todo en el contexto de crisis en que nos encontramos, pero si tenemos que buscar un punto de partida, ha de ser positivo. Estamos mejor que antaño y aunque sigamos reivindicando muchas de las cosas que ya se reivindicaban hace veinte años, existe una voluntad de cambio cada vez mayor.

¿Qué pasará cuando alguien lea este libro dentro de veinte años? Partiendo con la metáfora del Tiburón que Felipe Criado (Cap. 10) comentaba, no podemos intuir demasiado. Es muy posible que se sigan identificando los problemas que estamos identificando hoy, que muchas soluciones de las que se planteen ahora hayan resultado baldías, o que estemos luchando por otras mejoras en el sector equivalentes a las que reclaman hoy los noruegos. No lo sabemos. Pero lo que sí debemos tener en cuenta, es que el futuro se empieza a construir en el presente, día a día.

Por ello, este libro pretende recoger de ideas desde diferentes ámbitos laborales y regionales. A la hora de seleccionar el perfil de textos, resultó difícil aglutinar toda la diversidad de una disciplina como la nuestra (y en nuestra situación) en tan poco espacio. El resultado parece equilibrado en todos los sentidos y espero que se entienda como una base para continuar trabajando en el presente y el futuro de la arqueología.

Se pueden distinguir textos de carácter más regional, o centrados en problemáticas concretas, pero entre todos nos ofrecen una radiografía de la arqueología con varias ideas comunes. Intentaré seguir un orden "cronológico" en el análisis.

1. La Formación:

(Explícito: Caps. 1, 3, 6, 11, 13, 15, 16, 17, 18, 19, 20, 24, 25, 26, 27, 35, 40, 41)

Cuando llegamos a la Universidad, nuestra vocación por la arqueología viene coartada por una imagen que pocas veces se acerca a la realidad, incluso en los mejores casos es común llevarse sorpresas. Tras muchos años de trabajo, hoy contamos con tres grados de Arqueología en nuestro país. Un paso adelante, con cautela, pero muy valioso. Hasta ahora, una persona que se licenciara en Historia (ni que decir tiene en otras titulaciones afines) podía haber terminado sus cinco años de carrera sin ver arqueología de verdad. En muchas facultades era posible especializarse en algo que llevara la palabra "arqueología" o, al menos, alguna asignatura al respecto en el itinerario, pero eso no aseguraba en absoluto unos conocimientos sólidos en la materia. Cuando las personas interesadas en hacer arqueología no tenían más remedio que continuar la carrera investigadora, la formación se complementaba rápido en el campo y en la biblioteca. El problema se hace patente cuando el grueso de los profesionales se comienza a dedicar a la arqueología urbana.

Desde que se aprobara la Ley 16/1985 de Patrimonio Histórico Español y se generalizara el ejercicio libre de la profesión, los planes de estudio han cambiado en varias ocasiones. Sin embargo, aunque las asignaturas cambiaran de nombre, no se ha llegado a producir una adaptación real al mercado laboral predominante, el de la arqueología comercial. Esto se traduce en nuevos profesionales muy bien preparados en teoría, pero con una formación práctica deficiente y un desconocimiento profundo de la realidad administrativa y el contexto de trabajo.

El debate sobre qué debe impartir la universidad ha sido largo en los últimos años y, efectivamente, es complicado diseñar planes de estudio que permitan (a coste cero) cubrir los diferentes nichos necesarios en una disciplina tan amplia como la nuestra. Las especificidades de cada especialidad y de las diferentes salidas laborales con que contamos siempre dejarían algún hueco sin tapar. Ante todo, somos investigadores. Pero además somos gestores y debemos reforzar nuestra vertiente didáctica. ¿Podrán los nuevos grados responder a ese perfil?

En el mundo anglosajón la respuesta ha sido la ultraespecialización. Varios grados diferentes con objetivos diferentes, pero sobre todo, decenas de másteres sobre temas muy concretos que cubren la especialidad. El resultado son profesionales competentes en su especialidad pero limitados. De todos modos, la práctica arqueológica en el mundo anglosajón es muy diferente de la española. El proceso de Bolonia buscaba homogeneizar los planes de estudio europeos con la referencia de ese sistema anglosajón. Pero como puntualizó Beatriz Comendador en unas jornadas en Ourense, en vez de adaptarnos a Bolonia, estamos adaptando Bolonia a lo que ya tenemos. Ese es el principio del fracaso.

Clara Hernando (Cap. 20) profundiza en el tema y los próximos años van a ser esenciales para el futuro de la arqueología desde la universidad. Los nuevos grados irán extendiéndose y surgirán nuevos másteres. La pregunta es si continuaremos con esa absurda práctica de tener de todo en todas partes, o seremos capaces de construir una nueva red de enseñanza universitaria donde cada departamento pueda aportar valor añadido a un campo concreto (o varios). La propia estructura de contratación y movilidad no aporta grandes esperanzas al respecto, y la escasez de grupos de investigación ordenados y potentes tampoco ayuda. ¿Existe alguna salida?

El texto de Alfredo González Ruibal (Cap. 17) plantea un panorama oscuro al respecto con "verdades como puños" que ponen de manifiesto la falacia de la excelencia en el ámbito investigador español. Prueba de ello, el texto de Pilar López (Cap. 22), que nos coloca en nuestro lugar dentro del marco internacional. Los recortes y una cierta "elitización" de los estudios universitarios que trata Alba Masclans (Cap. 27) llevan el camino empeorar las cosas aún más, ante la dificultad de fortalecer el sistema universitario a pesar de su encarecimiento y, además, ese muro que sigue separando Universidad y Empresa al que varios de los autores hacen referencia, constituye el principal escollo para el cambio.

Como comentaba M. Ángeles Querol en una mesa redonda que tuve el placer de organizar en el primer JIA de 2008, sería necesario un cambio radical en los departamentos más allá del reciclaje. Puede que no haya que ir tan lejos, pero la base del cambio está en derruir ese muro del que hablaba y cooperar. La transferencia de conocimiento debe ser bidireccional y del mismo modo que en el mundo empresarial se pueden aprovechar avances académicos, la Universidad tiene la oportunidad (y diría que el deber) de contar con ese mundo empresarial. ¿Por qué? Porque ya nadie duda que la innovación metodológica y buena parte de los resultados se encuentran ahí. En la mayor parte de las universidades españolas es difícil encontrar docentes que tengan un conocimiento profundo del amplio abanico de periodos, técnicas, teorías y contextos en los que se mueve la arqueología, pero existen otros profesionales muy dotados en diferentes campos. ¿Por qué no colaborar?

2. La Investigación:

(Explícito: Caps. 2, 3, 4, 6, 7, 10, 15, 17, 19, 23, 24, 32, 33, 35, 38, 41, 42)

El objetivo primordial de nuestro trabajo es la investigación. Los centros públicos (universidades, centros de investigación y museos) han sido históricamente los encargados de este trabajo, pero una vez más, desde el inicio del ejercicio liberal, no sólo han perdido el monopolio, sino que representan un porcentaje muy bajo del total. ¿Pero es, a pesar de ello, la mejor? Uno de los ladrillos que levanta el muro universidad-empresa ha sido precisamente el desprestigio de la capacidad investigadora de una entidad comercial. Echando un ojo a las toneladas de "literatura gris" que se llenan de polvo en las estanterías de los museos parece entreverse de nuevo un problema.

Cuando llevamos a cabo un trabajo arqueológico, el objetivo suele ser crear conocimiento. Para ello, nuestro trabajo cuenta con un método de investigación lo bastante bueno como para ofrecer resultados. En los datos que aportaba Gonzalo Aranda (Cap. 3) para Andalucía, los números eran abrumadores. Sin embargo, lo abrumador es que esos números se repiten a lo largo y ancho de nuestro país. Para el punto álgido de la arqueología comercial española, en 2006-2007, se calculan más de 10.000 expedientes anuales en todo el país. Por supuesto, no todos los expedientes se corresponden con intervenciones positivas, pero nos podemos hacer una idea de la inmensa cantidad de prospecciones, seguimientos y excavaciones que han tenido lugar en los últimos 25 años. ¿Dónde están los resultados?

Últimamente, muchas administraciones han tratado de publicar el mayor número de resultados posibles a través de jornadas, anuarios u otras publicaciones temáticas. Gracias a ello, muchos de los hallazgos y resultados están disponibles más allá de la administración, pero aun así sigue existiendo un déficit claro. Ni las memorias, ni los artículos "obligados" suelen ofrecer unas conclusiones profundas. Periodo, inventario y contexto suelen ser los pilares fundamentales.

En los centros públicos, el panorama muestra otros problemas. La falta de financiación o la dificultad de comenzar nuevas intervenciones son los principales. Casos como el que nos ofrece Cinta Bellmunt (Cap. 6) son excepcionales y se deben precisamente a la articulación de un equipo investigador potente y de gran impacto. Y esa es una de las ideas que debemos tener en cuenta para el futuro de nuestra disciplina. Los grupos de investigación no tienen por qué pertenecer a un mismo centro o estar compuestos por investigadores de la academia. Existe toda una variabilidad inmensa por la que investigadores de diferentes centros y ámbitos pueden compartir intereses comunes, capacidad de trabajo y financiación. En un sistema en ocasiones tan desarticulado como el nuestro, podría ser una forma de racionalizar recursos y agendas que muchos ya están empezando a utilizar. Asimismo, es una oportunidad para promover las relaciones universidad-empresa, dando valor añadido al trabajo de ambas.

Y es que las formas de integrar ambos "paradigmas" no terminan de encajar por diversas razones. En cualquier caso, las estrategias de intervención de los centros públicos en el mercado comercial parecen chirriar en el sistema. Por un lado, la competencia total a la hora de llevar a cabo trabajos arqueológicos no es viable desde el punto de vista de las empresas, ya que se trata en cierto modo de competencia desleal al contar con recursos públicos muy superiores a los de cualquier empresa privada. La calidad de los trabajos puede resultar muy superior, pero si se va a entrar al juego de ese modo, por qué no se "nacionaliza" de nuevo la arqueología contratando a los profesionales del ámbito comercial en centros públicos para desempeñar el trabajo que se hace ahora. Por otro lado, la participación indirecta en forma de "aval científico" u otras fórmulas similares, no repercute de forma positiva en los trabajos.

La colaboración debe partir de su complementariedad y precisamente en el marco de la investigación. ¿Por qué sigue habiendo investigadores que no trabajan con los nuevos materiales registrados desde la arqueología comercial? Uno de los valores de futuro para la arqueología española, al menos en el campo de la investigación, pasa por sacar adelante las toneladas de materiales que sustentan a las miles de intervenciones olvidadas en la literatura gris. Tanto en términos de paisaje como de cultura material y tipologías queda un trabajo ingente por hacer. Puede que hayamos perdido la mayoría de los yacimientos, pero su documentación merece tener un buen fin aunque sólo sea por el dinero invertido. Por otro lado, la capacidad técnica y tecnológica de muchas universidades debería estar al servicio del ámbito comercial de una forma más clara y abierta. Como cerrábamos en el apartado de formación, la arqueología comercial puede ofrecer también algo. ¿Por qué no colaborar?

3. La Arqueología Comercial:

(Explícito: Caps. 1, 3, 5, 7, 8, 9, 10, 13, 14, 15, 16, 18, 19, 20, 23, 25, 26, 27, 28, 29, 30, 31, 34, 39, 40, 41, 42, 43)

No es el momento de repetir por enésima vez cómo surge y qué implica la arqueología comercial. La mayoría de los textos de este libro se refieren a ella, normalmente para mal. El valioso estudio de Eva Parga sobre las empresas de arqueología de nuestro país, cuyas conclusiones se pueden entresacar de su texto aquí (Cap. 29), nos muestra un mercado insostenible que ha estado viviendo del despilfarro inmobiliario y el importante desarrollo de infraestructuras que pagó la Unión Europea. Hoy todo eso se ha acabado y la palabra crisis se ha asentado en lo más profundo de nuestro día a día. Como sector dependiente de la construcción, la arqueología está viviendo esa crisis como pocos.

Lo que fue una salida laboral segura durante más de diez años (otra de las burbujas de las que vive el sistema capitalista), se ha convertido en un camino directo "a la cola del paro" (Cap. 7). Pero antes de nada cabe preguntarse cuáles fueron las condiciones de trabajo antes de la crisis (que se están agravando ahora).

Los textos de Valentín Álvarez (Cap. 1), Riccardo Frigoli (Cap. 15), Soledad Gil (Cap. 16), Pablo Guerra (Cap. 18), Beatriz Marín (Cap. 25), Carlos Marín (Cap. 26), Alba Masclans (Cap. 27), o Eva Zarco (Cap. 43), por poner algunos ejemplos, nos llevan a la realidad laboral de cientos de profesionales que en estos años han sufrido la más absoluta precariedad. Desde los contratos basura a la figura del falso autónomo, las condiciones de trabajo en el sector comercial rozaban la línea de la ilegalidad. Problemas estructurales del sector como la temporalidad o la falta de alternativas llevaron a muchos profesionales a poner en práctica esa máxima que ahora plantea el movimiento del 15-M, "una vez terminada la carrera hay tres salidas: por tierra, mar y aire". Las condiciones en otros países siempre se han tenido como mejores, sin embargo se primaba el salario sobre lo verdaderamente importante. Si bien en Irlanda (por poner un ejemplo) trabajar en arqueología comercial era cómodo y rentable, el Reino Unido ofrecía unas condiciones poco mejores de las españolas, pero con un sueldo más alto (para unos gastos también superiores).

Al final, lo que comenzó como una cuestión salarial en el cambio Peseta-Euro (una subida del IPC del 35,8% desde septiembre de 2000 a septiembre de 2011 contra un estancamiento de los salarios, e incluso una bajada en el mismo periodo), se ha convertido en una reivindicación más profunda como la que está proponiendo AMTTA (Asociación Madrileña de Trabajadoras y Trabajadores en Arqueología) en estos momentos con su Borrador de Convenio Colectivo para la Comunidad de Madrid. El objetivo, intentar conseguir que el trabajo en el sector comercial gane en garantías: Estabilidad, carrera profesional, seguridad e higiene, etc. Hasta ahora, existen tres convenios vigentes en España: Cataluña, Galicia y Castilla y León. Su contenido lejos de "innovar", fija las bases de lo que lleva ocurriendo varios años. Se ha tratado de un paso importante en la protección laboral de los arqueólogos comerciales, y ha supuesto un antes y un después en la arqueología de empresa. Pero es necesario seguir adelante hasta que nuestra preocupación no vaya más allá que la de los sindicatos noruegos (que los temporales tengan las mismas posibilidades de publicar e ir a conferencias que los fijos y no les echen los dos meses de invierno duro para volverles a contratar después).

¿Se puede conseguir algo así? Parece claro que con el modelo actual de gestión no. Si nos ponemos al otro lado de la mesa se pueden entender algunas cosas. Cuando surgen las primeras sociedades (en forma de comunidades de bienes, cooperativas y algunas sociedades limitadas), se identificaron muchos problemas, principalmente debidos a la propia articulación del modelo. Falta de control, heterogeneidad de los procedimientos, arbitrariedad en las decisiones, competencia desleal, mala praxis, etc. Rosa Domínguez (Cap. 13) relata este proceso desde su experiencia personal con una idea clara; y es que todos somos profesionales y la regulación del sector nos beneficia.

Además de cientos de sociedades, contamos con cientos de autónomos, cientos de profesionales que trabajan para ellos y entre todos, técnicos afines como Olalla López (Cap. 23) o especialistas como Saúl Pérez-Juana (Cap. 30) que miran a la profesión con asombro y cierta pena. Un colectivo extraordinario pero desarticulado y atomizado. En lugar de trabajar como colectivo, hemos estado compitiendo los unos con los otros en la arena del libre mercado hasta límites insostenibles. La pregunta que se hace uno después de empaparse de textos como los de Pedro Díaz del Río (ver en la página de recursos) es si todo esto no responde precisamente a una estrategia inconsciente que nos debilita con la máxima del "divide y vencerás". El estorbo que supone la arqueología para la construcción se ha aliviado en parte con nuestras "guerras" internas, que no han hecho más que convertir un trabajo de investigación, cuya máxima es crear conocimiento sobre nuestro pasado, en un trámite burocrático para liberar terrenos sin tener muchas veces en cuenta ni el patrimonio que se genera (destruye), ni los propios objetivos sustanciales de nuestra profesión.

La arqueología comercial nos aliena como profesionales. La frustración que se siente en textos como los de Riccardo Frigoli (Cap. 15), Pablo Guerra (Cap. 18) o Carlos Marín (Cap. 26), nos lleva a plantearnos cuál es nuestro rol dentro del proceso. ¿Estaríamos mejor en una floristería o en un hospital? Si después de muchos años de profesión nos planteamos esto el problema debe ser grave. Hacer arqueología es una de las profesiones más vocacionales que conozco, por su dureza física e intelectual. Cuando todo eso pasa a ser una rutina decepcionante y sin perspectivas de futuro, la vocación no es suficiente. Si le sumas la carga burocrática y administradora, las dificultades de crédito, las deudas, los concursos que no llegan y las obras que se paran, entre otros males de la empresa, hacer arqueología se convierte casi en un sufrimiento. Pero seguimos adelante... el mito del superarqueólogo parece cierto, estés donde estés.

Al final, se puede resumir todo en tres males: laboral, social y administrativo.

- <u>Laboral</u>: No se puede añadir mucho más a lo dicho. La solución pasa por la regulación del sector. Por un lado, una racionalización del entramado empresarial como la que proponen varios de los colaboradores de este libro. Por otro lado, la firma de convenios colectivos completos que aseguren la dignidad en el ejercicio de la profesión y marquen unos mínimos para la competencia. Además, lo de siempre: la importancia de ser colectivo.

- Social: Ahora que el suelo ya no da para todos, una solución esencial que no responde sólo al problema de la arqueología comercial, sino que ha sido un problema en sí mismo, es la divulgación. Como salida laboral y nicho empresarial, y también como una forma de mejorar nuestra valoración social y el conocimiento de nuestro trabajo, base para mejorar la gestión. No olvidemos que esa sociedad es la que vota y dirige, la que nos contrata y nos paga... en definitiva a la que le debemos los resultados de nuestro trabajo.

- Administrativo: Una de las quejas que los profesionales del sector comercial han estado elevando desde el mismo comienzo de su actividad, ha sido el descontrol de la actividad desde la Administración. Se promulgaron leyes en todas las Comunidades pero pocos reglamentos y muchas veces sin el consenso de los profesionales. La arqueología se supone un servicio público (por ley), pero la privatización de su gestión nos lleva a una paradoja dañina para el patrimonio y para la sociedad. El libre mercado no parece el mejor lugar para la arqueología, pero ya que estamos ahí es necesario marcar unas reglas claras e iguales para todos. La responsabilidad, eso sí, también nos corresponde a todos. ¿Por qué no colaborar?

4. Gestión administrativa:

(Explícito: Caps. 1, 2, 3, 4, 5, 7, 8, 10, 13, 14, 16, 18, 23, 25, 26, 28, 32, 39, 41, 42, 43, 44)

Como Belén Martínez y M. Ángeles Querol definían hace tiempo, gestionar comprende todo el proceso desde la planificación a la difusión. Pero dentro de ese proceso tan largo y complejo, la gestión administrativa derivada de las leyes de Patrimonio es un paso esencial.

Estamos ante lo que alguna vez he llamado el "Modelo de Poncio Pilato" (tú dirás, yo me lavo las manos). Con la transferencia de las competencias en Patrimonio cultural, lo que antes se controlaba desde un solo centro, ahora se hace desde muchos. El problema, la falta de recursos humanos y económicos. Poco a poco se fueron estableciendo unos mínimos en los departamentos, pero el crecimiento de la actividad era exponencial en comparación. Con respecto a la arqueología, tras algún intento fallido de gestionar el proceso completo desde la propia administración, se optó por una salida fácil que comenzaba ya a hacerse, la subcontratación. El principal problema fue que, mientras los permisos seguían llegando de su mano, la relación comercial se abandonó al libre mercado. Al principio, el creciente pero aún escaso número de intervenciones se hacía llevadero, pero pronto desbordó todas las previsiones.

El crecimiento desmesurado de obras con las consiguientes prospecciones, controles, excavaciones, puestas en valor, etc. que se acometieron desde mediados de los noventa hasta el establecimiento endémico de la crisis en 2008, era más de lo que se podía gestionar con orden. Los recursos humanos y económicos seguían siendo mínimos, mientras el trabajo crecía. Habían surgido varios modelos de gestión que se volvieron inoperantes y el simple hecho de llevar el control de los trabajos absorbía la mayoría de los recursos.

Como resultado, en el momento álgido de la arqueología comercial española (esos terroríficos años 2000), los departamentos de patrimonio atendían lo prioritario, intentando participar de las pocas medidas preventivas en las que se les incluía, manteniendo del mejor modo posible los inventarios y agilizando los miles de permisos que debían tramitar con sus problemáticas adjuntas. Las labores de control se redujeron al mínimo en todos los sentidos (aunque fuera el máximo posible) y pasaron muchas cosas que no deberían haber pasado. En definitiva, otra situación de impotencia en la que unos profesionales con las manos atadas han caído en la ineficiencia de la burocracia española.

Varios gestores de diferentes administraciones participan en este libro: Rafael Azuar (Cap. 4), José Antonio Estévez (Cap. 14), Roberto Ontañón (Cap. 28), Ignacio Rodríguez Temiño (Cap. 34), Margarita Sánchez Romero (Cap. 39), Jesús Sesma (Cap. 40) y Ramón Ten (Cap. 41). Se pueden obtener dos conclusiones básicas de sus textos; por un lado, que son muy conscientes de la problemática del sector, porque la sufren a diario. Por otro lado, que es necesario un mayor compromiso de la administración para poder avanzar en muchos de los aspectos. El principal escollo, el (des)interés político. La falta de recursos es algo endémico en Cultura y por ende, en Patrimonio.

¿Qué puede aportar la administración para una mejor arqueología? Una reglamentación arriesgada y completa. En este aspecto es posiblemente donde existe una mayor división entre los profesionales. No han sido pocos los episodios en los que el intento de control interno (o externo) ha desembocado en discusiones y oposición. A la hora de tomar posición al respecto, mi opinión es clara. Control.

Hemos demostrado a lo largo de estos años que no se nos puede dejar sueltos si queremos tener una arqueología de calidad y que no se pierda en los vicios del libre mercado. A muchos les ha ido bien (económicamente), pero la mayoría hemos sufrido lo suficiente como para tener claro que modelos como el francés o el griego son mucho más efectivos.

Dentro de España y de nuestros diecisiete modelos de gestión (con sus similitudes y diferencias), casos como el de Andalucía son ejemplares. Es posible que tenga sus fallos, por supuesto, pero comparado con otras Comunidades, el Modelo Andaluz es un caso a seguir de cerca por su apuesta clara por una arqueología preventiva efectiva y un control más férreo de la actividad profesional. Podemos ver los textos de Gonzalo Aranda (Cap. 3) y Margarita Sánchez Romero (Cap. 39) al respecto. No debemos olvidar que el objetivo de nuestra profesión no es hacer dinero, sino investigar, proteger y difundir nuestro Patrimonio. El plano económico es secundario y debe centrarse en el ejercicio digno de la profesión. Por ello, propuestas como la inclusión de los presupuestos en los proyectos de intervención, la dirección presencial, los plazos estrictos y las directrices claras que se plantean en el nuevo proyecto de reglamento pueden ser beneficiosas. En cualquier caso, para conseguir esos objetivos, necesitamos seguir trabajando en los aspectos principales en los que se centra la administración:

- <u>Conocer nuestro patrimonio</u>: A través de las cartas arqueológicas y la actualización de la documentación.

- <u>Desarrollo normativo</u>: A través de reglamentos que desarrollen las leyes autonómicas y marquen las bases de homogeneidad y rigor en la intervención sobre el Patrimonio arqueológico.

- <u>Colaboración interdepartamental</u>: A través de la participación efectiva en los procesos de decisión que afectan y se ven afectados por la arqueología, a todos los niveles (local, provincia, regional, nacional e internacional).

- <u>Fomento de la difusión</u>: A través de unas políticas de publicación y publicidad más efectivas que repercutan en el sector (investigación) y en el público (concienciación).

Antes de cambiar de tema y a modo de enlace, una cuestión muy preocupante a mi modo de ver es el problema de la propiedad de los resultados. Una de las prácticas más comunes de la administración es una cláusula por la que todos los materiales resultantes de la investigación (dibujos, fotografías, textos, etc.) pasan a ser propiedad de la administración competente, guardándose el derecho de uso y exigiendo a los propios autores una autorización para su publicación.

Partimos de que el Patrimonio es público y a la administración le corresponde su tutela. Pero el hecho de que sea público lo debe hacer accesible a todos. Por otro lado, resulta como poco chocante (e incluso ilegal) apropiarse del trabajo de terceras personas, un trabajo que es parte del Patrimonio, pero que es resultado del trabajo de individuos por ese Patrimonio. Al igual que la administración exige (o debería exigir) unos estándares en las intervenciones sobre el Patrimonio arqueológico, se le debería exigir cumplir con una parte muy importante de su responsabilidad; la publicación de la literatura gris.

En los últimos años, muchas regiones han comenzado a publicar anuarios o actas con los trabajos que se llevan a cabo, pero no dejan de ser pequeñas publicaciones al nivel de informes con poco material e información básica. Es una labor encomiable, pero insuficiente.

Por un lado, reconocer el derecho de propiedad intelectual a los verdaderos autores de materiales y por otro lado, eliminar las trabas para la publicación de los mismos en labores de difusión y divulgación, debe ser esencial. Si todas las partes cumplimos con nuestro cometido, entonces podremos dar un paso adelante. En este caso, la pelota está en el tejado de la administración, pero la responsabilidad, una vez más, nos corresponde a todos. ¿Por qué no colaborar?

5. Divulgación:

(Explícito: Caps. 2, 4, 6, 7, 8, 9, 11, 12, 16, 19, 21, 23, 25, 28, 30, 31, 32, 33, 34, 35, 36, 37, 38, 39, 40, 41, 42, 43, 44)

La imagen social de la arqueología es uno de los temas que más me preocupa a título personal. No sólo por cumplir con la máxima del Patrimonio público y nuestra responsabilidad para con la sociedad, sino también por un componente egoísta desde el colectivo. Una disciplina bien conocida y valorada cuenta con mayor apoyo social y, por tanto, con mayor capacidad de trabajo. Los políticos que deciden sobre Patrimonio arqueológico no suelen ser profesionales de la arqueología y, por lo general, no suelen tener demasiada idea de nuestro trabajo. Beatriz Comendador (Cap. 11) hace un análisis excepcional al respecto comenzando por un fragmento televisivo de la mediática "princesa del pueblo", Belén Esteban. No voy a profundizar, pues ya lo ha hecho ella, pero por muy pesimista que parezca, eso está en la mente de una buena porción de la sociedad, que además de *Sálvame*, ven y escuchan otros programas como *Cuarto Milenio* o *Planeta Encantado*.

¿Quién de nosotros no ha tenido alguna discusión con algún amigo después de uno de estos programas? Los grandes misterios y las grandes civilizaciones nos evocan momentos importantes y experiencias excitantes. Eso es lo que mueve a la sociedad. Por eso, una buena didáctica y cercanía son esenciales para poder estar al nivel de la pseudoarqueología y los charlatanes. Un ejemplo positivo que me sorprendió hace poco fue el primer episodio de *La respuesta está en la Historia*, de Canal Sur. "¿Quién dijo que la Historia era un 'tostón'?" es el título de la primera crítica que vi en vertele.com. Al comienzo del primer capítulo, dos jóvenes venden la idea del programa a la cúpula ejecutiva de la cadena y lo consiguen. ¿Por qué? Porque transmiten un discurso atractivo que responde a cuestiones interesantes para la sociedad. El futuro del programa es una incógnita, pero los buenos índices de audiencia son positivos. El caso de *Sota Terra* en Cataluña, que citan Francisco Ramos (Cap. 31) y Carme Rissech (Cap. 32), fue otra apuesta arriesgada con buenos resultados, pero seguimos a millones de años luz de esa televisión británica donde Mortimer Wheeler ya hacía programas de cocina y debates sesudos que hasta los Monty Pyton se atrevieron a parodiar.

He comenzado muy televisivo, tal vez porque los medios de masas son los que antes y mejor llegan al público. Sobre todo, porque son los que han fraguado la imagen actual. Pero como buenos ciudadanos que usan las últimas tecnologías, hay que citar Internet y las redes sociales. Tras ver los estudios que está haciendo Lorna Richardson en el Reino Unido, parece que Twitter está ganado por la arqueología "de verdad". Es difícil encontrar mensajes pseudo en 140 caracteres. Sin embargo, Facebook está poblado de grupos muy populares y son páginas de "escépticos" las que llevan a cabo el trabajo de refutar (arduo y difícil). Parece una especie de guerra propagandística, pero en el fondo no es más que la reconquista de un espacio público por el que nunca nos interesamos.

M. Carmen Rojo (Cap. 35) y el equipo de DIDPATRI, de la UB, trabajan en este sentido. La didáctica y la difusión son esenciales para poder hacer comprender qué es el Patrimonio y cuál es su valor. Resulta preocupante nuestra inmadurez en este ámbito, pero sobre todo esa parte del colectivo que mantiene que estas cosas no son nuestro trabajo mientras se quejan de la falta de financiación y de los charlatanes que les comen terreno. Hacer arqueología sólo se completa transmitiendo nuestros resultados.

Hasta hace pocos años, además de las charlas en las "asociaciones de amigos de", la única divulgación que existía se hacía desde los museos. Algunos de ellos comenzaron a ser activos en talleres y actividades complementarias hace casi cuarenta años, pero no ha sido hasta hace poco cuando se ha visto un cambio real en la propia museografía y la didáctica. El museo sigue siendo el principal escaparate de la arqueología, junto con los yacimientos visitables. Ambos gestionados desde la administración. Rafael Azuar (Cap. 4),

Ignacio Rodríguez Temiño (Cap. 34) y Salomé Zurinaga (Cap. 44) profundizan en el tema con sus puntos fuertes y sus vicios.

Pero la relación arqueología-sociedad no es un problema de la arqueología actual, sino una oportunidad para el futuro y así lo ven la mayoría de los colaboradores y yo lo suscribo. Oportunidad no sólo como una forma de apuntalar el futuro de nuestra disciplina desde la valorización social, sino también desde el ámbito comercial.

Iniciativas como *Arqueopinto* en Madrid son un éxito que no tiene paralelos a ese nivel. Tras ellos, muchos profesionales, entre los que me incluyo, hemos intentado sacar adelante talleres, visitas, charlas y todo tipo de actividades. Es un mercado incipiente y complicado, pero con muchas posibilidades y que unido a otras vías de comunicación desde las nuevas tecnologías (y las no tan nuevas) pueden reflotar de un modo un poco más sostenible el mercado comercial de la arqueología.

Obviamente, para poder ofrecer servicios de calidad en ese sentido, es necesario completar nuestra formación en didáctica y nuevas tecnologías. Trabajar con personas adultas permite vías más tradicionales, pero el alumnado de hoy necesita otro tipo de alicientes. "El otro día, una mujer de una asociación vino a dar una charla de Seguridad Vial con iPads para todos los niños... supongo que tú no puedes competir con eso", me dijo un director de colegio hace poco. Estamos obsoletos, tanto en los medios como en los mensajes. Pero este es un campo en el que no podemos quedarnos atrás.

Muy ligado a este campo está el del Turismo. Soledad Gil (Cap. 16) lo plantea con mucha razón. Es el segundo mercado infrautilizado de la divulgación arqueológica. ¿Cuántas veces nos hemos perdido buscando un yacimiento "visitable"? ¿Cuántas veces nos ha faltado algo tras visitar un yacimiento, o ni siquiera hemos podido entrar? ¿Cuántos centros de interpretación absurdos se han abierto y cerrado en los últimos años?

El tema del turismo nos afecta a todos como colectivo; desde la administración al último profesional. Mensajes atractivos y didácticos, políticas de racionalización y estructuración, publicidad, etc. Integrar el turismo arqueológico en un mercado como el español, donde además se puede complementar con docenas de atractivos que van desde la etnografía, la naturaleza o la gastronomía, hasta las mejores playas de Europa, es una obligación. Pero claro, las cosas hay que hacerlas bien, planificarlas y darles sentido. De nada sirve gastar millones como se han gastado en infraestructuras infrautilizadas, mal publicitadas, deficitarias y poco atractivas. Es esencial crear redes, rutas, complementos y sobre todo, un colectivo que lo respalde. Porque la calidad del resultado depende de nosotros.

Diría que la divulgación es el futuro de la arqueología por lo que representa para el colectivo, pero ahí está el quid de la cuestión, en el colectivo. ¿Por qué no colaborar?

6. Colectivo:

(Explícito: Caps. 1, 7, 8, 10, 13, 14, 15, 16, 18, 20, 25, 28, 30, 40, 41, 43)

Y termino como empecé y como he estado recordando durante todo el texto; con el colectivo. Si 16 personas de 44 en un texto de temática libre plantean el colectivo (o la falta de él) como un problema, entonces hay que tenerlo muy en cuenta.

Efectivamente, a lo largo del análisis hemos visto problemas de comunicación entre los diferentes "estamentos" de la arqueología. Lo vi claro en 2005 tras la mesa redonda de las Segundas Jornadas de Patrimonio Arqueológico de la Comunidad de Madrid. Más claro aún en 2008 tras la mesa redonda de las Segundas Jornadas de Investigación en Arqueología y transparente este mismo año 2011 en la mesa redonda de las Jornadas de Arqueología para Todos los Públicos. Cada vez que he tenido la oportunidad de estar con profesionales de distintos ámbitos dentro de la arqueología, el sentimiento ha sido el mismo. Por un lado, una parte no conoce ni comprende los problemas y necesidades de la otra. Por otro lado, existen conflictos personales y estructurales entre muchos de los profesionales. La historia "ficticia" de Pablo Guerra (Cap. 18) puede ser el mejor ejemplo al respecto.

Creo que es el momento de sentarnos en el diván y hacer terapia. Por un lado, para desinflar ese ego que nos sobrepasa en cuanto cogemos el paletín por primera vez. Por otro, para dejar de lado esos estereotipos tan asentados de puertas hacia dentro y que resultan dañinos para la profesión.

Un elemento muy significativo en este sentido es el asociacionismo. En 2005 me precolegié, seguro de que hacía lo correcto. En 2006 pasé a colaborar con la nueva Junta Directiva, con ganas de hacer cosas. Cuando vi que había poco más de 400 colegiados para los cerca de 2.000 profesionales que se calculaban en Madrid, me quedé asombrado. Para entonces, ya me había asociado a la European Association of Archaeologists y al World Archaeological Congress. Cuando en 2007 estuve en Praga y visité la sede de la EAA, la secretaria me comentó que tan solo había 5 españoles asociados, además de mí. AMTTA surgió ese año y yo estaba en la otra parte, pero desde 2009 me integré y trabajé todo lo que pude. Hoy somos pocos los que seguimos trabajando. Pero la historia viene de lejos. La Asociación Profesional de Arqueólogos de España, primera en su clase y fundada en 1984, no duró mucho. Las secciones de Arqueología de los Colegios de Doctores y Licenciados aparecen y desaparecen constantemente dependiendo de la actividad de sus juntas. Otras asociaciones surgen con fuerza por objetivos a corto plazo y se enfrían con el tiempo y la desgana. Que sea en 2009 cuando se reúne por primera vez la Comisión de Arqueología del Consejo General de Colegios Oficiales de Doctores y Licenciados, es sintomático. Un caso ejemplar en este sentido es el IfA británico, con sus luces y sus sombras. Creo que ese es el modelo de asociación al que deberíamos tender. La realidad española puede plantear dificultades para un colectivo centralizado, pero las federaciones y confederaciones podrían ser una salida. Lo que está claro es que necesitamos mostrar un mayor compromiso por el desarrollo del colectivo para llegar a ello.

El futuro de la arqueología empieza por nosotros mismos, por un colectivo unido que trabaje por solucionar sus problemas. Un colectivo que luche por dignificar el ejercicio de su profesión, que trabaje por lograr una formación y una investigación verdaderamente excelentes, que no escatime en recursos para integrar el patrimonio en su contexto social y, en definitiva, que se una por una arqueología diferente; mejor.

Seguramente me deje muchas cosas en el tintero, soy consciente de ello. Es posible que algunos de los comentarios se puedan interpretar como radicales, simplemente son sinceros. En cualquier caso, esto no es un libro cerrado, es un libro que se abre al futuro y por ello no va a tener conclusión. Espero que lo podamos terminar entre todos en el blog, con nuevas experiencias y propuestas que enriquezcan el debate y nos empujen a trabajar por la arqueología que nos merecemos; nosotros y la sociedad.

Porque todos juntos, podemos.

BIO

Jaime Almansa Sánchez es Licenciado en Historia por la Universidad Complutense de Madrid y Máster en Arqueología Pública por el University College London. Tras dar tumbos por muchos sitios, actualmente intenta compaginar su tesis doctoral y su incipiente carrera investigadora con la gestión de una empresa de arqueología (ardua tarea). En España, intenta sacar adelante el concepto de Arqueología Pública desde la teoría y la práctica. En Etiopía, tras la oportunidad de participar en un proyecto muy interesante, trabaja con la administración local en la mejora de los sistemas de gestión patrimonial y turística (como si JAS Arqueología fuera una ONG en vez de una empresa) y, en el resto del mundo, edita la revista AP: Online Journal in Public Archaeology, gratis para protestar por los altos precios de la investigación. Firme convencido de que la fuerza viene del colectivo, está asociado a todo lo que represente al colectivo y actualmente es presidente de AMTTA y forma parte de la Comisión de Asociaciones Profesionales en la EAA.

Como editor de este volumen, agradece su participación a todos los que se han embarcado ahora y, de antemano, a todos los que lo hagan a través del blog.

Para cualquier comentario: almansasanchez@gmail.com

RECURSOS PARA SEGUIR PROFUNDIZANDO

*Estas páginas de recursos intentan ofrecer bibliografía y enlaces que permitan al lector profundizar en los temas que se tratan. Hemos intentado completar al máximo la información. El documento quedará abierto a nuevas propuestas en la red que esperamos enriquezcan los recursos.

Libros

Amado, X. Barreiro, D. Criado, F. y Martínez, M.C. (2002). *Especificaciones para una gestión integral del impacto desde la Arqueología del Paisaje*. TAPA 26.

Ballart, J. (1997). *El patrimonio histórico y arqueológico: valor y uso*, Barcelona, Ariel.

Bardavio Novi, A. y González Marcén, P. (2003). *Objetos en el tiempo: las fuentes materiales en la enseñanza de las Ciencias Sociales*, Barcelona, ICE Universitat de Barcelona.

Coma Quintana, L. y Santacana Mestre, J. (2010). *Ciudad Educadora y Patrimonio: Cookbook of Heritage*, Gijon, Trea.

Gutierrez Lloret, S. (1997). *Arqueología. Introducción a la historia material de las sociedades del pasado*, Alicante, Universidad de Alicante.

Quero, S. and Pérez, A. (Coord.) (2002). *Historiografía de la Arqueología Española. Las Instituciones*, Madrid, Museo de San Isidro.

Querol, M.A. and Martínez, B. (1996). *La Gestión del Patrimonio Arqueológico en España*, Madrid, Alianza.

Querol, M.A. (2010). *La Gestión del Patrimonio Cultural*, Madrid, Akal.

Ramos, A. y Osuna (2001). *La gestión del impacto arqueológico en carreteras*, Granada, Ed. Arkaion.

Parga Dans, E. (2009). *El Mercado del Patrimonio: nacimiento, estructura y desarrollo de las empresas que gestionan el patrimonio arqueológico*. CAPA 21.

Pérez-Juez Gil, A. (2006). *Gestión del Patrimonio Arqueológico*, Barcelona, Ariel.

Rodriguez Temiño, I. (2004). *Arqueología urbana en España*, Alianza, Madrid.

Santacana, J. and Hernández, X. (1999). *Enseñanza de la Arqueología y la Prehistoria*, Lleida, Editorial Milenio.

Artículos

- (1993). Asociación Nacional de Empresas Privadas de Arqueología. *Revista de Arqueología* 150: 59.

- (1994). Asociación de empresas privadas de Arqueología. *Revista de Arqueología* 153: 62.

- (1995). Nace una asociación de empresas privadas de arqueología. *Revista de Arqueología* 169: 62.

Acién Almansa, M. (1994). Política y Arqueología ¿Dependencia? *Arqueología y Territorio Medieval* 1: 67-74.

Almansa, J. (2005). Caminando hacia un mismo fin. *ArqueoWeb* 7(2).

Almansa, J. (2006). La imagen popular de la Arqueología en Madrid. *ArqueoWeb* 8(1).

Almansa, J. (2008). Arqueología Pública o de cómo todo nos afecta. En OrJIA (Coord.), *I Jornadas de Jóvenes en Investigación Arqueológica, UCM 2008*, Madrid, pp. 529-534.

Almansa, J. (2011). Arqueología para todos los públicos. Hacia una definición de la Arqueología Pública 'a la española'. *ArqueoWeb* 13(1): 87-107.

AMTTA (2008). Asociación Madrileña de Trabajadores y Trabajadoras en Arqueología. Una iniciativa ante la precariedad laboral. En OrJIA (Coord.), *I Jornadas de Jóvenes en Investigación Arqueológica, UCM 2008*, Madrid, pp. 561-563.

Aranda, G. (2010). Reincorporación y estabilización en la carrera investigadora en arqueología: la situación actual de Andalucía, Revista d´Arqueologia del Ponent 20: pp. 264-67.

Ayán, X. González, M. y Rodríguez, R. (2011). Más allá de la Arqueología Pública: arqueología, democracia y comunidad en el yacimiento multivocal de A Lanzada (Sanxenxo, Pontevedra). En *Actes del VIII Seminari d'Arqueologia i Ensenyament*, Barcelona 2011.

Azkarate, A. (2009). Reflexiones, desde una universidad que aún no existe, sobre patrimonio y socialización. En *La Historia Medieval Hoy. Percepción académica y percepción social*, Pamplona, Ayuntamiento de Pamplona, pp. 285-303.

Baquedano, I. (2009). De la Arqueología al Patrimonio arqueológico: Cuestiones a debate. En *Segundo Simposio Audema*, Madrid, Audema, pp. 852-887.

Barreiro, D. (2006). Conocimiento y acción en la arqueología aplicada. *Complutum* 17: 205-220.

Barreiro, D. (2006). La aureola perdida (propuesta para una arqueología aplicada). *ArqueoWeb* 8(1).

Barreiro, D.; Villoch, F. y Criado, F. (1999). El desarrollo de tecnologías para la gestión del Patrimonio Arqueológico: hacia un modelo de evaluación de impacto arqueológico. *Trabajos de Prehistoria* 56 (1), pp. 13-26.

Castillo, A. (2006). Reflexiones sobre la enseñanza e investigación de la gestión del Patrimonio Arqueológico en la universidad española. *ArqueoWeb* 8(1).

Castillo, A. (2007). La arqueología madrileña. Una aproximación a profesionales y empresas. *Apuntes de Arqueología* 13: 5-7.

Comendador, B. (2012). La actual formación universitaria en arqueología en el marco del EEES: el caso de Galicia. *Minius*, Dpto. Historia, Arte e Xeografía.

Criado Boado, F. (1996). El futuro de la arqueología ¿la arqueología del futuro? *Trabajos de Prehistoria* 53(1): 15-35.

Díaz del Río, P. (1999). La arqueología madrileña en el contexto del libre mercado: perspectivas y retos desde la colaboración entre antagonistas. En *XXV Congreso Nacional de Arqueología*, Valencia, 138-141.

Díaz del Río, P. (2000). Arqueología comercial y estructura de clase. *CAPA* 12: 7-18.

Gómez, E. y Penedo, E. (2000). Universidad y Empresa en la Arqueología actual. *Revista d´Arqueologia del Ponent* 10: 369-373.

Dies Cusi, E. (1995). La aparición del profesional liberal en la arqueología. En *Jornades d'Arqueología (Alfás del Pi, 1995)*, Consellería de Cultura, pp. 313-328.

Domínguez, R.M. et al. (1992). Arqueología profesional e intervención. Reflexiones desde una experiencia cooperativa. En *Reunión de Arqueología Teórica*.

Domínguez, R.M. et al. (1994). Empresas de arqeuología y arqueología urbana: Investigación, negocio, profesión. *Arqueología y Territorio Medieval* 1: 83-91.

Falquina, A. Marín, C. y Rolland, J. 2006: "Arqueología y práctica política. Reflexión y acción en un mundo cambiante". *ArqueoWeb* 8(1).

Fernández, J. (2010). La carrera investigadora en el sector de la arqueología comercial: situación, problemas y perspectivas de futuro, *Revista d´Arqueologia del Ponent* 20: pp. 256-261.

Gómez, J. (2005). La Arqueología en el ámbito profesional. Una síntesis de la sesión. En DGPH, *Actas de las Primeras Jornadas de Patrimonio Arqueológico en la Comunidad de Madrid*, pp. 137-138.

Hernández Cardona, F.X. (2002). Sociedad, patrimonio y enseñanza: estrategias para el siglo XXI. En P. Martínez y I. González (dir.). *La Geografía y la Historia, elementos del medio*, Madrid, Ministerio de Educación, pp. 245-277.

Hernando, C. y Tejerizo, C. (2011). La arqueología y la academia: del siglo XIX al 'Plan Bolonia'. *Revista Arqueogazte* 1: 53-69.

Jimeno, A. and Ruiz Zapatero, G. (2005). Enseñar arqueología en el siglo XXI. *Complutum* 16: 211-269.

Lorenzo Lizalde, J.I. (2009). Presente y futuro de la arqueología profesional en el estado español. *Apuntes de Arqueología*. Septiembre 2009: xiii–xvi.

Martín Valdivia, S. (1999). La protección del patrimonio arqueológico andaluz y la figura del obligado "mecenazgo" arqueológico: ¿solución o problema? *Patrimonio Cultural y Derecho* 3: 163--178.

Martínez, B. (2002). La arqueología en el estado de las Autonomías. En S. Quero y A. Pérez (coord.) *Historiografía de la Arqueología Española. Las Instituciones*, Madrid, Museo de San Isidro, pp. 223--247.

Martínez, B. y Castillo, A. (2007). Preventive archaeology in Spain. En Council of Europe (ed.). *European Preventive Archaeology. Papers of the EPAC Meeting 2004*, Vilnius. NOCH-CE, pp. 187--208.

Masriera Esquerra, C. (2008). Presentación del Patrimonio arqueológico: ruina 'versus' reconstrucciones, ¿qué entiende más el público? Iber. *Didáctica de las Ciencias Sociales* 57: 39--51.

Mena, P., Méndez, A. y Velasco, F. (1997). El modelo madrileño. *Apuntes de Arqueología* 6: XIII.

Montón-Subias, S., Sánchez Romero, M. y Aranda Jiménez, G. (2008). Archaeological Heritage and Sustainable Development in Andalusia. En VV.AA. *World Heritage and Sustainable Development*, GLISD, pp. 237--244.

Moya, P. (2010). Grandezas y miserias de la arqueología de empresa en la España del siglo XXI. *Complutum* 21(1): 9--26.

Oliver, A. (2000). Reflexions sobre la constitució de l'Associació d'arqueolegs de Catalunya. *Revista d'Arqueología de Ponent* 10: 368–369.

OrJIA (2008). Un futuro para la Arqueología: Madrid como caso de Discusión. En OrJIA (coord.), *I Jornadas de Jóvenes en Investigación Arqueológica*, UCM 2008. Madrid, pp. 565--577.

Parga Dans, E. (2010). Commercial archaeology in Spain: its growth, development, and the impact of the global economic crisis. En N. Schlanger y K. Aitchison (eds.), *Archaeology and the global economic crisis*, Tervuren, Culture Lab, pp. 45–54.

Pérez González, C. (1986). La Arqueología en las enseñanzas medias. Análisis de una experiencia. *Revista del SEK* mayo: 52–59.

Polo, J. (2005). La arqueología en el ámbito profesional de la Comunidad de Madrid. La mayoría de edad. En *Actas de las Primeras Jornadas de Patrimonio Arqueológico de la Comunidad de Madrid*, Madrid, Comunidad de Madrid, pp. 131–136.

Querol, Mª A. (2000). La gestión del Patrimonio Arqueológico: un futuro abierto para Navarra. *Cuadernos de Arqueología de la Universidad de Navarra* 8: 207-236.

Rodríguez de Guzmán, S. (2005). El Planeamiento como modo de protección del Patrimonio Arqueológico: el caso de la Comunidad Autónoma de Andalucía. En *Actas de las Primeras Jornadas de Patrimonio Arqueológico en la Comunidad de Madrid*, Madrid, Comunidad de Madrid, pp. 15–37.

Rodriguez Temiño, I. (2003). Crecimiento insostenible. *PH Boletín del Instituto Andaluz de Patrimonio Histórico* 42: 68–69.

Rolland, J. (2006) Práctica arqueológica y política: un diálogo con Marx a través de la acción local. *Complutum* 17: 185–190.

Ruiz, A., Sánchez, A. y Bellón, J. P. (2002). The history of Iberian archaeology: one archaeology for two Spains. *Antiquity* 76(291): 184–190.

Ruiz Zapatero, G. (2009). ¿Qué arqueología enseñar en la universidad del siglo XXI? *Complutum* 20(2): 225–254.

Ruiz Zapatero, G. (2010). La carrera investigadora en arqueología: una mirada desde la universidad española. *Revista d'Arqueologia del Ponent* 20: 243–246.

Ruiz Zapatero, G. y Álvarez Sanchís, J. (1997). La prehistoria enseñada y los manuales escolares españoles. *Complutum* 8: 265–284.

Salvatierra, V. (1994). Historia y desarrollo del modelo andaluz de arqueología. *Trabajos de Prehistoria* 51(1): 1–13.

Velasco, F. (1992). Un modelo de gestión a partir de la declaración de zonas arqueológicas amplias: el caso de Madrid. En *Actas de las Jornadas Internacionales de Arqueología de Intervención*, Centro de Patrimonio Cultural Vasco, pp. 77–83.

Webs/Blogs

Arqueobalear:
> http://arqueobalear.es/

Arqueolabora:
> http://arqueo-labora.blogspot.com

Arqueología 2.0:
> http://arqueologia20.blogspot.com

Arqueología de la Guerra Civil Española:
> http://guerraenlauniversidad.blogspot.com

Arqueoneixón:
> http://neixon.blogspot.com

European Research Council:
> http://erc.europa.eu

Grupo Paleolab:
> http://grupopaleolab.blogspot.com

Lista de Prehistoria:
> http://listadeprehistoria.blogspot.com

Pasado reciclado:
> http://pasadoreciclado.blogspot.com

Patrimonio arqueológico ¿Realidad o Ficción?:

    http://arqueofalas.blogspot.com

Patrimonio galego:

    http://patrimoniogalego.net

Public Archaeology:

    http://publicarchaeology.blogspot.com

Sociedad española de historia de la arqueología:

    http://seharq.blogspot.com

Tribuna d'Arqueologia:

    http://blocs.gencat.cat/blocs/AppPHP/tribunadarqueologia/

Zamora Protohistórica:

    http://zamoraprotohistorica.blogspot.com

Asociaciones

World Archaeological Congress (WAC)

European Association of Archaeologists (EAA)

Colegios de Doctores y Licenciados*:

    -Alicante

    -Aragón

    -Asturias

    -Badajoz

    -Baleares

    -Cáceres

    -Cádiz

    -Cantabria

- Castilla la Mancha
- Cataluña
- Córdoba
- Galicia
- Granada
- Gipuzkoa
- Las Palmas
- León
- Madrid
- Málaga
- Murcia
- Navarra
- Salamanca
- Sevilla
- Tenerife
- Valencia y Castellón
- Valladolid
- Vizkaya

*Algunos de ellos no cuentan con una sección activa de arqueología, pero agrupan a los profesionales del sector.

Otras asociaciones profesionales y sindicatos:

- ArqueoGazte
- Arqueólogos Autónomos de Andalucía (ARAUTA)
- Asociación de Profesionales de Arqueología Subacuática (APASub)
- Asociación Empresarial Galega de Arqueoloxía

- Asociación Española de Arqueología e Informática
- Asociación Madrileña de Trabajadoras y Trabajadores en Arqueología (AMTTA)
- Asociación Profesional Arqueología Alicante, Castellón y Valencia (APP)
- Asociación Profesional de Arqueología y Patrimonio de Castilla la Mancha
- Asociación Profesional de Arqueólogos de Galicia (APAG)
- Asociación Profesional del Patrimonio Histórico-Arqueológico de Cádiz (ASPHA)
- Asociación d'Arqueòlegs de Catalunya
- CNT Córdoba y Barcelona
- Sociedad Española de Antropología Física
- Sociedad Española de Historia de la Arqueología
- Sociedad Española de Paleopatología
- Strat Jove

RECUERDA QUE PUEDES CONTINUAR PARTICIPANDO DEL LIBRO EN EL BLOG

La historia continúa en:

http://elfuturodelaarqueologia.blogspot.com/

1€ para AMTTA

A lo largo de este libro se tratan una serie de aspectos muy importantes para el futuro de la arqueología. La mayoría de ellos dependen directamente y a corto plazo de nosotros. Como medida de acción derivada de esta edición, 1 € de cada libro vendido irá destinado a AMTTA, Asociación Madrileña de Trabajadoras y Trabajadores en Arqueología, para seguir trabajando por una arqueología mejor y más cercana a la sociedad, a través de proyectos como:

-El *Borrador de Convenio Colectivo* para la Comunidad de Madrid.

-*Combates por la Historia*, que acercará el patrimonio arqueológico madrileño a la calle.

-*A pico y pala*, el nuevo boletín que profundizará en los aspectos más interesantes de la arqueología profesional actual.

-La participación en foros nacionales e internacionales.

-La implicación en los cambios regulatorios de la actividad.

Infórmate en el blog y participa también de esto.

http://amtta.blogspot.com/

Asociación Madrileña de Trabajadores y Trabajadoras en Arqueología